Fromm · Von der Kunst des Zuhörens

Schriften aus dem Nachlaß · Band 5
Herausgegeben von Rainer Funk

Erich Fromm

Von der Kunst des Zuhörens

Therapeutische Aspekte der Psychoanalyse

Herausgegeben von
Rainer Funk

BELTZ

Übersetzt aus den amerikanischen Transkripten
von Rainer Funk

CIP-Titelaufnahme der Deutschen Bibliothek

Fromm, Erich:
Schriften aus dem Nachlaß / [Erich Fromm].
Hrsg. von Rainer Funk. – Weinheim ; Basel : Beltz
NE: Fromm, Erich: [Sammlung <dt.>]; HST
Bd. 5. Von der Kunst des Zuhörens :
therapeutische Aspekte der Psychoanalyse. – 1991
ISBN 3-407-85605-9

Herstellung: L&J Publikations-Service GmbH, 6940 Weinheim
Satz: Rainer Funk, 7400 Tübingen und
Satz- und Reprotechnik GmbH, 6944 Hemsbach
Druck: Druckhaus Beltz, 6944 Hemsbach
Umschlaggestaltung: Klaus Linke, 6942 Mörlenbach
Umschlagfoto: Thea Goldmann, Zürich
Printed in Germany
ISBN 3 407 85605 9

Ich bin ein begeisterter Anhänger der Psychoanalyse.
Mit meiner Kritik an der Psychoanalyse
will ich sie nicht bekämpfen, ganz im Gegenteil.
Ich kritisiere sie, weil die Praxis der Psychoanalyse
sowie all jener Therapieformen, die sich von
der Psychoanalyse geholt haben, was sie brauchen konnten,
heute ziemlich verwässert ist.

Die Psychoanalyse vermag nicht nur Krankheiten zu heilen;
sie verhilft auch zur inneren Freiheit eines Menschen.
Sie ist nicht nur eine Therapie zur Befreiung von Symptomen,
sondern auch ein Weg zur Förderung von Wachstum
und Stärke eines Menschen.

Inhalt

Vorwort

Erich Fromm ist vielen Menschen als Therapeut bekannt geworden. Über 50 Jahre lang hat er Psychoanalysen durchgeführt, über 40 Jahre lang war er als Lehranalytiker, Kontrollanalytiker und Dozent an psychoanalytischen Lehr- und Ausbildungsinstituten in New York und Mexiko-Stadt tätig. Wer bei ihm in Psychoanalyse war, spürte seine Unerbittlichkeit als Wahrheitssucher und kritischer Weggenosse ebenso wie sein außerordentliches Einfühlungsvermögen, seine Nähe und die Unmittelbarkeit seiner Bezogenheit auf den anderen. Obwohl Fromm immer wieder Pläne hatte, seine besondere Art der therapeutischen Beziehung schriftlich zu fassen und zu veröffentlichen, kam es doch nie zu deren Realisierung. So sind die Berichte über Fromms Weise, mit dem ihm gegenübersitzenden Patienten, in Ausbildung stehenden Analytikern oder Kollegen umzugehen, von bleibendem Wert. Zu nennen sind hier vor allem die Arbeiten von R. U. Akeret (1975), G. Chrzanowski (1977), R. M. Crowley (1981), D. Elkin (1981), L. Epstein (1975), A. H. Feiner (1975), A. Gourevitch (1981), M. Horney Eckardt (1975, 1982, 1983), J. S. Kwawer (1975), B. Landis (1975, 1981, 1981a), B. Luban-Plozza und U. Egle (1982), M. Norell (1975, 1981), D. E. Schecter (1971, 1981, 1981a, 1981b), J. Silva Garcia (1984, 1990), R. Spiegel (1981, 1983), E. S. Tauber (1959, 1979, 1980, 1981, 1981a, 1988), E. S. Tauber und B. Landis (1971), E. G. Witenberg (1981), B. Wolstein (1981) sowie Beiträge der mexikanischen Schüler Fromms, die in der Zeitschrift Revista de Psicoanálisis, Psiquiatría y Psicología *1965 bis 1975 und den nachfolgenden Publikationsorganen des von Fromm gegründeten Psychoanalytischen Instituts in Mexiko (*Memoria, Anuario*) erschienen sind. Die Beiträge von M. Bacciagaluppi (1989) und R. Biancoli (1987) greifen auf oben genannte Arbeiten sowie auf bisher unveröffentlichte Manuskripte Fromms zurück.*

Was Fromm selbst zu Fragen der psychoanalytischen Therapie veröffentlichte, ist schnell aufgezählt: Ein Kapitel über sein Traumverständnis (in E. Fromm, 1951a), einen Beitrag zum Freudschen „Fall des kleinen Hans" (E. Fromm, 1966k) und Gedanken zu den therapeutisch-technischen Fragen (verstreut in E. Fromm, 1979a, sowie in dem Abschnitt „Zur Revision der psychoanalytischen Therapie" in E. Fromm, 1990a). Das in Englisch, Italienisch und einigen anderen Sprachen veröffentlichte Interview, das Richard I. Evans 1963 zu Fragen des Frommschen Therapieverständnisses mit ihm führte und das Evans gegen den Willen Fromms veröffentlichte (E. Fromm, 1966f), kann nicht als Quelle dienen, da Evans sich bei der Publikation zu wenig am gesprochenen Wort Fromms orientierte und deshalb die Publikation von Evans nach dem Urteil Fromms „in keiner Weise brauchbare Einsichten in sein Werk gibt" und „weder eine Einführung noch einen ‚Überblick' über sein Werk" darstellt. Einige Äußerungen zur therapeutischen Beziehung, die Fromm in diesem Interview machte, wurden in den vorliegenden Band aufgenommen, hierbei jedoch wortgetreu vom Tonband transkribiert.

Die in diesem Band erstmals veröffentlichten Texte sind kein Lehrbuch der psychoanalytischen Therapie; sie sind auch kein Ersatz für die fehlenden Ausführungen Fromms zur sogenannten psychoanalytischen Technik. Es ist kein Zufall, daß Fromm kein Lehrbuch der psychoanalytischen Therapie geschrieben und keine eigene therapeutische Schule gegründet hat. Das Besondere seiner therapeutischen Beziehung läßt sich nicht in einer „psychoanalytischen Technik" fassen, und der Psychoanalytiker kann sich nicht hinter dem „Know how" des Therapierens verstecken.

Die Texte des Bandes geben Auskunft über den Therapeuten Fromm und seine Art des Umgangs mit dem seelisch leidenden Menschen unserer Zeit. Nicht wortgewaltige Theorien und Abstraktionen, und auch keine differential-diagnostischen „Vergewaltigungen" des „Patientenmaterials" kennzeichnen seine therapeutische Beziehung, sondern seine Fähigkeit zu eigenständiger und unabhängiger Wahrnehmung der Grundprobleme des Menschen.

Wie ein roter Faden zieht sich Fromms humanistische Haltung durch seine Auffassungen vom Patienten und vom Umgang mit ihm. Der Patient bzw. die Patientin wird nicht als Gegenüber gesehen; er oder sie sind keine grundsätzlich verschiedenen Menschen. Zwischen Analytiker und Analysand ist eine tiefe Solidarität spürbar. Sie setzt voraus, daß der Analytiker bzw. die Analytikerin mit sich selbst umzugehen gelernt hat und noch immer zu lernen bereit ist, statt sich hinter einer „psychoanalytischen Technik" zu verstecken. Der Analytiker ist sich selbst sein nächster Patient, und sein Patient wird ihm zu seinem Analytiker. Fromm kann den Patienten ernst nehmen, weil er sich ernst nimmt. Er kann den Patienten analysieren, weil er sich analysiert und sich in seinen Gegenübertragungswahrnehmungen vom Patienten analysieren läßt.

Sämtliche in diesem Band erstmals veröffentlichten Texte lagen nicht als Manuskript, sondern nur als englischsprachige Transkripte von Mitschnitten eines Vortrags, eines Interviews und eines Seminars vor. Ich habe versucht, den Charakter des – meist ohne Vortragsmanuskript – gesprochenen Wortes in der vorliegenden Übersetzung zu erhalten. Gliederung, Reihenfolge der Texte und Überschriften sind mit Ausnahme des allerletzten Abschnittes von mir gewählt bzw. hinzugefügt worden. Ansonsten sind nennenswerte Hinzufügungen durch mich im Text durch eckige Klammern gekennzeichnet. Die englischen Transkripte sind im Erich-Fromm-Archiv (Ursrainer Ring 24, D-7400 Tübingen) zugänglich.

Der erste Teil des vorliegenden Bandes trägt den Titel „Wirkfaktoren der psychoanalytischen Behandlung" und stellt die Wiedergabe eines Vortrags dar, den Fromm am 25. September 1964 über „The Causes for the Patient's Change in Analytic Treatment" bei der Harry Stack Sullivan Society anläßlich der Einweihung des neuen Gebäudes des William Alanson White Institute in New York gehalten hat. Dieser Vortrag zeichnet sich besonders dadurch aus, daß Fromm hier zwischen einer gutartigen und einer bösartigen Neurose unterscheidet und sehr deutlich die Grenzen der psychoanalytischen Behandlung aufzeigt. (Vgl. E. Fromm, 1990w.)

Der zweite Teil ("Therapeutische Aspekte der Psychoanalyse") enthält Ausschnitte aus einem Seminar, das Fromm amerikanischen Psychologiestudenten während eines dreiwöchigen Seminars 1974 in Locarno gab. Das insgesamt 400 Seiten starke Transkript dieses Seminars wurde in den folgenden Jahren von seiner Sekretärin, Joan Hughes, auf Grund der Tonbandmitschnitte erstellt und von Fromm teilweise noch bearbeitet. Ursprünglich hatte Fromm vor, Teile dieses Transkripts in ein Buch zur psychoanalytischen Therapie einzubringen. Der erste Teil dieses Buches sollte von der Begrenztheit der Freudschen Erkenntnisse handeln. Das Manuskript hierzu verfaßte Fromm im Anschluß an die Fertigstellung von Haben oder Sein *1976 und 1977. Der zweite Teil sollte Fragen der therapeutischen Beziehung behandeln, wofür er das Transkript des Seminars von 1974 bearbeitete. Ein schwerer Herzinfarkt im Herbst 1977 vereitelte jedoch die Weiterarbeit daran, so daß der erste Teil, die Auseinandersetzung mit Freuds Psychoanalyse, schließlich 1979 unabhängig vom geplanten zweiten Teil veröffentlicht wurde (vgl. E. Fromm, 1979a).*

Die hier veröffentlichten Teile des Transkripts vom Seminar 1974 geben nicht nur unmittelbar Auskunft über den Therapeuten Fromm (wozu vor allem seine Bemerkungen anhand eines im Seminar eingebrachten Fallberichts beitragen), sondern auch über seine Wahrnehmung der modernen Charakterneurosen und der Notwendigkeit besonderer Erfordernisse bei ihrer Therapie. Einige Abschnitte des Seminars von 1974 wurden durch Äußerungen, die Fromm 1963 in dem bereits erwähnten Interview machte, erweitert. Der letzte Abschnitt mit dem von Fromm selbst formulierten Titel „Psychoanalytische ‚Technik' oder die Kunst des Zuhörens" wurde von ihm noch kurz vor seinem Tod 1980 verfaßt und sollte die Veröffentlichung von Teilen des Seminars von 1974 einleiten.

Tübingen, im Januar 1991 *Rainer Funk*

I. Wirkfaktoren der psychoanalytischen Behandlung

1. Die therapeutischen Wirkfaktoren nach Sigmund Freud und meine Kritik daran

Zur Frage, welche Faktoren bei der psychoanalytischen Behandlung ausschlaggebend sind, hat Freud mit seiner Schrift *Die endliche und die unendliche Analyse* (S. Freud, 1937c) meines Erachtens den wichtigsten Beitrag geleistet. Die Schrift ist nicht nur brillant, sondern auch äußerst couragiert geschrieben, wobei es Freud in keinem seiner Werke an Courage fehlte. Sie entstand kurz vor seinem Tode; in gewisser Weise faßt er in ihr seine eigenen Ansichten über die Wirkung der analytischen Behandlung zusammen. Ich möchte im folgenden zunächst die wichtigsten Gedanken dieser Schrift kurz darstellen, um dann ausführlich auf sie einzugehen und weiterführende Vorschläge zu machen.

An erster Stelle fällt auf, daß Freud in dieser Schrift eine Theorie der Psychoanalyse vorstellt, die sich seit den frühesten Tagen kaum verändert hat. Die Neurose faßt er als Konflikt zwischen den Trieben und dem Ich auf: Entweder ist das Ich nicht stark genug, oder die Triebstärke ist zu groß; in jedem Fall aber wird das Ich wie ein Damm gesehen, der dem Ansturm der Triebkräfte nicht widerstehen kann, weshalb es zur Ausbildung einer Neurose kommt. Diese Vorstellung liegt in der Konsequenz und auf der Linie seiner frühen Theorie, die er, ohne Verbesserungen und Veränderungen zu machen, im Kern hier wieder aufnimmt. Aus ihr ergibt sich, daß die analytische Kur im wesentlichen in einer Stärkung des Ichs besteht. Dieses Ich war von der Kindheit her zu schwach und wird durch die analytische Kur dazu befähigt, jetzt mit den Triebkräften fertig zu werden. Die Stärkung des Ichs gegen den Ansturm der Triebkräfte ist das Wesen der analytischen Therapie.

Zweitens ist zu fragen, was nach Freud eine erfolgreiche analytische Behandlung ist. In *Die endliche und die unendliche Analyse* (S. Freud, 1937c, S. 63) nennt Freud als erste Bedingung, daß „der Patient nicht mehr an seinen Symptomen leidet und seine Ängste wie seine Hemmungen überwunden hat". Es gibt aber noch eine zweite sehr wichtige Bedingung. Freud glaubt nicht, daß die Befreiung von Symptomen, also das Verschwinden der Symptome allein, bereits Heilung bedeutet. Nur wenn der Analytiker davon überzeugt ist, daß ausreichend unbewußtes Material an die Oberfläche gebracht wurde, das erklären kann, warum die Symptome sich aufgelöst haben, kann von einer Heilung gesprochen und davon ausgegangen werden, daß die früheren Symptome nicht mehr wiederkehren. Freud spricht im Zusammenhang mit dem analytischen Prozeß von der „Bändigung der Triebe" und davon, daß „der Trieb...allen Beeinflussungen durch die anderen Strebungen im Ich zugänglich ist" (a. a. O., S. 64 und S. 68). Zuerst also werden die Triebe zu Bewußtsein gebracht - denn wie sollten sie sich sonst bändigen lassen? – dann wird in der analytischen Kur das Ich gestärkt und gewinnt jene Stärke, die es in der Kindheit nicht entwickeln konnte.

Des weiteren ist nach den Faktoren zu fragen, die Freud in *Die endliche und die unendliche Analyse* für das Ergebnis einer Analyse – für die Heilung oder für das Scheitern der Analyse – verantwortlich macht. Er erwähnt drei Faktoren: erstens den „Einfluß von Traumen", zweitens die „konstitutionelle Triebstärke" und drittens die „Ichveränderung" im Prozeß der Abwehr gegen den Ansturm der Triebe (a. a. O., S. 68). Eine ungünstige Prognose ergibt sich nach Freud, wenn eine konstitutionell gegebene Stärke der Triebe auf ein in der Abwehr geschwächtes Ich stößt. Da Freud selbst diese Konstellation in *Die endliche und die unendliche Analyse* nicht ganz klärt, konzentriere ich mich hier auf die beiden ersten Faktoren, auf den Einfluß der Traumen und auf die konstitutionelle Triebstärke.

Es ist hinlänglich bekannt, daß der konstitutionelle Faktor der Triebstärke für Freud hinsichtlich der Heilung einer Krankheit von entscheidender prognostischer Bedeutung war. Es ist schon sehr seltsam, daß Freud quer durch sein ganzes Werk, von den frühen Schriften bis zu seinen allerletzten, die Bedeutung der konstitutionellen Faktoren unterstrich, und daß Freudianer wie Nicht-Freudianer diesen Faktoren, die Freud so wichtig waren, höchstens Lippenbekenntnisse gezollt haben.

Für Freud war also der eine die Heilung ungünstig beeinflussende Faktor die konstitutionelle Triebstärke, und zwar selbst bei normaler Ichstärke. Aber auch der zweite die Heilung ungünstig beeinflussende Faktor, die Ichverschiedenheit, kann konstitutionell sein. Es gibt für Freud deshalb auf beiden Seiten einen konstitutionellen Faktor: auf der Seite der Triebe und auf der Seite des Ichs. Schließlich gibt es einen weiteren Faktor, der sich ungünstig auswirkt, nämlich jenen Teil des Widerstands, der seine Quelle im Todestrieb hat. Dieser zusätzliche Faktor taucht erst mit Freuds späterer Theoriebildung auf. Im Jahre 1937, als *Die endliche und die unendliche Analyse* entstand, sah Freud auch in diesem Faktor einen die analytische Kur ungünstig beeinflussenden Faktor (vgl. a. a. O., S. 88f.).

Welche Voraussetzung sieht Freud als günstig für die analytische Behandlung an? Eigenartigerweise nehmen die wenigstens wahr, daß Freud in der Schrift *Die endliche und die unendliche Analyse* die These vertritt, daß die Chancen für die Heilung um so günstiger sind, je größer das Trauma ist. Ich möchte der Frage nachgehen, warum dies so ist und wohl auch von Freud so vertreten wurde, auch wenn er nur wenig darüber schreibt. Der andere für den therapeutischen Erfolg günstige Faktor ist nach Freud die Person des Psychoanalytikers. In dieser letzten Schrift macht Freud eine sehr interessante Bemerkung zur analytischen Situation, die es wert ist, zitiert zu werden: Beim Psychoanalytiker sei zu fordern, „daß er auch eine gewisse Überlegenheit benötigt, um auf den Patienten in gewissen analytischen Situationen als Vorbild, in anderen als Lehrer zu wirken. Und endlich ist nicht zu vergessen, daß die analytische Beziehung auf Wahrheitsliebe, das heißt auf die Anerkennung der Realität gegründet ist und jeden Schein und Trug ausschließt." (S. Freud, 1937c, S. 94.) – Meines Erachtens macht Freud mit dieser wichtigen Feststellung sehr klar, daß der Ausschluß von Schein und Trug ein entscheidender Faktor auf Seiten des Analytikers ist, der dazu beiträgt, daß ein Patient von seinen Symptomen loskommt.

In meiner Kritik an der Freudschen Sicht möchte ich zuerst auf eine Freudsche Vorstellung zu sprechen kommen, die er nicht eigens ausdrückt, die sich aber doch – wenn ich ihn richtig verstehe – unterschwellig durch sein ganzes Werk zieht: seine durchgängig mechanistische Betrachtungsweise des therapeutischen Prozesses. Bekanntlich war Freud ursprünglich der Ansicht, daß das Auf- oder Entdekken des verdrängten Affektes die Wirkung habe, daß der Affekt sich sozusagen mit dem Bewußtwerden auflöse. Dieser Vorgang wurde „Abreagieren" genannt, wobei ein ganz mechanisches Vorstellungsmodell Pate stand, etwa so, wie wenn Eiter aus einem entzündeten Pickel ausfließt, was als natürlicher und automatischer Vorgang angesehen wird.

Freud und viele andere Psychoanalytiker merkten, daß dies nicht wahr sein konnte. Dieser Vorstellung zufolge müßten jene, die ihre Irrationalität am meisten ausleben, die gesündesten Menschen sein. Doch sie sind eben nicht die gesündesten. Deshalb wurde die Theorie aufgegeben und durch eine weniger deutliche ersetzt. Derzufolge verschwinden die Symptome einfach, sobald ein Patient Einsicht zeigt oder – um ein anderes Wort zu benutzen – sobald er seiner unbewußten Realität gewahr wird. Der Patient muß sich dabei in Wirklichkeit nicht besonders anstrengen; er muß lediglich kommen und frei assoziieren und die damit notwendigerweise verbundenen Ängste durchstehen. Vorausgesetzt, es gelingt ihm, seine Widerstände zu überwinden und das verdrängte Material zum Vorschein kommen zu lassen, wird es ihm gut gehen. Das Ergebnis ist aber nicht eine Frage der besonderen Anstrengung und des besonderen Willens des Patienten. Diese Sicht ist zweifellos nicht mehr so mechanistisch wie Freuds ursprüngliche Theorie des „Abreagierens" es war. Dennoch beinhaltet sie in meinen Augen noch immer mechanistische Vorstellungen. Sie impliziert, daß der Prozeß reibungslos verlaufen und es dem Patienten gut ergehen wird, wenn das Material nur aufgedeckt wird.

Nachfolgend möchte ich einige weiterführende Gedanken und einige Revisionen der Ansichten Freuds über die Wirkfaktoren beim therapeutischen Prozeß mitteilen. Hinsichtlich der Frage, was eine analytische Behandlung ist, stimme ich mit der allen Psychoanalytikern gemeinsamen Überzeugung überein, daß nach Freud *die Psychoanalyse als eine Methode definiert werden kann, die die unbewußte Wirklichkeit eines Menschen aufzudecken versucht* und die annimmt, daß ein Mensch bei diesem Aufdeckungsprozeß die Chance hat, daß es ihm besser geht. Dieses Ziel vor Augen, reduziert sich der Streit unter den verschiedenen Schulen beträchtlich. Wer immer dieses Ziel verfolgt, weiß, wie schwierig und trügerisch es ist, die unbewußte Wirklichkeit in einem Menschen aufzuspüren, so daß man sich nicht zu sehr über die verschiedenen Wege, auf denen man dies versucht, ereifern muß. Vielmehr sucht man, welcher Weg, welche Methode, welcher Zugang für dieses Ziel, das für die Psychoanalyse kennzeichnend ist, passender ist. Andererseits behaupte ich, daß jede therapeutische Methode, die dieses

Ziel nicht verfolgt, zwar therapeutisch sehr wertvoll sein mag, jedoch nichts mit Psychoanalyse zu tun hat. Ich würde genau an dieser Stelle eine ganz klare Trennungslinie ziehen.

Ich möchte hier nicht gegen die Vorstellung Freuds, daß mit der therapeutischen Arbeit sozusagen der Damm gegen den Ansturm der Triebkräfte verstärkt wird, argumentieren. Es spricht durchaus vieles zugunsten einer solchen Vorstellung. Dies gilt insbesondere im Hinblick auf eine Abgrenzung wie der Psychose zur Neurose, denn hier geht es wirklich um die Brüchigkeit des Ichs und um die eigenartige Frage, warum der eine unter der Wucht bestimmter Impulse zusammenbricht, der andere aber nicht. Ich verneine deshalb die Gültigkeit der allgemeinen Vorstellung nicht, daß die Ichstärke etwas mit dem therapeutischen Prozeß zu tun hat. Trotz dieses Zugeständnisses ist für mich das Hauptproblem der Neurose und ihrer Heilung aber gerade nicht so zu begreifen, daß es auf der einen Seite irrationale Leidenschaften gibt und auf der anderen Seite ein Ich, das den Menschen dagegen schützt, krank zu werden.

Für mich gibt es eine andere Gegenüberstellung, nämlich die zweier Arten von Leidenschaften, die sich bekämpfen: Es gibt archaische, irrationale und regressive Leidenschaften, die im Kampf mit anderen Leidenschaften des Menschen liegen. Unter den archaischen Leidenschaften verstehe ich näherhin eine starke Mutterbindung, intensive Destruktivität und extremen Narzißmus.

Mit starker Bindung meine ich eine symbiotische Fixierung – oder in Freudscher Terminologie: eine prägenitale Fixierung – auf die Mutter. Ich verstehe darunter jene tiefe Bindung, deren Ziel die Rückkehr in den Bauch der Mutter oder die Rückkehr ins Tote ist. Freud selbst hat in seinen späteren Schriften gesagt, er habe die Bedeutung der prägenitalen Fixierung unterschätzt, hatte er doch in seinem gesamten Werk die genitale Fixierung betont und dabei das Problem des Mädchens nicht gewürdigt. Für den Jungen konnte er plausibel machen, daß alle Probleme mit der erotisch-sexuellen Bindung an die Mutter beginnen sollten; beim Mädchen gibt dies jedoch keinen rechten Sinn. Freud erkannte schließlich eine starke prägenitale Bindung an die Mutter – also eine nicht-sexuelle Bindung im engeren Sinne des Wortes – die es beim Jungen und Mädchen gleichermaßen gibt und der er in seinen Schriften grundsätzlich zu wenig Aufmerksamkeit geschenkt hatte. Doch auch diese Bemerkung Freuds ist in der psychoanalytischen Literatur irgendwie verlorengegangen. So kommt es, daß die Psychoanalytiker, wenn sie von der ödipalen Phase, dem ödipalen Konflikt und allem, was damit zusammenhängt, sprechen, im allgemeinen in Begriffen der genitalen, und nicht der prägenitalen Fixierung oder Bindung an die Mutter denken.

Mit Destruktivität meine ich hier nicht jene Destruktivität, die ihrem Wesen nach defensiv ist und im Dienste des Lebens steht; es geht mir auch nicht einmal um jene Destruktivität, die sekundär in der Verteidigung des Lebens steht wie etwa der Neid oder die Enttäuschung, sondern um jene Destruktivität, bei der der Wunsch zu zerstören Selbstzweck ist. Ich nenne diese Art von Destruktivität „Nekrophilie". (Vgl. zu den hier genannten Faktoren und Quellen wirklich schwerer Pathologien die Ausführungen, die ich in *Die Seele des Menschen* [E. Fromm, 1964a, GA II] gemacht habe.)

Starke Mutterbindung, nekrophile Destruktivität und extremer Narzißmus sind maligne Leidenschaften, insofern sie bei schweren psychischen Erkrankungen vorkommen und für diese ursächlich sind. Gegen diese bösartigen Leidenschaften gibt es meiner Überzeugung nach auch gegenläufige Leidenschaften im Menschen: die Leidenschaft zu lieben und das leidenschaftliche Interesse an der Welt – also alles, was man mit Eros umschreiben könnte. Zu diesen

Leidenschaften gehört nicht nur das leidenschaftliche Interesse an Menschen, sondern auch das leidenschaftliche Interesse an der Natur, an der Wirklichkeit, dazu gehört die Lust am Denken, dazu gehören alle künstlerischen Interessen.

Es ist heute modern geworden, über das, was die Freudianer „Ichfunktionen" nennen, zu sprechen. Dies kommt mir allerdings so vor, als würde man jetzt Amerika entdecken, obwohl es vor langer Zeit schon entdeckt worden ist. Denn außerhalb der Freudschen Orthodoxie zweifelte niemand im Ernst daran, daß es viele seelische Funktionen gibt, die nicht das Ergebnis von Trieben im sexuellen Sinne sind. Die neue Betonung des Ichs, wie sie die Ichpsychologie vertritt, geht auf Kosten der Betonung der Leidenschaften, also des wertvollsten Teils des Freudschen Denkens. Sicherlich ist der Begriff der Ichstärke in gewisser Weise sinnvoll, doch das Ich ist vor allem der Vollstrecker von Leidenschaften, und zwar sowohl von bösartigen als auch von gutartigen Leidenschaften. Worauf es beim Menschen ankommt, was sein Handeln bestimmt, was seine Persönlichkeit ausmacht, dies alles hängt davon ab, welche Leidenschaften ihn bewegen. Um ein Beispiel zu geben: Es kommt alles darauf an, ob ein Mensch von einem leidenschaftlichen Interesse an allem, was tot, zerstörerisch und leblos ist, bestimmt wird, also von dem, was ich „Nekrophilie" nenne, oder ob er von der „Biophilie" bewegt wird, also dem leidenschaftlichen Interesse an allem, was lebendig ist. Beides sind Leidenschaften und keine logischen Produkte; beide sind nicht im Ich, sondern Teile der gesamten Persönlichkeit. Sie sind keine Ichfunktionen, sondern vielmehr zwei Arten von Leidenschaften.

Ich schlage deshalb folgende Revision der Freudschen Theorie vor: *Das Hauptproblem ist nicht im Kampf des Ichs gegen die Leidenschaften zu sehen, sondern in zwei verschiedenen Arten von Leidenschaften, die sich bekämpfen.*

2. Benigne und maligne Neurosen. Mit einem Fallbeispiel für eine gutartige Neurose

Bevor ich mich der Frage zuwende, was ich unter einer psychoanalytischen Behandlung verstehe und welche Wirkfaktoren zur Heilung führen, gilt es, sich der Frage zuzuwenden, welche Arten von Neurosen es gibt. Nun gibt es zahlreiche Klassifikationen der Neurose und viele Änderungen bei den Klassifikationen. Karl Menninger hat bekanntlich vor kurzem die Meinung vertreten, daß die meisten dieser Klassifikationen wertlos sind, ohne allerdings eine neue Klassifikation vorzuschlagen oder ein wesentliches Klassifizierungskonzept zu empfehlen. Ich möchte hiermit eine in gewisser Hinsicht sehr einfache Klassifizierung vorschlagen, indem ich zwischen einer benignen und einer malignen Neurose unterscheide.

Zu einer *benignen* oder leichten *Neurose* kommt es bei Menschen, die nicht von einer der genannten malignen Leidenschaften ergriffen sind, sondern deren Neurose Ausdruck ernster Traumata ist. Ich stimme hier ganz mit Freud überein, der einer psychoanalytischen Kur die besten Erfolgschancen bei jenen Neurosen einräumte, bei denen ein Patient an sehr schweren Traumen litt. Wenn nämlich ein Patient ein schweres Trauma überlebt, ohne psychotisch zu werden oder schwere und äußerst alarmierende Erkrankungsformen zu entwickeln, dann zeigt dies, daß er konstitutionell mit einer großen Stärke ausgestattet ist. In diesen Fällen ist das, was ich gerne den „Kern der Charakterstruktur“ nenne, nicht ernsthaft beschädigt. Diese Menschen sind nicht durch ernste regressive Kräfte, durch die schweren Formen maligner Leidenschaften gekennzeichnet, so daß hier eine Psychoanalyse die besten Chancen hat. Natürlich erfordert auch eine solche Analyse intensive Arbeit und natürlich muß das, was der Patient verdrängt hat, geklärt und zu Bewußtsein gebracht werden: die Natur der traumatischen Faktoren sowie die Reaktionen des Patienten auf diese traumatischen Faktoren, in denen ja häufig deren wahre Eigenart verleugnet wird.

Ich möchte eine benigne Neurose mit folgendem *Fallbeispiel* einer 25jährigen Patientin illustrieren: Die Frau ist unverheiratet und kommt wegen ihrer Homosexualität. Seit ihrem 18. Lebensjahr hatte sie nur homosexuelle Beziehungen zu anderen Frauen. Als sie den Psychoanalytiker aufsucht, lebt sie gerade in einer homosexuellen Beziehung zu einer Kabarett-Sängerin, besucht deren Vorstellungen jede Nacht, betrinkt sich und wird depressiv. Sie versucht, aus diesem Teufelskreis herauszukommen, doch sie unterwirft sich ihrer Freundin je neu, obwohl diese sie widerwärtig behandelt. Sie ängstigt sich aber so sehr, diese Freundin zu verlassen, und läßt sich von deren Drohungen so sehr einschüchtern, daß sie bei ihr bleibt.

Das Bild, das sie zeigt, ist ziemlich schlecht: ein Fall von Homosexualität, jedoch charakterisiert durch eine permanente Angst, durch eine leichte Depression, durch eine Ziellosigkeit des Lebens usw. Ihre Lebensgeschichte ist bestimmt durch ihre Mutter, die in einem Land außerhalb der Vereinigten Staaten jahrelang die Geliebte eines reichen Mannes war. Die Mutter blieb immer nur die Geliebte dieses einen Mannes. Die Patientin war das Ergebnis dieser Beziehung, die kleine Tochter. In gewisser Weise war der Mann durchaus vertrauensvoll, unterstützte auch immer Mutter und Kind, doch er trat nie als Vater vor anderen auf, so daß er für die Patientin als Vater nicht präsent war. Die Mutter allerdings war sehr intrigant und benutzte das kleine Mädchen, um vom Vater der Patientin mehr Geld herauszuholen. Sie schickte die Patientin zum Vater, um ihn zu erpressen; sie nutzte die Tochter aus, wann immer sie konnte. Die Schwester der Mutter besaß ein Bordell. Dort wurde versucht, die Patientin in die Prostitution einzuführen; sie war auch in späteren Jahren zweimal dort und trat gegen

Geld nackt vor Männern auf. Vermutlich bedurfte es einer Menge Widerstandskraft in ihr, um nicht mehr zu tun. Sie war sehr in Verlegenheit, als sie von den Kindern ihres Viertels mit Namen belegt wurde, die zeigten, daß sie nicht nur ein Mädchen ohne Vater war, sondern auch die Nichte einer Bordellbesitzerin.

Die Patientin hatte sich mit 15 Jahren zu einem verängstigten, zurückgezogenen Mädchen entwickelt, das keinerlei Vertrauen ins Leben hatte. Da sandte sie der Vater in einer seiner Launen in ein College in die Vereinigten Staaten. Man kann sich kaum einen plötzlicheren Wechsel der Szenerie für das Mädchen vorstellen: Sie kam in ein ziemlich vornehmes College, stieß dort auf ein Mädchen, das sie auf eine bestimmte Art mochte und ihr herzlich zugetan war, und begann mit diesem Mädchen eine homosexuelle Beziehung. Daran ist eigentlich nichts Verwunderliches. Ich denke, es ist ganz normal, daß ein so verängstigtes Mädchen mit einer solchen Vorgeschichte eine sexuelle Beziehung mit jedem Wesen, das ihm wirklich herzlich zugetan ist, beginnt, sei dies ein Mann, eine Frau oder ein Tier. Es war das erste Mal, daß sie aus ihrer Hölle herauskam. Danach hatte sie noch andere homosexuelle Beziehungen. Sie kehrte in ihr Heimatland zurück, geriet wieder in das gleiche Elend mit der immer gleichen Ungewißheit und dem gleichen Gefühl der Beschämung. Dann traf sie auf die eingangs erwähnte Frau, die sie in einem Zustand der Hörigkeit festhielt. In dieser Situation kam sie zur Psychoanalyse.

In der etwa zwei Jahre dauernden Psychoanalyse verließ sie zuerst die homosexuelle Freundin und lebte einige Zeit alleine. Dann verabredete sie sich mit Männern, verliebte sich in einen von ihnen und heiratete ihn. In der sexuellen Beziehung zu ihm war sie nicht einmal frigide. – Offensichtlich lag bei der Patientin kein Fall von Homosexualität im echten Sinn des Wortes vor. Ich sage „offensichtlich“, denn manche mögen mir in meiner Einschätzung nicht folgen. Meiner

Meinung nach aber war nicht mehr Homosexualität im Spiel, als vermutlich den meisten Menschen als Potential zu eigen ist.

In Wirklichkeit ging es darum, daß diese Frau geradezu eine Todesangst vor dem Leben hatte, was sich auch in ihren Träumen zeigte. Sie war wie ein Mädchen aus einem Konzentrationslager, dessen Erwartungen und Ängste völlig von dieser Erfahrung geprägt sind. Verglichen mit der sonst üblichen Dauer von Psychoanalysen entwickelte sich diese Patientin innerhalb einer relativ kurzen Zeit zu einer völlig normalen Frau mit normalen Reaktionen.

Mit diesem Fallbeispiel möchte ich darauf hinweisen, eine wie mächtige Rolle meiner – und, wie ich glaube, wohl auch Freuds – Meinung nach das Trauma im Unterschied zu den konstitutionellen Faktoren bei der Entstehung von Neurosen spielt. Ich bin mir darüber klar, daß, wenn Freud vom Trauma spricht, er etwas anderes meint als ich; Freud würde nach einem Trauma Ausschau halten, das im wesentlichen sexueller Natur ist; und er würde nach einem Trauma suchen, das sich in früheren Zeiten ereignet hat. Meiner Überzeugung nach ist das Trauma oft ein fortdauernder Prozeß, bei dem eine Erfahrung auf die andere folgt, so daß schließlich ein ganzer Turm von aufeinander aufgeschichteten Erfahrungen entsteht und es, vergleichbar in bestimmter Hinsicht mit den Kriegsneurosen, schließlich zu einem Zerreißpunkt kommt und der Patient erkrankt.

In jedem Fall ist die Erkrankung auf Grund eines Traumas etwas, das sich in der Umwelt ereignet und eine echte Lebenserfahrung ist. Bei der beschriebenen Patientin und bei derartigen Patienten gibt es solche Traumatisierungen, doch der Kern ihrer Charakterstruktur wurde durch die Traumen nicht ernsthaft beschädigt. Auch wenn das äußere Bild eine schwere Erkrankung nahelegt, so ist es doch auf Grund des intakt gebliebenen Kerns der Charakterstruktur und der konstitutionellen Gesundheit durchaus möglich, mit Hilfe des therapeutischen Prozesses die reaktive Neurose innerhalb einer relativ kurzen Zeit zu heilen.

Ich möchte in diesem Zusammenhang unterstreichen, daß bei einer benignen oder reaktiven Neurose die traumatische Erfahrung immer etwas ganz „Massives" sein muß, das hinreichend erklärt, warum es zu einer neurotischen Erkrankung kam. Wird das Traumatische zum Beispiel im schwachen Vater und in einer starken Mutter gesehen, dann erklärt dieses Trauma nicht, warum jemand erkrankt, denn es gibt viele Menschen, die einen schwachen Vater und eine starke Mutter haben und doch nicht neurotisch erkranken. Wer also eine Neurose mit einem traumatischen Ereignis erklären möchte, der muß annehmen, daß die traumatischen Ereignisse von so außerordentlicher Natur sind, daß es undenkbar ist, daß Menschen unter den gleichen traumatischen Ereignissen psychisch gesund bleiben. Deshalb ist es in den Fällen, in denen nur ein schwacher Vater und eine starke Mutter aufzuweisen ist, näherliegend, an die Auswirkung konstitutioneller Faktoren zu denken. Diese Faktoren lassen dann einen Menschen zu einer neurotischen Entwicklung geneigt sein, in der ein schwacher Vater und eine starke Mutter nur deshalb traumatisierend werden können, weil die konstitutionellen Faktoren bereits das Neurotische in sich tragen. Unter idealen Bedingungen müßte ein solcher Mensch nicht notwendig neurotisch erkranken.

Es ist deshalb für mich nicht akzeptabel, die schwere Erkrankung eines Menschen mit Gründen plausibel machen zu wollen, die in gleicher Weise auch für viele andere Menschen gelten, ohne daß diese schwer erkranken. Genausowenig überzeugend ist es für mich, wenn bei einer Familie mit acht Kindern, von denen eines psychisch erkrankt, argumentiert wird, daß die Neurose dieses einen Kindes damit zu erklären ist, daß es das erste oder das zweite oder das mittlere usw. ist, und daß es eben diese Erfahrung sei, die das eine von allen anderen unterscheide. Eine solche Argumentation ist für die, die es bequem haben wollen, sehr schön, weil sie glauben, das Trauma entdeckt zu haben; für mich zeigt sich darin nur ein ganz unlogisches Denken.

Natürlich gibt es auch den Fall, daß eine traumatische Erfahrung während der Psychoanalyse nicht zum Vorschein kommt. Und wenn es einem erfahrenen Psychoanalytiker gelingt, eine echte und außerordentlich starke traumatische Erfahrung ausfindig zu machen und er aufzeigen kann, wie dieses Trauma für die Entwicklung der Neurose entscheidend war, dann ist dies nur gut. Ich möchte hier nur betonen, daß man etwas nicht einfach zu einer traumatischen Erfahrung erklären kann, was sich in vielen anderen Fällen nicht als traumatisch herausstellt. Dies bedeutet nicht, daß es nicht eine große Zahl von wirklich traumatischen Erfahrungen gibt. Der Fallbericht sollte hierfür ein Beispiel sein.

Ich möchte an dieser Stelle noch ein anderes Beispiel erwähnen, das schwierige Fragen aufwirft. Es betrifft den modernen Organisationsmenschen und die Frage, wie krank dieser eigentlich ist, wenn er so entfremdet, narzißtisch, ohne Bezogenheit, ohne wirkliches Interesse für das Leben ist. Wie krank ist ein Mensch, der sich nur für Apparate und Maschinen interessiert, und den ein Sportwagen mehr bewegt als eine Frau?

Einerseits kann man sicher einwenden, daß der moderne Mensch sehr krank ist, was sich auch an bestimmten Symptomen zeigt: Er hat Angst, ist unsicher und benötigt eine andauernde Bestätigung seines Narzißmus. Andererseits könnte man sagen, daß nicht eine ganze Gesellschaft in diesem Sinne krank sein kann, denn schließlich funktionieren die Menschen ja. Das Problem für diese Menschen besteht meiner Meinung nach darin, sich erfolgreich an die allgemeine Krankheit – an das, was man die „Pathologie der Normalität" nennen kann – anzupassen. Das therapeutische Problem ist in diesen Fällen sehr schwierig, denn der moderne Organisationsmensch leidet ja an einem Kernkonflikt, das heißt, an einer tiefen Störung in seinem Persönlichkeitskern, also an einer extremen Form des Narzißmus und an einem Mangel an Liebe zum Leben. Wollte man ihn heilen, bedürfte es in erster Linie einer Veränderung in der gesamten Persönlichkeit; gleichzeitig hätte man fast die gesamte Gesellschaft gegen sich, denn die Gesellschaft begünstigt seine Neurose. So ergibt sich die paradoxe Situation, daß man es theoretisch mit einem kranken Menschen zu tun hat, der aber vom Standpunkt der Gesellschaft aus nicht als krank gilt. Zu bestimmen, was in diesem Fall die Psychoanalyse tun könnte, ist deshalb auch für mich ein sehr schwieriges Problem.

Bei den benignen Neurosen ist die therapeutische Aufgabe vergleichsweise einfach, denn man hat es mit einem intakten Kern der Energiestruktur, der Charakterstruktur zu tun. Man befaßt sich mit traumatischen Ereignissen, die die etwas pathologische Deformation erklären. In der psychoanalytischen Atmosphäre, das heißt einerseits durch das Herausarbeiten des Unbewußten und andererseits durch die Hilfe, die die therapeutische Beziehung zum Analytiker darstellt, haben diese Menschen eine gute Chance, wieder gesund zu werden.

Bei den *malignen Neurosen* hat der Kern der Charakterstruktur Schaden genommen, so daß die Menschen entweder sehr nekrophile oder narzißtische oder muttergebundene Tendenzen zeigen, wobei in besonders schwerwiegenden Fällen gewöhnlich alle drei zugleich auftreten und die Tendenz haben, sich einander anzunähern. Die Aufgabe der psychoanalytischen Behandlung ist hier, die Energieladungen innerhalb der Kernstruktur zu verändern, das heißt, bei der Behandlung müssen der Narzißmus, die Nekrophilie und all die inzesthaften Fixierungen eine Veränderung erfahren. Auch wenn sie sich nicht völlig ändern lassen, so bringt doch schon eine geringe Energiezufuhr bei den – wie die Freudianer sagen – „Besetzungen" dieser verschiedenen Formen eine spürbare Veränderung für diese Menschen mit sich. Wenn es einem solchen Patienten gelingt, seinen Narzißmus zu reduzieren und seine Biophilie ein wenig mehr zu entwickeln und zu einem echten Interesse am Leben zu kommen, dann hat dieser Mensch eine gewisse Chance zur Besserung.

Die Chancen für eine analytische Behandlung von malignen Fällen unterscheiden sich sehr von denen von benignen Fällen. Dessen sollte man sich meines Erachtens immer bewußt sein. Es geht beim Unterschied zwischen den benignen und malignen Fällen nicht um den Unterschied zwischen Neurosen und Psychosen, denn viele der hier als maligne bezeichneten Charakterneurosen haben nichts Psychotisches. Mir geht es bei den malignen Neurosen um ein Phänomen, das man bei neurotischen Patienten mit und ohne Symptome finden kann, die weder psychotisch noch psychosenah sind, ja vermutlich niemals psychotisch werden, bei denen aber die Frage der psychoanalytischen Behandlung eine gänzlich andere ist.

Ein wichtiger Unterschied in der Behandlung maligner Neurosen betrifft die Eigenart des Widerstands. Bei einer benignen Neurose resultiert der Widerstand im großen und ganzen aus einer Unentschlossenheit, aus einer gewissen Angst usw., so daß der Widerstand, eben weil der Kern der Persönlichkeit gesund ist, auch relativ leicht zu überwinden ist. Ganz anders verhält es sich mit dem Widerstand bei den malignen, schweren Neurosen. Hier ist der Widerstand tief verwurzelt, denn ein solcher Mensch müßte sich und vielen anderen bekennen, daß er in Wirklichkeit völlig narzißtisch ist und sich um gar niemand anderen kümmert. Er muß also gegen die Einsicht mit einem viel größeren Nachdruck kämpfen als einer, der an einer benignen Neurose leidet.

Welche *therapeutischen Methoden* sind bei schweren Neurosen anzuwenden? Ich teile nicht die Auffassung, daß es im Kern nur um eine Stärkung des Ichs geht. Meines Erachtens geht es bei der analytischen Behandlung im wesentlichen darum, daß der Patient den irrationalen, archaischen Teil seiner Persönlichkeit mit den eigenen gesunden, erwachsenen und normalen Teilen konfrontiert. Diese Konfrontation erzeugt einen Konflikt, der seinerseits Kräfte aktiviert, die in jedem Menschen mehr oder weniger stark vorhanden, jedoch konstitutionell gegeben sind und die nach Gesundheit und nach einem besseren Gleichgewicht zwischen dem einzelnen und der Welt streben. *Das Entscheidende der psychoanalytischen Behandlung liegt für mich in eben diesem Konflikt, der durch das Aufeinandertreffen des irrationalen und des rationalen Teils der Persönlichkeit erzeugt wird.*

Diese Sicht der Dinge hat natürlich Konsequenzen bezüglich der psychoanalytischen Technik. Eine Konsequenz ist, daß der Patient in der Psychoanalyse sozusagen auf zwei Gleisen fahren muß: Er muß sich einerseits wie ein kleines Kind von zwei oder drei Jahren zeigen und das, was ihm unbewußt ist, selbst erleben; andererseits aber muß er gleichzeitig ein erwachsener und verantwortlicher Mensch sein, der sich mit diesem Teil von sich konfrontiert, denn nur in eben dieser Konfrontation kann er den Schock und den Konflikt fühlen sowie ein Gespür für die notwendigen Schritte erwerben, die bei der psychoanalytischen Behandlung notwendig sind.

Im Vergleich hierzu ist die Freudsche Methode ganz anders, wobei es hier zwei Extreme gibt. Bei dem einen Extrem der Freudschen Therapie wird der Patient letztlich künstlich zum Kind gemacht; diesem Zweck dient das ganze Setting mit der Couch und dem dahinter sitzenden Analytiker. Wie schon René Spitz zeigte, ist die künstliche Infantilisierung der wirkliche Zweck der analytischen Situation. Sie soll bewirken, daß mehr vom unbewußten Material hochkommen kann. Ich glaube jedoch, daß diese Methode den großen Nachteil hat, daß der Patient sich nie mit diesem archaischen und infantilen Material wirklich konfrontiert; vielmehr wird er gleichsam zu seinem Unbewußten, er wird ein Kind. Das, wozu es kommt, ist in gewisser Weise ein Traum, ein Traum im Wachzustand. Alles kommt hoch und tritt in Erscheinung, doch der Patient ist nicht da.

Es stimmt eben nicht, daß der Patient ein kleines Kind ist. Wenn wir für einen Moment einmal annehmen, daß es sich nicht um einen an einer schweren Psychose Erkrankten handelt, dann gilt, daß der Patient zugleich immer ein normales, erwachsenes Wesen ist, das mit Sinnen, Intelligenz und mit den verschiedensten Reaktionsmustern ausgestattet ist, die es zu einem normalen Wesen machen. Und eben dies ist der Grund, warum er auf sein eigenes Kindsein in ihm reagieren kann. Kommt es nicht zu dieser Konfrontation – und nach der Freudschen Methode kommt es im allgemeinen nicht dazu – dann wird auch nicht der Konflikt in Erscheinung treten. Wird dieser Konflikt aber nicht in Gang gebracht, dann fehlt der psychoanalytischen Behandlung meines Erachtens eine ihrer wichtigsten Voraussetzungen.

Es gibt noch ein anderes Extrem Freudscher psychotherapeutischer Methode, das manchmal auch Psychoanalyse genannt wird. Hier degeneriert der gesamte psychoanalytische Prozeß zu einer psychologischen Unterhaltung zwischen dem Analytiker und dem Erwachsenen im Patienten, wobei das Kind im Patienten überhaupt nicht mehr in Erscheinung tritt. Der Patient wird behandelt, wie wenn es überhaupt keine archaischen Kräfte in ihm gäbe. Man hofft, daß man den Patienten durch eine Art Überredung heilen wird, indem man ihm sagt: „Ihre Mutter war schlimm, Ihr

Vater war schlimm, aber ich werde Ihnen helfen, Sie können sich bei mir sicher fühlen." Vielleicht kann eine sehr leichte Neurose auf diese Weise geheilt werden, doch gibt es dafür wahrlich kürzere Methoden als eine fünfjährige Psychoanalyse. Eine schwere Neurose wird sich niemals heilen lassen, es sei denn, man hat – wie Freud sagte – ausreichend unbewußtes und bedeutsames Material ausgegraben und aufgedeckt.

Für mich ist die psychoanalytische Situation sowohl für den Patienten als auch im gewissen Sinne für den Analytiker eine paradoxe: Der Patient ist in der psychoanalytischen Situation weder nur ein Kind und ein irrationaler Mensch mit allen möglichen verrückten Phantasien noch ist er nur der Erwachsene, mit dem man sich auf intelligente Weise über seine Symptome unterhalten kann; vielmehr muß der Analysand fähig sein, sich in derselben Stunde gleichzeitig als beides zu erleben, so daß er eben jene Konfrontation spüren kann, die das Entscheidende in Gang bringt.

Der entscheidende Punkt bei der psychoanalytischen Behandlung ist für mich der wirkliche Konflikt, der sich im Patienten auf Grund dieser Konfrontation zuspitzt. Dies läßt sich weder theoretisch bewältigen noch mit Worten erledigen. Was bedeutet es, wenn zum Beispiel ein Patient sagt: „Ich habe so sehr Angst vor meiner Mutter?" Geht es um die Angst, die wir alle kennen, wenn wir uns vor dem Lehrer in der Schule fürchten oder vor einem Polizisten oder wenn wir Schläge erwarteten? Eine solche Angst ist nicht weltbewegend. Der Patient kann aber auch, wenn er von seiner Angst vor seiner Mutter spricht, eine Angst meinen, die sich etwa so umschreiben läßt: „Ich soll in einen Käfig gesteckt werden. In diesem Käfig ist aber ein Löwe. Jemand tut mich hinein und schließt die Türe, und ich spüre panische Angst." Daß es um eine solche Angst geht, zeigt sich oft in den Träumen, wenn ein Alligator oder ein Löwe oder ein Tiger den Patienten anzufallen droht. Allein mit den

Worten „Ich habe Angst vor meiner Mutter", kommt man nicht an die wirkliche Angst heran, mit der der Patient zu kämpfen hat.

3. Konstitutionelle und andere Wirkfaktoren

Unter den weiteren günstigen und ungünstigen Wirkfaktoren für die Therapie sind an erster Stelle die konstitutionellen zu nennen. Ich habe bereits darauf hingewiesen, daß meines Erachtens die konstitutionellen Wirkfaktoren viel wichtiger zu nehmen sind. Hätte ich vor 30 Jahren über konstitutionelle Wirkfaktoren das gehört, was ich jetzt gleich darüber ausführen werde, dann hätte ich mich sehr darüber entrüstet. Ich hätte wohl von einer reaktionären oder faschistischen Art von Pessimismus gesprochen, der keinerlei Veränderung zulasse. Im Laufe meiner psychoanalytischen Arbeit kam ich aber auf Grund meiner eigenen Erfahrung (und nicht auf Grund theoretischer Überlegungen, zumal ich kaum etwas über Vererbung weiß) immer mehr zu der Überzeugung, daß die Annahme einfach nicht wahr ist, daß die Schwere der Neurose proportional zu der Schwere der traumatischen und der umwelthaften Umstände ist.

Wenn man bei homosexuellen Patienten herausfinden kann, daß sie eine sehr strenge Mutter und einen sehr schwachen Vater hatten, dann läßt sich damit eine Theorie bilden, die die Homosexualität erklärt. Allerdings hat man außerdem noch zehn andere Patienten, die einen ebenso schwachen Vater und eine gleichfalls strenge Mutter hatten, aber nicht homosexuell wurden. Wir haben also ähnliche Umweltfaktoren, und doch ganz verschiedene Auswirkungen. Eben deshalb glaube ich, daß man – abgesehen von den oben angesprochenen Fällen, in denen man außerordentlich traumatische Faktoren ausfindig machen kann – die Entwicklung zu einer neurotischen Erkrankung nie wird wirklich verstehen können, wenn man nicht konstitutionelle Faktoren mit in die Überlegungen einbezieht. Es kann sein, daß diese so stark sind, daß sie allein ausschlaggebend sind; es kann aber auch sein, daß die konstitutionellen Faktoren erst in Verbindung mit bestimmten Bedingungen ihre Wirkung zeigen. Bestimmte konstitutionelle Faktoren lassen Umweltfaktoren traumatisch werden, andere zeigen diese Wirkung nicht.

Im Unterschied zu Freud, für den konstitutionelle Faktoren entsprechend der Libidotheorie im wesentlichen triebhafte Faktoren sind, verstehe ich konstitutionelle Faktoren viel weiter. Ohne dies hier im einzelnen ausführen zu können, gehören für mich nicht nur das, was man gewöhnlich „Temperament" nennt, sei es im Sinne der griechischen Temperamentelehre, oder sei es im Sinne der Sheldon-Typen [vgl. W. H. Sheldon, 1942], sondern auch Faktoren wie die Vitalität, die Liebe zum Leben, der Mut und anderes. Ein Mensch wird auf Grund seines Chromosomensatzes bereits als ein klar definiertes Wesen empfangen. Die Frage ist dann, was das Leben diesem bereits bei der Geburt besonders ausgezeichneten Menschen zufügt. Für einen Psychoanalytiker ist es eine gute Übung, sich folgendes zu überlegen: Wie wäre dieser Mensch, wenn seine Lebensumstände dem Wesen, als das er empfangen wurde, förderlich gewesen wären? Und was sind die besonderen Entstellungen und Schädigungen, die das Leben und die Umstände diesem Menschen zugefügt haben?

Zu den günstigen konstitutionellen Faktoren gehört das Ausmaß der Vitalität, insbesondere das Ausmaß der Liebe zum Leben. Jemand kann an einer ziemlich schweren Neurose leiden mit einem beträchtlichen Maß an Narzißmus, ja sogar mit einem Gutteil an inzestuöser Fixierung. Es ist meine persönliche Überzeugung, daß das Bild völlig anders aussieht, wenn diesem Menschen die Liebe zum Leben zu eigen ist. Als Beispiele möchte ich Roosevelt und Hitler nehmen. Beide waren ziemlich narzißtisch, Roosevelt sicher weniger als Hitler, aber doch immer noch ausreichend. Beide waren ziemlich auf die Mutter fixiert, Hitler vermutlich auf eine malignere Weise und tiefer als Roosevelt. Der alles entscheidende Unterschied zwischen beiden aber war, daß Roosevelt ein Mensch voller Liebe zum Leben war, während Hitler ganz vom Toten angezogen war. Hitlers Ziel war die Zerstörung, auch wenn er sich dessen nicht einmal bewußt war, sonst hätte er nicht viele Jahre lang daran geglaubt, daß sein Ziel die Erlösung sei; in Wirklichkeit aber war sein Ziel die Destruktion, und er fühlte sich von allem angezogen, das zu Zerstörung führte. – Hier haben wir es mit zwei Persönlichkeiten zu tun, bei denen der Faktor Narzißmus und der Faktor Mutterbindung, wenn auch in verschiedenem Ausmaß, so aber doch deutlich erkennbar, vorhanden ist. Sie unterscheiden sich aber grundsätzlich bezüglich des jeweiligen Ausmaßes an Biophilie bzw. Nekrophilie. Wenn ich einen Patienten vor mir habe, der möglicherweise schwer krank ist, bin ich dennoch ganz optimistisch, wenn ich bei ihm biophile Kräfte sehen kann. Wenn ich zu allem anderen nur wenig Biophilie entdecken kann, aber eine Menge Nekrophilie, bin ich hinsichtlich der Prognose äußerst pessimistisch.

Es gibt noch eine Reihe anderer Wirkfaktoren, die für den Erfolg oder Mißerfolg einer Psychoanalyse verantwortlich sind und die wenigstens kurz erwähnt werden sollen. Es handelt sich durchweg um nicht-konstitutionelle Faktoren, über die man sich ziemlich gut während der ersten fünf oder zehn Analysestunden ein Bild machen kann.

(a) Ein erster Wirkfaktor betrifft die Frage, ob *ein Patient wirklich den Tiefpunkt seines Leidens erreicht hat*. Ich kenne einen Therapeuten, der einen Patienten erst dann zur Analyse nimmt, wenn dieser alle in den Vereinigten Staaten praktizierten therapeutischen Methoden durchprobiert hat und keine dieser anderen Methoden erfolgreich war. Natürlich kann eine solche Bedingung auch ein ganz schönes Alibi für den eigenen therapeutischen Mißerfolg sein, doch in diesem Fall dient sie als Probe dafür, ob ein Patient den Tiefpunkt seines Leidens erreicht hat. Dies herauszufinden, halte ich für sehr wichtig. Harry Stack Sullivan betonte diesen Punkt immer ganz besonders, wenn auch mit etwas anderen Begriffen. Er behauptete, daß der Patient zu beweisen habe, warum er eine Behandlung brauche. Damit meinte er freilich nicht, daß ihm der Patient eine Erklärung für seine Krankheit oder etwas Ähnliches geben sollte. Ihm ging es ganz entschieden darum, daß der Patient nicht mit der Vorstellung kommt: „Ich bin krank. Sie sind der Spezialist, der in Aussicht stellt, kranke Menschen zu heilen. Hier bin ich also!" Wenn ich einen Satz an die Wand meiner Praxis schreiben sollte, dann würde ich schreiben: „Hier zu sein, genügt nicht!"

Deshalb ist die erste und wichtigste Aufgabe der Analyse, dem Patienten eher dabei zu helfen, sich unglücklich zu erleben, als ihm Mut zuzusprechen. In Wirklichkeit gibt es keinerlei Grund für eine Ermutigung, mit der man sein Leiden zu lindern und zu mildern versucht; im Gegenteil, dies ist definitiv schlecht für den weiteren Fortgang der Analyse. Ich glaube nicht, daß jemand genügend Initiative und Impulse hat, um die enormen Anstrengungen zu erbringen, die eine Analyse – wenn es wirklich eine Psychoanalyse ist – erforderlich macht, wenn er sich nicht des ganzen Ausmaßes seines in ihm liegenden Leidens gewahr ist. Und dieser Leidenszustand ist noch lange nicht der schlechteste. Er ist weitaus besser als jener Zustand, der einem schattenhaften Land vergleichbar ist, in dem man weder leidet noch glücklich sein kann. Zu leiden ist wenigstens ein ganz reales Gefühl, das zum Leben dazugehört. Wer sich seines Leidens nicht bewußt ist und nur fernsieht oder mit sonst etwas sich die Zeit vertreibt, der ist weder hier noch dort.

(b) Eine zweite Bedingung für eine wirksame Psychoanalyse lautet: Der Patient muß eine Vorstellung von dem haben, was sein Leben sein sollte oder sein könnte; *er muß eine Vision dessen haben, was er mit seinem Leben will*. Ich habe schon gehört, daß Patienten zum Psychoanalytiker kamen, weil sie keine Gedichte schreiben konnten. Dieser Wunsch ist ein wenig ausgefallen, obwohl solche Fälle gar nicht so selten sind, wie man glauben könnte. Viele Patienten kommen einfach deshalb, weil sie nicht glücklich sind. Doch es reicht nicht aus, einfach nur unglücklich zu sein. Würde mir ein Patient sagen, ich möchte gerne eine Psychoanalyse machen, weil ich mich so unglücklich fühle, dann würde ich ihm antworten: „Die meisten Menschen sind nicht glücklich. Dies ist noch nicht Grund genug, Jahre auf eine kraftkostende, mühsame und schwierige Arbeit mit einer Person zu verwenden."

Daß ein Mensch weiß, was er vom Leben will, ist nicht nur eine Frage der Erziehung und Klugheit. Es kann durchaus sein, daß ein Patient noch nie eine Vorstellung davon entwickelte, was er eigentlich mit seinem Leben will trotz unseres großartigen Erziehungssystems. Dennoch ist es meines Erachtens eine Aufgabe des Psychoanalytikers, am Beginn einer Psychoanalyse herauszufinden, ob der Patient dazu fähig ist, eine Vorstellung von dem zu entwickeln, was das Leben, außer glücklich zu sein, sonst noch bedeuten könnte. Natürlich gebrauchen die Menschen in den Großstädten der Vereinigten Staaten alle möglichen Wörter, um die Frage zu beantworten, zum Beispiel, daß sie sich selbst zum Ausdruck bringen möchten, doch dies sind nur Phrasen. Das gleiche gilt, wenn jemand sich dilletantisch mit Musik beschäftigt und auf Hi-Fi oder sonst etwas „steht". Ein Psychoanalytiker darf sich mit solchen Antworten nicht zufrieden geben. Er muß auf den Boden der Realität gelangen und den Patienten fragen: Was ist seine wirkliche Intention, und zwar nicht theoretisch? Weswegen kommt er wirklich?

(c) Ein dritter wichtiger Wirkfaktor ist die *Ernsthaftigkeit des Patienten*. Es gibt viele narzißtische Menschen, die eine Psychoanalyse nur deshalb machen möchten, weil sie über sich selbst reden wollen. Es stimmt ja auch: Wo sonst kann man dies tun? Weder eine Frau noch Freunde noch Kinder sind bereit, einem Menschen stundenlang zuzuhören: was er gestern tat, warum er dies tat usw. Nicht einmal ein Barkeeper kann solange zuhören, weil er noch andere Kunden hat. So zahlt der narzißtische Mensch 100 Mark, oder wieviel eine Stunde kostet, und hat jemanden, der ihm die ganze Zeit über zuhört. Natürlich muß er als Patient begriffen haben, daß er in der Psychoanalyse über psychologisch relevante Dinge reden muß und nicht über Bilder, Gemälde oder Musik. Man muß über sich selbst reden und warum man den Ehepartner nicht ausstehen kann oder warum man ihn gern hatte usw. – In einer Analyse nur über sich zu reden, genügt nicht. Auch für den Psychoanalytiker ist dies nicht ausreichend, es sei denn, es geht ihm nur darum, Geld zu verdienen.

(d) Ein vierter Wirkfaktor, mit dem vorstehenden innerlich verwandt, ist des Patienten *Fähigkeit, zwischen Banalität und Realität unterscheiden zu können*. Im allgemeinen unterhalten sich die Menschen über Banales. Das beste Beispiel hierfür sind die Kommentare in der New York Times. Wenn ich hier von Banalität im Unterschied zu Realität spreche, dann meine ich nicht, daß das Banale nicht klug sein kann, sondern daß es unwirklich ist. Wenn ich in der New York Times zum Beispiel einen Beitrag über den Krieg in Vietnam lese, dann mutet mich dieser banal an, was natürlich eine Frage der politischen Überzeugung ist, und zwar einfach deshalb, weil er unwirklich ist, denn er handelt von Fiktionen, die so weit gehen, daß plötzlich amerikanische Schiffe auf unsichtbare Ziele feuern und niemand weiß, worauf wirklich geschossen wurde. Dies alles hat dann auch noch mit der Rettung vom Kommunismus und Gott weiß was zu tun. Dies meine ich mit banal. Ebenso banal ist die Art, wie Menschen über ihr persönliches Leben reden, weil sie über unwirkliche Dinge reden. Wenn jemand erzählt, daß der Ehemann dieses oder jenes getan habe oder daß er befördert oder nicht befördert worden ist, oder ob jemand den Freund anrufen soll oder nicht, dann ist dies banal, weil es an nichts Wirkliches rührt, sondern sich nur mit Rationalisierungen beschäftigt.

(e) Ein weiterer Wirkfaktor bei der Psychoanalyse sind *die Lebensumstände des Patienten*. Mit wieviel Neurose ein Patient noch erfolgreich über die Runden kommt, hängt ganz und gar von der Situation ab. Ein Kaufmann kann mit einer bestimmten Neuroseform noch ungeschoren davonkommen, mit der ein College-Professor nicht mehr bestehen könnte, und zwar nicht wegen des verschiedenen kulturellen Niveaus, sondern schlicht und einfach weil der Professor mit einer bestimmten Art hochnarzißtischen, aggressiven Verhaltens in einem kleinen College untragbar wäre; er würde hinausgeworfen werden. Der Kaufmann hingegen kann mit diesem Verhalten äußerst erfolgreich sein.

Oft sagen Patienten: „Herr Doktor, ich kann einfach nicht mehr so weitermachen." Meine Antwort auf diese Eröffnungsrede ist dann gewöhnlich: „Ich kann keinen Grund erkennen, warum Sie nicht weitermachen können. Sie haben 30 Jahre so gelebt, und viele Menschen, ja Millionen von Menschen leben so bis zu ihrem Ende. Warum Sie so nicht weitermachen können, kann ich nicht sehen. Ich kann wohl sehen, warum Sie es nicht wollen, doch ich benötige noch einige Belege, warum und daß Sie nicht mehr so weitermachen wollen. Daß Sie nicht können, ist schlichtweg nicht wahr."

(f) Einen Wirkfaktor, den ich besonders unterstreichen möchte, ist *die aktive Teilnahme des Patienten*, womit ich auf das oben Gesagte zurückkomme. Ich glaube nicht, daß irgend jemand durch Reden gesund wird, ja nicht einmal durch das Aufdecken seines Unbewußten, genausowenig, wie jemand etwas Bedeutsames erreichen kann, wenn er sich nicht sehr anstrengt, Opfer bringt, etwas riskiert und – um hier die symbolische Sprache zu gebrauchen, wie sie oft in Träumen auftaucht – durch die vielen Tunnel geht, durch die man im Laufe seines Lebens hindurch muß; solche Tunnel bedeuten Zeiten, in denen es nur dunkel ist, in denen man sich ängstigt, in denen man aber auch den Glauben hat, daß es noch eine andere Seite des Tunnels gibt, wo wieder Licht sein wird. Bei diesem Prozeß spielt die Persönlichkeit des Psychoanalytikers eine große Rolle. Er muß ein guter Wegbegleiter und fähig sein, das zu tun, was ein guter Bergführer tut: Dieser trägt den, den er führt, auch nicht den Berg hinauf; doch manchmal zeigt er ihm, welches die bessere Route ist, ja manchmal gebraucht er sogar seine Hand, um ihm einen kleinen Schubs zu geben. Aber dies ist auch schon alles, was er tun kann.

(g) Dies bringt mich zu einem letzten Wirkfaktor: *zur Persönlichkeit des Psychoanalytikers*. Aus der Fülle dessen, was hierzu zu sagen wäre, möchte ich einige wenige Punkte herausgreifen. Freud wies bereits auf einen sehr wichtigen Punkt hin: die Abwesenheit von Täuschung und Irreführung. Vom allerersten Augenblick an sollte der Patient an der analytischen Einstellung und Atmosphäre spüren, daß hier eine Welt ist, die sich von der üblicherweise erfahrenen unterscheidet: eine Welt der Realität, das heißt eine Welt der Wahrheit und Wahrhaftigkeit, eine Welt ohne Täuschung. Darüber hinaus sollte der Patient spüren, daß von ihm keine Banalitäten erwartet werden und daß der Psychoanalytiker ihn darauf aufmerksam machen wird, wenn er sich dennoch in Banalitäten ergeht. Auch der Analytiker darf keine Banalitäten erzählen, weshalb er den Unterschied zwischen Banalität und Nichtbanalität kennen muß, was gerade in unserer heutigen Zeit gar nicht so einfach ist.

Eine andere wichtige Voraussetzung auf seiten des Psychoanalytikers ist die Abwesenheit von Sentimentalität. Einen kranken Menschen heilt man nicht, indem man nett zu ihm ist, weder in der Medizin noch in der Psychotherapie. Dies mag vielen hart klingen, und sicherlich wird man mir unterstellen, daß ich äußerst roh mit meinen Patienten umgehe, daß ich kein Mitgefühl zeigte, autoritär sei usw. Mag sein, daß mich manche so sehen; ich erlebe das, was ich tue, allerdings nicht so, und meine Erfahrung mit meinen Patienten ist anders. Denn es gibt etwas, was ganz anders ist als alle Sentimentalität, aber die Voraussetzung für jedes Analysieren darstellt: Man muß das, worüber der Patient spricht, in sich selber spüren können. Wenn ich in mir nicht erleben kann, was es heißt, schizophren zu sein oder depressiv oder sadistisch oder narzißtisch oder zu Tode geängstigt, selbst wenn ich es in geringerem Maße als der Patient spüre, dann kann ich nicht wissen, wovon der Patient spricht. Und wenn ich diesen Versuch nicht mache, bin ich nicht in Berührung mit dem Patienten.

Es gibt einige Menschen, die eine besondere Veranlagung gegenüber bestimmten Dingen haben. Ich erinnere mich, daß Harry Stack Sullivan zu sagen pflegte, daß von Angst gerittene Patienten nie ein zweites Mal zu ihm in die Praxis kamen, weil er weder Sympathie noch Empathie für diese Art von Angst aufbringen konnte. In solchen Fällen sollte man diese Patienten nicht in Analyse nehmen. Man ist nur für jene Patienten ein sehr guter Therapeut, bei denen man fühlen kann, was sie fühlen.

Daß jemand fähig ist, in sich das zu spüren, was der Patient fühlt, ist eine grundlegende Erfordernis der Psychoanalyse. Darum gibt es für den Psychoanalytiker auch keine bessere eigene Analyse als die Analyse anderer Menschen, denn im Vollzug des Analysierens anderer Menschen gibt es fast nichts im Analytiker, das nicht zum Vorschein kommt und berührt wird – vorausgesetzt, der Analytiker versucht zu spüren, was der Patient erlebt. Wenn der Analytiker freilich denkt: „Der Patient ist eben ein armer kranker Tropf, weil er zahlt", dann bleibt er intellektuell und wird nie vom Patienten überzeugend erlebt werden.

Aus all dem ergibt sich, daß man zwar gegenüber dem Patienten nicht sentimental, aber doch nicht ohne Mitgefühl ist, weil man ein tiefes Gespür dafür hat, daß nichts von dem, was im Patienten vor sich geht, nicht auch in einem selbst vor sich geht. Es gibt keinen Raum, wo man sich zum Richter oder Moralisten aufschwingen könnte oder sich über den Patienten entrüsten könnte, sobald man einmal erfahren hat, daß das, was im Patienten geschieht, auch in einem selbst geschieht. Wer aber das, was im Patienten vor sich geht, nicht als sein Eigenes erleben kann, der versteht es nicht. In den Naturwissenschaften kann man seinen Untersuchungsgegenstand auf den Tisch legen, wo er dann liegt, wo man ihn sehen und messen kann. In der Psychoanalyse reicht es nicht, daß der Patient sein Inneres auf den Tisch legt, weil das, was er mir zeigt, so lange keine Tatsache ist, solange ich es nicht in mir als etwas, was real ist, sehen kann.

Schließlich ist es für den Psychoanalytiker sehr wichtig, den Patienten nicht als eine Summierung von Komplexen zu sehen, sondern als den Helden eines Dramas. In Wirklichkeit ist jeder Mensch der Held eines Dramas, und dies meine ich nun gar nicht sentimental. Ein Mensch wird mit bestimmten Gaben geboren, doch meistens versagt er, und sein Leben ist ein gewaltiger Kampf, aus dem, was ihm in die Wiege gelegt wurde, etwas zu machen. So kämpft er gegen enorme Hindernisse. Selbst der gewöhnlichste Mensch wird – von außen betrachtet – höchst interessant, wenn man ihn einmal als jenes lebendige Wesen sieht, das in diese Welt geworfen wurde, an einen Ort, den er sich weder gewünscht hat noch der ihm bekannt war, und wie er sich seinen Weg durch das Leben erkämpft. Große Schriftsteller zeichnen sich gerade dadurch aus, daß sie einen

Menschen vorstellen, der einerseits ganz gewöhnlich ist, andererseits aber zum Helden wird. Die Figuren bei Balzac zum Beispiel haben meistens nichts Interessantes, und doch werden sie durch die Kraft des Dichters außerordentlich interessant. Wir sind zwar keine Balzacs und können nicht wie er schreiben, aber wir sollten dennoch die Fähigkeit in uns entwickeln, in einem Patienten und schließlich in jedem menschlichen Wesen ein menschliches Drama zu sehen, das uns interessiert, und eben nicht nur den Patienten, der mit diesem oder jenem Symptom kommt.

Abschließend möchte ich auf die *Frage der Prognose* zu sprechen kommen. Ich bin davon überzeugt, daß die Chancen einer psychoanalytischen Behandlung bei den von mir so genannten benignen Neurosen recht gut sind, während sie für die malignen nicht sehr gut sind. Ich möchte mich hier auf keine Prozentzahlen festlegen. Dennoch dürfte es eine allgemeine Erfahrung sein, daß die Prognosen für die schweren, malignen Neurosen nicht sehr günstig sind. Dieser Befund hat nichts Beschämendes. Wenn es in der Medizin bei einer schweren Krankheit mit einer bestimmten Methode noch 5 % Heilungschancen gibt – und ich glaube, daß die Chancen bei der Psychoanalyse noch etwas besser sind – dann werden alle, der Arzt, der Patient, seine Freunde und Verwandten, die größten Anstrengungen unternehmen, den Erkrankten wieder gesund zu machen.

Der Fehler liegt darin, daß wir nicht den Unterschied zwischen einer benignen und einer malignen Neurose sehen und der Analytiker am Anfang in einer Art Flitterwochenstimmung ist und denkt: „Mit der Psychoanalyse läßt sich alles schon heilen." Oft macht er sich dann im Blick auf den Patienten etwas vor, daß die Dinge gar nicht so schwer seien und gar nicht so hoffnungslos, wie sie manchmal sind.

Selbst in den Fällen, in denen ein Patient nicht gesund wird, würde ich dennoch behaupten, daß in einer guten Psychoanalyse zumindest eine Bedingung erfüllt ist: Die Stunden der Psychoanalyse werden, wenn sie lebendig und bedeutsam waren, zu den wichtigsten und wertvollsten Stunden gehören, die ein Mensch in seinem Leben erfuhr. Dies kann nicht von vielen Therapien gesagt werden. Es kann für den Psychoanalytiker ein Trost sein, der sich mit Patienten abmüht, die nur eine sehr geringe Heilungschance haben.

Bei den nicht-malignen Neurosen ist die Prognose sehr viel besser. Bei diesen leichten Neurosen glaube ich auch, daß es Wege gibt, die eine Heilung in weniger als zwei Jahren Psychoanalyse erlauben. Allerdings muß man den Mut haben, die analytischen Einsichten dazu zu gebrauchen, den Patienten sehr direkt anzugehen, ihn ebenso direkt mit dem Problem zu konfrontieren und möglicherweise das in zwanzig Stunden zu erreichen, was man als Psychoanalytiker sonst in 200 Stunden zu erreichen sich verpflichtet fühlt. Es sollte uns keine falsche Scham davon abhalten, direkte Methoden zu gebrauchen, wenn dies möglich ist.

II. Therapeutische Aspekte der Psychoanalyse

1. Zum Selbstverständnis und zum Menschenbild der Psychoanalyse

a) Welches Ziel hat die Psychoanalyse?

Die Frage, mit der ich beginnen möchte, ist zugleich auch die Grundfrage für alles weitere: Welches Ziel hat die Psychoanalyse? Dies ist eine einfache Frage, und es gibt auch eine einfache Antwort: Die Psychoanalyse zielt darauf, sich selbst zu erkennen. Selbsterkenntnis ist ein sehr altes menschliches Bedürfnis. Von den Griechen über das Mittelalter bis zur Gegenwart läßt sich die Vorstellung nachweisen, daß die Selbsterkenntnis die Grundlage der Erkenntnis der Welt ist – oder um es mit einer drastischen Formulierung von Meister Eckhart auszudrücken: „Es gibt nur einen einzigen Weg, Gott zu erkennen: sich selbst zu erkennen." Selbsterkenntnis ist eine der ältesten Sehnsüchte der Menschen. Sie ist eine Sehnsucht oder eine Zielsetzung, die ihre Wurzeln sehr wohl in objektiven Gegebenheiten hat.

Wie kann jemand die Welt erkennen, wie vermag jemand zu leben und richtig zu reagieren, wenn uns das Instrument zum Handeln und zur Entscheidung nicht bekannt ist? Wir sind der Führer dieses „Ichs", das es irgendwie fertigbringt, daß wir in der Welt leben, Entscheidungen fällen, Prioritäten setzen und uns zu Werten bekennen. Wenn dieses Ich, dieses Subjekt, das entscheidet und handelt, uns nicht genügend bekannt ist, bedeutet dies, daß all unsere Handlungen und Entscheidungen halbblind oder nur in einem halbwachen Zustand erfolgen.

Es gilt, in Betracht zu ziehen, daß der Mensch im Unterschied zum Tier keine solchen Instinkte hat, die ihm sagen, wie er zu handeln hat, so daß das Tier auch gar nichts außer dem, was ihm die Instinkte sagen, wissen muß. Allerdings gilt diese Feststellung nur mit der Einschränkung, daß auch im Tierreich die Tiere etwas lernen müssen, und zwar selbst die auf niedrigem Evolutionsniveau. Instinkte funktionieren nicht ohne wenigstens ein Minimum an Lernen. Dieser Aspekt ändert aber nichts daran, daß die Tiere im großen und ganzen nicht viel „wissen" müssen. Das Tier muß sehr wohl einige Erfahrungen gesammelt haben, die durch die Erinnerung vermittelt werden.

Der Mensch hingegen muß Erkenntnis haben, um entscheiden zu können. Seine Instinkte sagen ihm nicht, wie er sich entscheiden soll. Sie sagen ihm nur, daß er essen, trinken, sich verteidigen und schlafen muß und nach Möglichkeit auch, daß er Kinder hervorbringen soll, wobei der Trick der Natur darin besteht, daß sie den Menschen mit einem bestimmten Vergnügen oder einer Lust auf sexuelle Befriedigung ausgestattet hat. Doch das sexuelle Verlangen ist bei weitem kein so starkes instinktives Verlangen wie die anderen Triebe und Impulse. Das Verlangen, sich selbst zu kennen, ist deshalb nicht nur unter einer spirituellen, religiösen, moralischen oder menschlichen Perspektive eine Bedingung des Menschen, sondern auch bei biologischer Betrachtungsweise.

Das Optimum an Lebensfähigkeit hängt vom Grad der Kenntnis über uns selbst ab. Diese Kenntnis ist das Instrument, mit dem wir uns in der Welt orientieren und unsere Entscheidungen treffen. Offensichtlich ist es so: Je besser wir uns selbst bekannt sind, desto richtiger sind unsere Entscheidungen, die wir treffen. Und je weniger wir uns kennen, desto unklarer müssen unsere Entscheidungen ausfallen.

Die Psychoanalyse eignet sich nicht nur zur Therapie, sondern ist auch ein Instrument, sich selber zu verstehen, das heißt, sich selber zu befreien. Als Hilfsmittel bei der Kunst des Lebens hat die Psychoanalyse unter persönlichen und praktischen Gesichtspunkten meiner Meinung nach sogar die wichtigste Bedeutung.

Der Hauptwert der Psychoanalyse liegt darin, daß sie zu einer spirituellen Veränderung der Persönlichkeit verhelfen kann, und weniger darin, Symptome zu heilen. Solange es keine bessere und kürzere Methode gibt, Symptome zu heilen, hat die Psychoanalyse auch hier ihre Bedeutung; ihre tatsächliche historische Bedeutung liegt in Richtung jener Erkenntnis, die man auch im buddhistischen Denken findet: Es geht der Psychoanalyse um eine bestimmte Art des Gewahrwerdens seiner selbst, um „Achtsamkeit", wie sie in der buddhistischen Praxis eine zentrale Rolle spielt, mit dem Ziel, einen besseren Zustand des Seins zu erreichen und sinnvoller leben zu können als der durchschnittliche Mensch.

Die Psychoanalyse behauptet, daß Selbsterkenntnis eine heilende Wirkung hat. Diesen Anspruch erhob bereits das Evangelium: „Die Wahrheit wird euch frei machen." [Jo 8,32] Warum soll die Kenntnis des eigenen Unbewußten, also eine umfassende Selbsterkenntnis, dazu verhelfen, einen Menschen von seinen Symptomen zu befreien, ja, ihn sogar glücklich machen?

b) Sigmund Freuds therapeutische Zielsetzung und ihre Kritik

Ich möchte zuerst auf die therapeutische Zielsetzung der klassischen, der Freudschen Psychoanalyse zu sprechen kommen. Freud sah das therapeutische Ziel darin, den Menschen arbeitsfähig und sexuell genußfähig zu machen, so daß er sich der Sexualität erfreuen kann und fähig ist, sexuell zu funktionieren. Um es mit anderen Worten zu sagen, das Ziel ist, zu arbeiten und sich fortzupflanzen. Dies sind zugleich die zwei großen Forderungen, die die Gesellschaft an jeden einzelnen stellt. Die Gesellschaft muß den Menschen Gründe liefern und sie indoktrinieren, warum sie arbeiten und Kinder hervorbringen sollen. Wir tun dies schlecht und recht aus vielerlei Gründen. Der Staat tut im allgemeinen nichts Besonderes, um die Menschen dazu anzuhalten; braucht der Staat aber mehr Kinder, als derzeit hervorgebracht werden, dann wird er alle möglichen Anstrengungen dazu unternehmen.

Freuds Definition von psychischer Gesundheit ist in Wirklichkeit eine gesellschaftliche Definition. Sie zielt auf eine Normalität im gesellschaftlichen Sinne ab. Es geht darum, daß der Mensch der gesellschaftlichen Norm gemäß funktioniert; dementsprechend ist auch die Definition des Symptoms eine gesellschaftliche: Ein Symptom liegt dann vor, wenn es für den einzelnen schwierig ist, der gesellschaftlichen Norm gemäß zu funktionieren. Deshalb wird der Konsum von Drogen als schweres Symptom angesehen, das zwanghafte Rauchen dagegen nicht, obwohl es vom Psychologischen her das gleiche Phänomen ist. Gesellschaftlich gesehen gibt es einen großen Unterschied, denn wenn jemand bestimmte Drogen nimmt, dann hindern diese ihn in vielen Situationen daran, gesellschaftlich angemessen zu funktionieren. Jemand kann sich zu Tode rauchen – wen kümmert es? Stirbt er an Lungenkrebs, dann ist dies kein gesellschaftliches Problem. Die Menschen sterben so oder so. Und wenn jemand mit fünfzig Jahren an Lungenkrebs stirbt, dann ist er gesellschaftlich gesehen auch nicht mehr wichtig. Immerhin hat er die gewünschte Zahl von Kindern gehabt, hat seine Arbeitskraft der Gesellschaft zur Verfügung gestellt und sein Bestes getan. Sein Rauchen und der Lungenkrebs sind uninteressant, weil sie die genannten gesellschaftlichen Funktionen nicht stören.

Wir erklären etwas zu einem Symptom, wenn es der gesellschaftlichen Funktion des Menschen abträglich ist. Weil dies so ist, gilt der Mensch als gesund, der unfähig ist, etwas von seinem eigenen Erleben zu spüren, und statt dessen alles immer nur ganz „realistisch" sieht. In Wirklichkeit ist er genauso krank wie der Psychotiker, der unfähig ist, die äußere Wirklichkeit als etwas wahrzunehmen, mit dem er umgehen kann und das er gestalten kann, der statt dessen aber alles in sich wahrnimmt, was für den sogenannten normalen Menschen unzugänglich ist: Gefühle, selbst die äußerst feinen Gefühlsregungen und das innere Erleben.

Freuds Definition von seelisch-geistiger Gesundheit ist im wesentlichen eine gesellschaftliche. Dies ist keine Kritik an Freud im engeren Sinne, denn Freud war so sehr ein Kind seiner Zeit, daß er seine Gesellschaft nie in Frage stellte. Die einzige Ausnahme betraf die Sexualität; hier war ihm das sexuelle Tabu zu streng, weshalb er es gemildert sehen wollte. Freud selbst war ein sehr prüder Mensch, und er wäre außerordentlich geschockt, wenn er sehen würde, zu welchem sexuellem Verhalten angeblich seine Lehren geführt haben. In Wirklichkeit hat Freud wenig mit dieser Entwicklung zu tun, denn das gegenwärtige Sexualverhalten ist Teil eines allgemeinen Konsumverhaltens.

Wie begründet Freud das beschriebene Ziel der Psychoanalyse? Die Freudsche Auffassung von dem, was in der Therapie geschieht, läßt sich im Kern von seiner Trauma-Theorie her so skizzieren: Freud nimmt ein traumatisches

Ereignis in der frühen Kindheit an, das verdrängt wurde, und eben weil es verdrängt wurde, noch immer am Werk ist. Der sogenannte „Wiederholungszwang" bindet den Menschen an dieses frühe Ereignis, und zwar nicht nur auf Grund seines Beharrungsvermögens und weil das traumatische Ereignis von damals noch immer seine Wirkung zeigt, sondern weil der Wiederholungszwang den Menschen dazu anhält, das gleiche Verhalten je neu zu wiederholen. Wird dieses Verhalten zu Bewußtsein und seine Energie in Erfahrung gebracht, und zwar nicht nur intellektuell, sondern wie Freud bald erkannte affektiv erlebt (was er „durcharbeiten" nannte), dann hat dies die Wirkung, die Macht des Traumas zu brechen, so daß der Mensch von seinem verdrängten Einfluß befreit ist.

Ich habe schwerwiegende Zweifel an der Richtigkeit dieser Theorie. Als erstes möchte ich ein persönliches Erlebnis aus der Zeit mitteilen, als ich in Ausbildung am Psychoanalytischen Institut in Berlin war [1928 bis 1930]. Dort gab es einmal unter den Professoren eine lange Diskussion darüber – an denen die Lehranalysanden gewöhnlich teilnahmen –, wie oft es eigentlich vorkomme, daß ein Patient sich wirklich seiner frühen traumatischen Ereignisse erinnere. Die Mehrheit der Professoren sagte, daß dies äußerst selten geschehe. Ich war völlig überrascht, denn ich war ein guter und gutgläubiger Schüler und hatte an die Theorie geglaubt. Und plötzlich hörte ich, daß das, was als Grundlage für die Heilung galt, so selten vorkam. – (Die Professoren fanden natürlich einen Ausweg aus dem Dilemma, indem sie sagten, daß das Trauma aber in der Übertragung wiederkehre. Doch darauf möchte ich an dieser Stelle nicht eingehen.)

Das Trauma ist in Wirklichkeit sehr selten, und es ist tatsächlich ein einzelnes Erlebnis; es muß außerordentlich und wirklich traumatisch sein, um eine so starke Wirkung zu haben. Vieles, was als traumatisch gehalten wird – wenn etwa der Vater den dreijährigen Jungen im Zorn einmal verprügelt hat –, ist überhaupt kein traumatisches Ereignis, weil der Einfluß, den das Ereignis hat, nicht im einzelnen Ereignis begründet liegt, sondern in der gesamten und kontinuierlichen Eltern- und Familienatmosphäre. Auch wenn man heute bereits dann von traumatischen Situationen spricht, wenn man den Zug verpaßt hat oder irgendwo einige unerfreuliche Erlebnisse hatte, so gilt doch, daß das wirkliche Trauma per definitionem ein Ereignis ist, das über die Belastbarkeit des menschlichen Nervensystems hinausgeht. Dies ist der Grund, warum es eine tiefe Störung verursacht und dann auch eine Wirkung zeitigt. Die meisten Ereignisse zeigen keine solche Wirkung und sind deshalb auch keine Traumata. Vielmehr ist das, was eine Wirkung zeigt, die beständige Atmosphäre.

Das Alter, in dem es zu einer Traumatisierung kommt, spielt nur bedingt eine Rolle. Einerseits kann es in jedem Alter zu einer Traumatisierung kommen, andererseits hat das gleiche traumatische Ereignis eine stärkere Wirkung, je früher es sich zuträgt. Gleichzeitig sind dann aber auch die Kräfte, mit denen sich der Mensch davon wieder erholen kann, noch stärker. Das Problem ist also sehr verwickelt, und ich möchte nur vor dem heute so häufig praktizierten ungenauen Gebrauch des Wortes Trauma warnen.

Ich kenne eine ganze Menge Menschen, die sich im Laufe des psychoanalytischen Prozesses verändert haben. Ich habe auch viele Menschen kennengelernt, die sich dabei nicht verändert haben. Es ist aber eine Tatsache, daß es auch ohne Psychoanalyse zu tiefgreifenden Änderungen in einem Menschen kommt. Die Erfahrungen mit dem Vietnamkrieg sind hier ein gutes Beispiel. Da gab es viele, die in ihrer Einstellung bezüglich des Vietnamkriegs Falken waren; ich denke hier etwa an konservative Offiziere der Luftwaffe. Diese Leute waren in Vietnam und bekamen dort alles mit; sie sahen die Sinnlosigkeit, die Ungerechtigkeit, die Grausamkeit – und plötzlich kam es zu dem, was man in früheren Zeiten eine „Konversion" genannt hat: Plötzlich sahen diese Menschen ihre Welt völlig anders und wandelten sich von Befürwortern des Krieges zu Menschen, die ihr Leben und ihre Freiheit riskierten, den Krieg zu beenden. Solche Menschen sind fast nicht wiederzuerkennen. Sie sind selbst andere Menschen geworden, und zwar nur auf Grund eines eindrucksvollen Erlebnisses und auf Grund der Tatsache, daß sie die Fähigkeit hatten, eigenständig zu reagieren. Diese Fähigkeit haben die meisten Menschen nicht, weil sie bereits zu unsensibel geworden sind. – Tiefgreifende Änderungen gibt es also innerhalb und außerhalb der Psychoanalyse, und für beide Möglichkeiten lassen sich hinreichend Beispiele finden.

c) Das Freudsche Bild vom Kind und seine Kritik

Wie jeder, der sich ein wenig mit Freud befaßt hat weiß, war Freud äußerst kritisch, wenn es um sein besonderes Thema ging: um die Beziehung des bewußten Denkens zur unbewußten Motivation. Man kann Freud sicherlich nicht vorwerfen, daß er kein radikaler Kritiker des bewußten Denkens war. Sobald es aber um die Gesellschaft, deren Regeln und Werte ging, in der Freud selbst lebte, war er von Grund auf ein Reformist. Er hatte die gleichen Einstellungen, wie sie die liberale Mittelklasse im allgemeinen vertrat, nämlich daß diese Welt die beste von allen sei, aber daß sie noch verbessert werden könne. Es könnte zum Beispiel noch längere Zeiten des Friedens geben, oder die Gefangenen könnten noch besser behandelt werden.

Die Mittelklasse stellte aber nie radikale Fragen; sie fragte zum Beispiel nie – um bei der Kriminologie zu bleiben – nach dem Zusammenhang zwischen dem ganzen kriminologischen System des Strafens und seiner Verankerung in der Klassenstruktur. Ist der Kriminelle nicht deshalb kriminell, weil es für ihn keinen anderen Weg gibt, um zu einem Optimum an Befriedigung zu kommen? Ich will hier nicht das Stehlen und Rauben verteidigen. Dennoch ist unser ganzes strafrechtliches System in der Gesamtstruktur unserer Gesellschaft verankert, die es als selbstverständlich und gegeben ansieht, daß die überwiegende Mehrheit der Menschen – wie man gebildet sagt – unterprivilegiert oder daß – wie man ehrlicher sagen müßte – die Minderheit überprivilegiert ist.

Eine gleiche Linie verfolgte man mit dem nicht-radikalen Pazifismus: Man war für eine Reduktion der Armeen und schloß Verträge ab, die den Frieden sichern sollten. In ähnlicher Weise wurde auch die Psychoanalyse zu einer Bewegung, bei der man mit Hilfe einiger Reformen im Bewußtsein das Leben verbessern wollte, ohne radikal nach den Werten und der Struktur der bestehenden Gesellschaft zu fragen.

Freuds Sympathien waren auf seiten der Regierenden, beim Establishment. Dies läßt sich vielfach belegen. So glaubte er während des Ersten Weltkriegs noch bis 1917, daß die Deutschen gewinnen würden. 1917 war allen, die ein wenig informiert waren und nachdachten, der Glaube an einen deutschen Sieg bereits abhanden gekommen. Freud aber schrieb zu diesem Zeitpunkt noch immer Briefe – ich denke zum Beispiel an einen aus Hamburg, in dem er sich glücklich wähnte, in Hamburg zu sein, weil er in Deutschland von „unseren Soldaten" und „unseren Siegen" sprechen konnte. Dies klingt für uns heute geradezu beängstigend, wenn man den enormen Effekt und die Signalwirkung in Betracht zieht, die eine solche Äußerung auf das Gewissen gerade der besonders intelligenten und ehrbaren Menschen machte.

Die Bedeutung läßt sich nur richtig begreifen, wenn man die Situation damals mit den schlimmsten Zeiten in Vietnam vergleicht. Es gab zu der Zeit – und darin zeigt sich die ganze Tragik – so gut wie keine Opposition gegen den Ersten Weltkrieg. Die große Mehrheit der deutschen und der französischen Intellektuellen befürwortete den Krieg. Einstein war eine der wenigen Ausnahmen und weigerte sich, den Krieg zu billigen. Vor diesem Hintergrund ist Freuds Äußerung nicht so ungewöhnlich und schockierend, wie sie ohne Berücksichtigung der Umstände klingen würde; doch sie ist immer noch schlimm genug, wenn man in Betracht zieht, zu welcher Zeit sie gemacht wurde und daß sie von einem Menschen stammt, der sich 1925 in einem Briefwechsel mit Einstein einen „Pazifisten" nannte.

Als Freud in Berichten von Patienten hörte, daß diese verführt wurden – die Mädchen von ihren Vätern, die Jungen von ihren Müttern –, glaubte er zunächst, daß diesen Berichten wirkliche Vorkommnisse entsprachen. Und nach allem, was ich weiß, war dies vermutlich auch so. Sándor Ferenczi kam am Ende seines Lebens zu der gleichen Überzeugung. Freud hingegen änderte schon bald seine Betrachtungsweise und behauptete, daß dies alles Phantasien seien: Die Eltern konnten so etwas nicht getan haben; die Berichte mußten unwahr sein. Kinder würden nur deshalb von diesen Vorkommnissen erzählen, weil sie über ihre eigenen Phantasien sprachen. Sie wünschten sich diese inzestuöse Phantasie, mit dem Vater oder mit der Mutter zu schlafen oder worum es auch ging. Freud sah in diesen Geschichten einen Beweis für die inzesthaften halb-kriminellen Phantasien des Kindes.

Bekanntermaßen ist diese Vorstellung ein Grundstein der psychoanalytischen Theorie: Das Kind, ja schon das Kleinkind, ist bereits mit dem gefüllt, was Freud polymorph-perverse Phantasien genannt hat. Freud sah also im Kind etwas ganz Schlechtes: Das Kind sei so gierig, daß es am liebsten darüber phantasiere, wie es den Vater oder die Mutter verführen könne, um mit ihnen zu schlafen. Dies gab der gesamten psychoanalytischen Betrachtungsweise eine schräge Richtung: Einerseits führte es zu der theoretischen Annahme, daß die inzestuösen Phantasien ein wesentlicher Teil der kindlichen Ausstattung seien. Andererseits führte es bei der Therapie zu der Annahme, daß alles, was ein Patient in dieser Hinsicht einbringt, seinen eigenen Phantasien zuzuschreiben ist und deshalb nicht ein reales Vorkommnis wiedergibt, sondern analysiert werden muß.

Freud war im Kern davon überzeugt, daß das Kind schuldig ist und – ich ergänze – nicht die Eltern. Dies kommt in Freuds eigenen Fallgeschichten deutlich zum Vorschein. Ich selbst habe diese Sicht Freuds zusammen mit einigen Kolleginnen und Kollegen in der Fallgeschichte vom „Kleinen Hans" aufgezeigt (E. Fromm et al., 1966k); sie läßt sich bei allen Fallgeschichten nachweisen. Die Eltern werden bei Freud immer in Schutz genommen, auch wenn sie offensichtlich noch so selbstsüchtig, widerstreitend und feindselig sind. Die Schuld und die Last liegt immer auf seiten des Kindes. Das Kind mit seinen inzesthaften Phantasien ist nicht nur inzestuös, es will auch den Vater umbringen und die Mutter vergewaltigen. Für Freud war das Kind ein kleiner Krimineller.

Diese Sicht des Kindes bei Freud muß man dynamisch als Folge seiner Verteidigung der Eltern und der Autorität verstehen. Betrachtet man das Leben der meisten Kinder näher, läßt sich erkennen, daß die „Elternliebe" eine der größten Fiktionen ist, die jemals erfunden wurde. Gewöhnlich wird mit der Elternliebe, wie Ronald Laing ganz zutreffend gesagt hat, nur die Gewalt vertuscht, die die Eltern über das Kind ausüben möchten. Natürlich gibt es echte Ausnahmen, und ich kenne auch einige wirklich liebende Eltern. Wenn man aber aufs Ganze gesehen die Geschichte des Umgangs der Erwachsenen mit den Kindern durch die Jahrhunderte verfolgt, und wenn man sich die Lebensgeschichte der Menschen von heute ansieht, dann haben zumindest ich und einige andere gesehen, daß das Hauptinteresse der meisten Eltern in Wirklichkeit das Ausüben von Herrschaft ist. Ihre Liebe ist ganz seltsamer Natur, eine Art sadistischer Liebe nach dem Motto: „Ich will ja nur Dein Bestes!“ Sie lieben die Kinder in dem Maße, in dem diese sich nicht gegen die elterliche Bevormundung wenden.

Die Art, wie die Eltern ihre Kinder lieben, entspricht dem Verständnis der Liebe des Mannes zu seiner Frau in der patriarchalischen Gesellschaft: Kinder werden als Besitz angesehen. Sie waren seit der Römerzeit Besitz und sind es noch heute. Noch immer haben die Eltern das uneingeschränkte Recht, über ihr Kind zu verfügen. Es gibt inzwischen in einigen Ländern zaghafte Versuche, dies zu ändern und die Möglichkeit vorzusehen, daß Eltern von Gerichts wegen das Erziehungsrecht genommen wird, wenn ernste Gründe dafür sprechen, daß sie unfähig sind, ein Kind großzuziehen. Doch ist hier viel Augenwischerei dabei, denn es dauert lange, bis ein Gericht zu der Entscheidung kommt, daß Eltern unfähig sind; außerdem sind die meisten Richter selbst Eltern und, was die Erziehung betrifft, meist ebenso unfähig wie andere Eltern. Wie sollen sie also entscheiden können?

Sieht man einmal von der halb-instinktiven und etwas narzißtischen Liebe der Mütter zu ihren Säuglingen ab, dann kann man, wie auch Laing und andere es tun, sagen, daß ab dem Zeitpunkt, wo die Kinder die ersten Anzeichen eines eigenen Willens bekunden, die Tendenz dominiert, über die Kinder zu herrschen und sie zu besitzen. Für die meisten Menschen bedeutet das Kinderhaben, daß sie sich selbst mächtig erleben, Herrschaft ausüben können, sich wichtig vorkommen, etwas bewegen können, sich so fühlen, daß sie etwas zu sagen haben. Ich zeichne hier kein böswilliges Bild von den Eltern. Was ich sage, entspricht den Gegebenheiten. In der britischen Oberschicht gab es diesen Fluch über die Kinder im allgemeinen nicht. Die europäische Oberschicht hatte ihre Gouvernanten und Erzieherinnen, und den Müttern waren ihre Kinder völlig egal, denn sie hatten jede Menge andere Befriedigungen im Leben. Sie hatten ihre Liebesaffären, feierten Partys, interessierten sich für Pferde usw.

Kinder werden wie ein Besitz betrachtet, solange der Wunsch zu haben die beherrschende Qualität der Charakterstruktur von Menschen ist. Es gibt auch Menschen, in denen dieser Wunsch zu haben nicht vorherrschend ist, doch sind sie heute in der Minderzahl. Auch die Kinder sind so sehr daran gewöhnt, der Besitz der Eltern zu sein, daß sie es als gegeben ansehen, zumal die ganze Gesellschaft dies als das Natürliche ansieht. Diesen Konsens gibt es schon seit den Tagen der Bibel. Die Bibel sagt bereits, daß der rebellierende Sohn gesteinigt und getötet werden muß. Wir tun dies zwar heute nicht mehr, doch noch im 19. Jahrhundert passierte mit einem rebellierenden Sohn Schlimmes.

Die elterliche Liebe ist etwas, für das man viel Sympathie und Mitgefühl, ja selbst Sorge und Mitleid haben kann. Und doch ist sie bei vielen Menschen im besten Fall eine gutartige Besitzhaltung, in der überwiegenden Zahl der Fälle aber ein malignes Besitzen, bei dem geschlagen und verletzt wird. Das Verletzen geschieht dabei auf vielerlei Weisen, ohne daß es als solches bewußt ist: Das Ehrgefühl des Kindes wird verletzt, die stolze Selbstachtung wird verletzt, das so sensible und zugleich so intelligente Kind läßt man spüren, daß es ein Einfallspinsel und dumm sei und nichts verstehe. Selbst manche ganz wohlmeinenden Eltern stellen ihre Kinder zur Schau, wie wenn diese in Gegenwart anderer Menschen kleine Clowns wären. Alles mögliche wird getan, um das Selbstvertrauen des Kindes zu drücken und sein Gespür für Würde und Freiheit zu unterdrükken.

Freuds Parteinahme für die, die dominieren, für die herrschende Klasse, sein Konformismus mit dem Establishment trug meiner Ansicht nach tatsächlich viel zur Entstellung seiner Theorie über Kinder und auch zur Entstellung seiner Therapie bei. Freud machte den Psychoanalytiker zum Verteidiger der Eltern. Der Analytiker sollte aber eine objektive Betrachtungsweise haben, und deshalb die Eltern anklagen. Macht er sich aus dem Geist des Establishments blindlings zum Verteidiger der Eltern, dann tut er dem Patienten nichts Gutes. Um noch genauer zu sein, muß man noch einen Schritt weiter gehen: Man sollte nicht nur die Eltern und das Familiensystem im Auge haben, sondern das gesamte gesellschaftliche System, denn die Familie ist ja nur ein Ausschnitt, ein Beispiel davon.

Wenn ich Freud vorwerfe, daß er das Kind schuldig spricht, dann meine ich natürlich nicht, daß das Kind immer unschuldig ist und die Eltern immer schuldig sind. Selbstverständlich muß man in jedem Einzelfall die gesamte Konstellation im Auge behalten und sich auch fragen, welchen Anteil das Kind bei den Reaktionen der Eltern hat. Es gibt Eltern, die sind gegen einen bestimmten Typ von Kind geradezu allergisch. Wenn zum Beispiel eine sehr sensible Mutter, die ein wenig zurückhaltend ist, einen Jungen zur Welt bringt, der aggressiv und etwas grob ist – und so etwas zeigt sich bereits, wenn ein Baby erst acht Wochen alt ist –, dann ist dies das Temperament des Jungen, das diese Mutter nie wird aushalten können, weder bei dem kleinen Kind noch später irgendwann. Dies ist ziemlich schlimm und man kann weder sagen, daß der Junge dafür verantwortlich ist, denn er ist eben so geboren, noch kann man die Mutter dafür verantwortlich machen, weil sie einfach nicht anders kann.

Es gibt Kinder, die von Anfang an schwierig sind; andere sind von Anfang an sehr arrogant. Freud selbst zum Beispiel war schon als Kind sehr arrogant gegenüber seinem Vater. Er wettete mit seinem Vater um sein Bett und tröstete seinen Vater damit, daß er ihm das schönste Bett der ganzen Stadt kaufen werde, wenn er groß sei. Er kam gar nicht auf die Idee, daß es ihm leid tun und er sich entschuldigen könnte, wie dies die meisten Kinder tun würden, derart eingenommen war er von sich. Für manche Väter wäre dieses arrogante Verhalten ihres Jungen absolut unerträglich. Die Kinder tragen also sehr wohl auf Grund ihres Soseins einiges zu den Verhaltensreaktionen der Eltern gegenüber ihren Kindern bei. Die Annahme, das Kind müßte einem sympathisch sein, weil es ja das eigene Kind ist, ist schlichtweg eine Fiktion. Immer noch ist es das Lotteriespiel der Gene, die hier am Werk sind, und man ist nicht immer der Gewinner bei diesem Lotteriespiel. Davon aber abgesehen, kommt es zu vielen Entwicklungen im Laufe des Lebens eines Kindes, für die die Eltern sehr wohl verantwortlich zu machen sind.

d) Der Stellenwert der Kindheitserfahrungen im therapeutischen Prozeß

Es ist meine Überzeugung, daß ein Großteil der Prägung in den ersten fünf Lebensjahren stattfindet und daß diese Jahre deshalb für die Entwicklung eines Menschen besonders wichtig sind, doch bin ich auch davon überzeugt, daß viele andere Dinge, die sich später ereignen, ebenso wichtig sind und den Menschen verändern können.

Ich unterscheide mich hier von Freud und seiner Theorie des Wiederholungszwangs, demzufolge sich die wichtigsten Dinge in den ersten fünf Lebensjahren ereignen, und alles, was danach passiert, reine Wiederholung des Früheren ist. Eine solche Vorstellung ist mir zu mechanistisch. Meiner Ansicht nach wiederholt sich im Leben gar nichts; nur mechanische Dinge können sich wiederholen. Alles, was sich ereignet, führt dazu, daß sich etwas ändert, wenngleich ich einschränkend den konstitutionellen Faktor unterstreichen möchte. Freud trug den konstitutionellen Faktoren theoretisch Rechnung, doch die meisten Psychoanalytiker und vor allem die Öffentlichkeit glaubt, daß das, wozu ein Mensch wird, nur das Ergebnis dessen sei, was seine Eltern ihm antaten. Auf diese Weise kommt es dann zu solch rührseligen Geschichten, wie man sie oft in Psychoanalysen finden kann: „Mein Vater liebte mich nicht, meine Mutter liebte mich nicht, meine Großmutter liebte mich nicht, und deshalb bin ich ein so schwieriger Mensch geworden." Die Schuld den Bezugspersonen zuzuschieben, ist natürlich die allereinfachste Lösung.

Es läßt sich immer zeigen, daß es für die Entwicklung eines Menschen bereits bestimmte Elemente in seiner Kindheit gibt, die den Grund für später legen; andererseits aber verstärken oder schwächen spätere Ereignisse diese Elemente. Man kann nicht sagen, daß spätere Ereignisse nicht ihren Beitrag leisteten. Ich vertrete prinzipiell die Auffassung, daß frühere Ereignisse einen Menschen zwar nicht determinieren, aber ihn geneigt sein lassen: Nichts von dem, was früher passierte, hat meiner Meinung nach eine notwendig determinierende Kraft, aber es richtet ihn in eine bestimmte Richtung aus, und je länger jemand in dieser Richtung geht, desto mehr ist er geneigt, eben dieser Richtung zu folgen, so daß es schließlich nur noch durch ein Wunder zu einer Änderung seiner Richtung kommen könnte.

Die Psychoanalyse zielt darauf, zu Einsichten in die unbewußten Prozesse zu kommen, die den Patienten aktuell zum Zeitpunkt der Psychoanalyse bestimmen. Die Psychoanalyse als solche ist keine historische Forschung. Es geht ihr vielmehr darum, wie bei einer Röntgenaufnahme zu erkennen, was jetzt im Patienten unbewußt, sozusagen hinter seinem Rücken, vor sich geht. Freilich kann der Patient selbst dies oft nur verstehen, wenn er einige Kindheitserlebnisse wieder-erfahren kann, denn sie sind es, die ihn im Moment beeinflussen oder sich in besonderer Weise auswirken, ohne daß er sich dessen bewußt ist. Manchmal geschieht dies mit Hilfe der Übertragung, manchmal dadurch, daß sich jemand an etwas anderes aus der Kindheit erinnert, manchmal erinnert sich jemand der Kindheitserlebnisse auch direkt in der Analysestunde (wir haben viele solche Erinnerungen in uns), manchmal taucht ein Kindheitserlebnis im Traum auf.

Es kommt vor, daß in einem Traum etwas auftaucht, das sich schon 30 Jahren zuvor, als der Patient vielleicht 17 Jahre alt war, ereignete. Es geht nun aber in der Analyse nicht um eine historische Erforschung dessen, was damals war; vielmehr ist es mein psychoanalytisches Ziel, so deutlich wie nur möglich bewußt zu machen, was das Unbewußte jetzt ist. Um dieses Ziel zu erreichen, muß ich jedoch oft, vielleicht sogar in den meisten Fällen, Einblick gewinnen in das, was der Patient erlebte, als er noch ein Kind oder ein Jugendlicher war. Wenn ich mich selbst analysiere, und ich tue dies jeden Tag, versuche ich absichtlich dem nachzuspüren, wie ich mich in einer bestimmten Frage oder Situation wohl als Fünfjähriger oder Fünfzehnjähriger gefühlt habe. Auf diese Weise versuche ich herauszufinden, welche dieser Gefühle in mir sind. Ich versuche, meine eigene Verbindung zu meiner Kindheit dauerhaft offen und lebendig zu halten, weil ich auf diese Weise das besser erkennen und bewußt machen kann, was jetzt in mir vor sich geht und dessen ich mir nicht bewußt bin. Mir geht es nicht um eine historische Erforschung, sondern um das Jetzt.

Es war Freuds Idee, die wichtigsten Kindheitserfahrungen – pathogene Erfahrungen aus der Kindheit – zu Bewußtsein zu bringen, und zwar nicht nur verstandesmäßig und wissensmäßig, sondern wenn möglich affektiv, um auf diese Weise die Symptome zum Verschwinden zu bringen. Was ist daraus geworden? In der Öffentlichkeit und in weiten Kreisen der Psychoanalyse [...] ist daraus das geworden, was man eine „genetische" Erklärung nennt. Wenn man Analysierte fragt, was denn die Psychoanalyse gezeigt habe, kann man oft die Formel und Logik hören: „Ich bin dies und jenes“ oder „Ich habe dies und jenes, *weil...*“ – und dann folgt eine kausale Erklärung historisch-genetischer Natur. Diese aber hat als solche keinerlei heilenden Wert. Wenn man weiß, warum etwas geschah, dann ändert sich durch dieses Wissen allein noch gar nichts.

Auch wenn es vielleicht nicht ganz einfach zu verstehen ist, so möchte ich doch die Aufmerksamkeit auf folgenden Unterschied lenken: Wenn ich in mir etwas erfahre, das verdrängt war und plötzlich auftaucht, so daß ich seiner gewahr werde, dann ist dies etwas völlig anderes, als historische Rekonstruktionen darüber anzustellen, wie dieses oder jenes sich ereignete. Weil aber diese ursprünglichen Erfahrungen so selten wiedergefunden werden, so daß sie im wahren Sinne des Wortes wieder in Erinnerung „gerufen“ sind, gibt man sich mit einer Konstruktion zufrieden: Es muß so etwas stattgefunden haben, es hat vermutlich stattgefunden – und weil es stattgefunden hat, bin ich so oder so geworden. In Wirklichkeit ist ein solcher Rekonstruktionsversuch völlig nutzlos. Wenn jemand am Ertrinken ist und die Gesetze der Schwerkraft kennt, dann ertrinkt er dennoch [...].

Die Kindheitserfahrung hat nur in dem Maße Bedeutung, als sie wieder-erfahren und zurückgerufen wird. Darüber hinaus verhilft die Kenntnis der Kindheit zu einem leichteren Verstehen dessen, was jetzt vor sich geht, weil man von der Theorie her zu einigen Annahmen über die Bedingungen in der Kindheit und zu dem kommen kann, was man auf Grund dieser Kindheit erwarten kann.

Entscheidend ist nicht der historisch-genetische Zugang, sondern das, was ich den Zugang über eine „Röntgenaufnahme“ nenne. Es geht um die Erkenntnis der Kräfte, die mich jetzt in diesem Augenblick antreiben oder mich bzw. jemand anderen motivieren. Ich benütze den Vergleich mit der Röntgenaufnahme, weil es darum geht, etwas zu sehen, was sich bei normaler Betrachtungsweise nicht sehen läßt. Bei einer Röntgenaufnahme der Brust zum Beispiel, kann man auch die Tuberkulose sehen, die jemand vor 20 Jahren gehabt haben kann. Dies läßt sich an den Narben im Gewebe erkennen. Es ist aber uninteressant, was in den Lungen des Menschen vor 20 Jahren vor sich ging; es interessiert vielmehr, was jetzt mit der Lunge dieses Menschen ist und ob sich aktuell eine Änderung beobachten läßt, die man über das Röntgenbild feststellen kann. Wer deshalb mit Hilfe der Psychoanalyse oder auch für sich allein und ohne die Hilfestellung durch eine Psychoanalyse etwas verstehen will, für den gilt immer, sich an erster Stelle zu fragen, was jetzt unbewußt vor sich geht, was sich vermuten läßt, was sich an unbewußten Motivationen, die ihn jetzt bestimmen, erspüren läßt. Es geht nicht um das, was einmal in mir vor sich ging, um damit erklären zu können, was jetzt in mir vor sich geht.

e) Die Rezeption der Psychoanalyse in der therapeutischen Praxis

Die Freudsche Theorie ist bekannterweise wesentlich eine Triebtheorie, das heißt, daß sich alles letztlich von instinkthaften Trieben her bestimmt, auf die dann natürlich die Umwelt ihren Einfluß nimmt. So sehr nun die Psychoanalytiker hinsichtlich ihrer Theorie beinahe auf seiten des Instinktivismus stehen, so sehr ist die Praxis der Psychoanalytiker, und zwar auch der Freudianer, eigentlich eine umweltorientierte. Grob gesprochen folgen sie immer dem gleichen Schema: Jedes Kind ist das, was die Eltern aus ihm gemacht haben. Es ist ganz und gar der Einfluß der Umwelt, der das Schicksal eines Menschen bestimmt und nicht das, was Freud die konstitutionellen Faktoren nennt. Freud selbst war hier sehr viel vorsichtiger als die Freudianer. Freud sieht ein Kontinuum zwischen den konstitutionellen Faktoren, also zwischen dem, womit wir auf die Welt kommen, den Erbfaktoren und den Umweltfaktoren, wobei das

Gewicht des einen oder anderen von Fall zu Fall verschieden ist. Es gibt Menschen, bei denen die konstitutionellen Faktoren ein sehr viel größeres Gewicht haben; bei anderen sind die Umweltfaktoren stärker. Immer aber bilden beide eine kontinuierliche Reihe, bei der auf der einen Seite die Konstitution steht und auf der anderen die Umwelt.

In der psychoanalytischen Praxis und in der Öffentlichkeit gibt es eine schlichte Gleichung, bei der die konstitutionellen Faktoren auf der Strecke bleiben, so daß alles nur das Ergebnis der Umweltbeeinflussung ist. Dies führt dann auf der einen Seite dazu, daß den Eltern für jedes und alles, was geschieht, die Verantwortung zugeschrieben wird. Es stimmt schon, daß sie für vieles verantwortlich sind, aber nicht für alles. Wenn die Eltern dann noch Kurse in Psychoanalyse besucht haben, fürchten sie sich gar, ihre Kinder oder ihre Söhne zu küssen, denn dadurch käme es zu einem Ödipuskomplex, ebenso wie sie Angst haben, noch eine feste Meinung zu vertreten, weil sie dann ja autoritär seien und dies eine Neurose verursachen würde.

Auf der anderen Seite führt die einseitige Betonung der Umweltfaktoren bei den Analysanden zu dem entlastenden Gefühl, daß sie für gar nichts verantwortlich sind, denn sie sind ja nur, was die Eltern unglückseligerweise aus ihnen gemacht haben, und daran können sie nichts ändern, außer daß sie zur Psychoanalyse gehen, wo sie dann endlos darüber reden können, was die Eltern ihnen antaten, was aber auch nicht notwendigerweise zu einer Änderung führt.

In Wirklichkeit gibt es eine permanente Wechselwirkung zwischen den Eltern, der Konstitution eines Menschen und den Reaktionen dieses Menschen auf das, was die Eltern tun. Ein Kind mit vier oder fünf Jahren hat bereits seine eigenen Reaktionsweisen, so daß man nicht mehr einfach sagen kann: „Ich bin so geworden, weil meine Mutter so zu mir war." Sicherlich waren die Mutter oder der Vater oder die Umwelt die wesentlichen determinierenden Einflüsse, aber gleichzeitig – und dies ist sehr wichtig – muß man sich fragen, was dieser Mensch getan hat, diesen Einflüssen nicht einfach zu erliegen. War er sozusagen nur ein Stück Wachs? War er ein völlig leeres Blatt Papier, auf das seine Eltern ihren Text schrieben? Hatte er als Kind nicht auch Möglichkeiten, sich anders zu entscheiden? War er ohne jeden eigenen Willen? Ist er ganz und gar durch die Umstände bestimmt?

Die populäre Vorstellung von Psychoanalyse, bei der der Mensch nur das Ergebnis seiner Eltern und Umwelteinflüsse ist, unterscheidet sich nicht sehr von der Skinnerschen Theorie, denn sie läuft in Wirklichkeit darauf hinaus, daß man behauptet, ein Mensch ist in dieser oder jener Weise konditioniert, und dies sei dann der Grund, warum er so geworden ist. Allerdings macht sich Skinner erst gar nicht die Mühe, herauszufinden, was in der „black box" drin ist, was also im Innern dieses Menschen vor sich geht und zwischen dem konditionierenden Faktor und dem Ergebnis, also dem Verhalten des Menschen, vermittelt. Skinner hat dafür kein Interesse, wie er auch sonst für alles, was nicht zur Manipulation des Menschen dienstbar gemacht werden kann, kein Interesse zeigt. Fügt man diese „Spitzfindigkeit", diesen theoretischen Gesichtspunkt der Freudschen Schule noch hinzu, dann läuft dies auf die Feststellung hinaus, daß wir auf eine bestimmte Weise konditioniert wurden, so daß der analytische Prozeß von einem Skinnerschen Standpunkt aus als ein großer Versuch der „Dekonditionierung" betrachtet werden kann: Die Mutter sagte: „Ich liebe Dich, wenn Du mich nicht verläßt." Entsprechend sagt dann der Analytiker: „Sie sind ein guter Patient, wenn Sie die Mutter verlassen." Dauert diese Art Dekonditionierung einige Jahre lang an, dann kann der Patient schließlich ein anderes Konditionierungsset akzeptieren; der Patient wird dann dazu gebracht, seine Mutter zu verlassen, doch hängt er sich an den Analytiker an, so daß es zu einer sogenannten verlängerten Übertragung kommt. Und wenn es schließlich keinen Vorwand mehr gibt, unter dem die Analyse fortgesetzt werden kann, bindet er sich an jemand anderen.

Viele Menschen wechseln, wenn sie heiraten, nur von ihrer Mutter zu ihrer Frau; der Ehepartner oder eine andere Mutterfigur oder Autoritätsperson wird nur als Ersatz gewählt. In der Politik geht es nicht anders: Man schafft Abhängigkeitsstrukturen, so daß die Menschen ein Bedürfnis nach Größen entwickeln, von denen sie sich abhängig machen können. Sie wechseln höchstens die Abhängigkeiten. Doch was nötig wäre, nämlich sich unabhängig zu machen, das tun sie nicht. Das Problem der Abhängigkeit ist ein großes Problem, und zwar nicht nur bei der Freudschen Therapie; es taucht in allen analytischen Therapien auf.

Die besondere Betonung der konditionierenden Faktoren, also von dem, was die Menschen zu dem gemacht hat, was sie jetzt sind, hat dazu geführt, daß die wichtigen Fragen vernachlässigt wurden. Und diese lauten: Was kann jemand machen, um sich aus seiner verfahrenen Situation wieder zu befreien? Wie könnte er anders handeln? Wie kann jemand von jenem Rest an Freiheit Gebrauch machen, den jeder noch hat? Die entscheidende Frage freilich lautet: Was kann jemand *jetzt* tun? Und diese Frage ist nicht vom Alter abhängig, ob jemand 50 oder 70 Jahre alt ist. Ich habe eine Patientin gehabt, die durch die Psychoanalyse mit 70 Jahren ihr gesamtes Leben verändert hat. Allerdings war sie eine sehr lebendige Frau, lebendiger, als die meisten Menschen mit 20 Jahren sind.

Für Freud spielten die konstitutionellen Faktoren, also das, was ein Mensch als Anlage mitbringt, eine Rolle. Ein Großteil der Psychoanalyse hat sich – nicht in der Theorie, sondern in der Praxis – zu einer konditionierenden Therapie entwickelt, bei der die Verantwortung des Betroffenen nicht betont wird. Mir geht es nicht um die Frage, um die es in den meisten Psychotherapien hauptsächlich geht: „Warum bin ich so geworden, wie ich bin?" Mir geht es darum, daß sich der Patient nach Art einer psychologischen Röntgenaufnahme fragt: „Wer bin ich?" Solange jemand nur fragt, warum er so geworden ist, wie er ist, weiß er noch nicht, wer er ist.

f) Der Beitrag Harry Stack Sullivans zum Menschenbild der Psychoanalyse

Sullivan begann seine Arbeit mit Psychotikern auf eine sehr interessante und überzeugende Art und Weise. Als er am St. Elizabeth Krankenhaus in Washington arbeitete, bat er um Erlaubnis für ein Experiment. Er wollte eine eigene Station für seine Patienten sowie – dies war die Bedingung – Krankenpfleger, die er selbst auswählte und anleitete, um einen humanen Umgang mit den Patienten zu gewährleisten. Damals gab es noch keine Psychotherapie und auch keine Pharmakotherapie. Sullivan setzte nur seine eigene Persönlichkeit im Umgang mit den Patienten, das heißt, seine enorme Achtung vor psychotischen Patienten und ein anderes Verhalten ihnen gegenüber ein. Das Ergebnis war eine bemerkenswerte Erhöhung der Rate an Spontanheilungen. Allein die Tatsache, daß diese Patienten nicht falsch behandelt und nicht gedemütigt wurden, sondern als menschliche Wesen angesehen wurden, führte dazu, daß es sehr viel mehr Patienten wieder gutging. Allein dies war schon ein schlagender Beweis dafür, daß eine Psychose nicht nur etwas Physisches und Organisches ist, sondern ein psychologischer Prozeß, bei dem eine psychologische Veränderung bereits eine Heilung bewirken kann bei einem Patienten, dessen Zustand sich in einem psychiatrischen Krankenhaus des Staates zur damaligen Zeit nur verschlechtert hätte und der zu einem chronischen Psychotiker geworden wäre.

Die Bedeutung Sullivans liegt theoretisch darin begründet,

daß er nicht die Libido und den Sexualtrieb, sondern die tatsächlichen persönlichen Beziehungen eines Menschen zu einem anderen, also die „zwischenmenschlichen Beziehungen“ für entscheidend hielt. Während Freud glaubte, daß das sexuelle Angezogensein des Kindes, also der sogenannte Ödipuskomplex, das Kernproblem sei, war dies für Sullivan und den Kreis um ihn gar nicht das Hauptproblem, ja sie sahen darin nicht einmal ein Problem. Sullivan fragte, was an den persönlichen Beziehungen innerhalb einer Familie so besonders und pathologisch war, daß sie schizophrenogen wirkte, also eine Schizophrenie hervorbrachten. Zu dieser Frage gibt es – auch unabhängig von Sullivan – ausgezeichnete Untersuchungen. Bei diesen Untersuchungen haben Ronald D. Laing, aber auch andere, herausgefunden, daß die schizophrenogene Familie gerade keine besonders bösartige Familie ist, in der das Kind in besonderer Weise mißhandelt wird, sondern eine Familie, in der absolute Langeweile herrscht, in der es nur Leere und Leblosigkeit gibt und in der man keine echten Beziehungen zueinander findet, so daß das Kind in seinem Bedürfnis nach persönlichem Kontakt verhungert.

Sogar Tierexperimente können bestätigen, daß ein Kind für die weitere Entwicklung großen Schaden nimmt, wenn es nicht von Anfang an einen physischen Kontakt zu seiner Mutter oder zu einer mütterlichen Ersatzfigur hat. Dieser Kontakt ist ein vitales Bedürfnis des Kindes. Jeder weiß dies und hat es akzeptiert, doch viele Menschen vergessen, daß auch das Bedürfnis nach zwischenmenschlicher Stimulation, auf die das Kind reagieren kann, genauso groß ist und noch viel länger andauert als das ursprüngliche Bedürfnis nach physischem Kontakt mit der Mutter. Fällt diese zwischenmenschliche Stimulation aus, dann führt dies zwar nicht zu derart tiefreichenden physiologischen Folgen, daß das Kind stirbt, wie dies René Spitz von Kindern beschrieben hat, denen es am tiefen physischen Kontakt fehlte. Dennoch hat das weitgehende Fehlen der zwischenmenschlichen Stimulation zur Folge, daß das Kind so zerbrechlich, so schizoid, so unbezogen wird, daß es beim Überschreiten eines bestimmten Spannungszustandes zusammenbricht und manifest schizophren wird.

Harry Stack Sullivan entwickelte erstmals eine Therapie, die nicht auf einem Verständnis von Schizophrenie als einer im wesentlichen organischen Krankheit aufbaute; vielmehr verstand er sie als das Ergebnis eines psychologischen Prozesses.

Dies war nicht nur in der Psychiatrie Neuland, sondern natürlich auch eine der größten Änderungen der Freudschen Theorie, denn Freud erklärte, daß dem psychotischen Patienten nicht geholfen werden könne. Der Psychotiker lasse sich nicht analysieren, weil er nach Freud so narzißtisch sei, daß er keine Übertragung herstellen und mit dem Therapeuten in eine Übertragungsbeziehung eintreten könne. Sicherlich läßt sich auch meiner Meinung nach der Psychotiker als ein Mensch mit einem extrem großen Narzißmus definieren, so daß für ihn nur das real ist, was in ihm ist, was seine eigenen Vorstellungen betrifft, was mit seiner eigenen Person zu tun hat, und den scheinbar nichts trifft, was mit der Außenwelt zu tun hat. Ein schizophrener Patient ist aber zur gleichen Zeit oft ein äußerst sensibler Mensch und oft tatsächlich sehr wohl imstande, auf Menschen zu reagieren. Allerdings müssen die, die mit ihm zu tun haben, empfindsamer sein können als der Durchschnitt. Dann wird der Schizophrene reagieren und in den meisten Fällen antworten. Selbst Patienten mit schweren Katatonien wissen, was um sie herum vor sich geht und antworten auf die ihnen eigentümliche Weise. Sie können einem später, wenn sie aus der Katatonie heraus sind, berichten, was sie erlebt haben und wie sie das, was vor sich ging, verstanden hatten.

Sullivan und seine Richtung der Psychoanalyse gaben erstmals dem Psychotiker seine Würde als ein ebenbürtiges menschliches Wesen wieder. Nur während der Französischen Revolution waren bis dahin psychotische Patienten aus ihren Ketten befreit worden. Es stimmt zwar, daß die Geisteskranken in den heutigen psychiatrischen Einrichtungen nicht mehr angekettet sind, doch in der Einschätzung der Psychotiker hat sich nicht viel geändert. Noch immer werden die Psychotiker von den meisten der herkömmlichen Psychiater wie etwas Abgekapseltes, wie ein völlig anderer Mensch, wie jemand dort drüben angesehen. Nur wenige Psychiater sind fähig zu spüren, daß in jedem von uns etwas Schizophrenes ist, genauso wie in jedem von uns etwas von einem manisch-depressiven Menschen steckt und wie jeder von uns ganz sicher etwas Paranoides in sich hat, denn gerade bei der Paranoia ist es nur eine Frage der Stärke. Bis zu einem bestimmten Punkt nennen wir jemanden noch normal; halten wir ihn nicht mehr aus, dann nennen wir ihn krank. Keiner dieser psychotischen Zustände ist wirklich so verschieden und schafft tatsächlich tiefe Gräben zwischen den Menschen. Deshalb hat ein psychotischer Patient nichts Unmenschliches oder Entmenschlichtes an sich, das ihn vom sogenannten normalen Patienten unterscheidet.

g) Die Krankheit unserer Zeit als Herausforderung für die Psychoanalyse

Traditionell versteht sich die Psychoanalyse vor allem als ein therapeutischer Prozeß für Menschen, die krank sind. Wenn jemand zwanghaft an allem zweifeln muß, oder wenn jemand an einer psychogenetischen Lähmung seines Armes leidet, dann sind dies gewichtige Symptome. Die Psychoanalyse ist aber nicht die einzige Methode, mit der man von Symptomen befreien kann. Ich war in Lourdes und habe viele Menschen gesehen, die von Lähmungen und anderen schweren Symptomen auf Grund ihres Glaubens geheilt wurden. Zweifellos werden diese Menschen wirklich geheilt. Heute werden viele Methoden angepriesen, mit denen Menschen von ihren Symptomen befreit werden. Sie haben alle möglichen Namen, und soweit es darum geht, daß Menschen von ihren Symptomen befreit werden, sind viele dieser Methoden auch gut.

Man kann Menschen auch mit Hilfe von Terror heilen. Im Ersten Weltkrieg machte der deutsche Arzt Kaufmann die Entdeckung, daß Soldaten mit einer Kriegsneurose mit Schrecken und Panik durch einen Elektroschock, bei dem ihr Körper tief getroffen wurde, von ihrem Symptom befreit werden konnten. Die „Kaufmann-Behandlung" wurde als medizinische Behandlung ausgegeben, in Wirklichkeit war sie die reine Folter, bei der Kaufmann sich den Umstand zunutze machte, daß die Angst vor der Folter größer war als die Angst und Panik, wieder in den Schützengraben zu müssen. Hier wurden die Symptome mit Hilfe einer Terrormethode beseitigt. Was er freilich bei den Soldaten anrichtete, wenn er den einen Schrecken durch einen noch größeren Schrecken austrieb, das interessierte weder den Dr. Kaufmann und noch weniger die Armee.

Viele Symptome können auch oder ausschließlich mit Hilfe der Psychoanalyse geheilt werden. Hierzu gehören alle Arten von Zwangssymptomen und bestimmte hysterische Symptome. Manchmal geht die Auflösung des Symptoms sogar sehr leicht. Für das folgende einfache Beispiel benötigte ich nur einige Stunden psychoanalytischer Behandlung, um das Symptom aufzulösen. Eine Frau klagte über ihr Symptom, nach dem Verlassen ihres Hauses immer von der Zwangsidee verfolgt zu werden, daß sie das Gas angelassen habe oder etwas anderes, so daß es zu einem Brand gekommen sei. Wo immer sie auch war, sie spürte den Zwang, nach Hause zurückzukehren, um zu prüfen, daß kein Brand entstanden war. Wenn man so darüber spricht, klingt dies gar nicht so schlimm, aber in der Realität wirkte es sich völlig destruktiv auf ihr ganzes Leben aus, weil sie praktisch das Haus nicht mehr verlassen konnte. Sie mußte zurück, das Symptom war unüberwindbar. Dann sprach sie über ihre Vergangenheit und erwähnte dabei, daß sie vor vier oder fünf Jahren eine Krebsoperation hatte. Der nicht gerade sehr einfühlsame Chirurg hatte ihr damals nach der Operation gesagt, daß die Gefahr für den Augenblick beseitigt sei, doch es könnte zu einer Metastasenbildung kommen und der Krebs könnte sich wie ein Feuer ausbreiten. Dies war freilich eine äußerst beängstigende Aussicht. Für jeden in ihrer Situation wäre es dies gewesen. Sie hatte deshalb furchtbar Angst. Es gelang ihr, die Angst, der Krebs könnte sich ausbreiten, in die Angst zu übersetzen, Feuer könnte sich ausbreiten. Auf diese Weise hatte sie keine Angst mehr vor dem Krebs, dafür aber vor dem Feuer. Und während sie von dieser Angst kaputtgemacht wurde, war das Symptom ein Heilungsversuch von einer noch schlimmeren Angst.

Da die Gefahr für eine Wiederkehr des Krebses mit Metastasenbildung fünf Jahre nach der Operation relativ gering war und die Frau mich am Ende dieses Zeitraums aufgesucht hatte, ergab es sich, daß sie ihre Angst vor dem Feuer verlieren konnte, ohne daß sie sich vor dem Krebs fürchten mußte. Allerdings ist es zweifelhaft, ob man ihr drei Jahre früher etwas Gutes getan hätte, die Angst vor dem Feuer zu durchschauen, denn wenn sie sich dessen bewußt geworden wäre, wäre ihre Angst vor dem Krebs wieder zurückgekehrt, und die wäre bei weitem schmerzlicher und störender geworden als ihre Angst vor dem Feuer. – Das Beispiel zeigt, wie ein einfaches Symptom sofort verschwinden kann, sobald es übersetzt und mit dem in Verbindung gebracht wird, was diese Frau wirklich ängstigte. Die meisten Symptome sind weitaus komplizierter, doch ich würde insgesamt sagen, daß dort, wo die Psychoanalyse zur Therapie von Symptomen benützt wird, sie völlig ausreicht.

Zur Zeit Freuds suchten die meisten Menschen den Psychiater auf, weil sie an Symptomen litten, vor allem an hysterischen Symptomen. Heute hat sich die Situation grundlegend geändert. Hysterische Symptome sind sehr selten geworden. Der hier beobachtbare Wandel hinsichtlich der Erscheinungsweisen von Neurosen geht Hand in Hand mit dem Wandel der kulturellen Muster. Die Hysterie ist ein großer Gefühlsausbruch. Wer eine hysterische Person beobachtet mit dem ganzen Hervorbrechen der Gefühle, dem Schreien und Weinen, wird unwillkürlich an die großen Redner im letzten Jahrhundert erinnert, an die Ergüsse in Liebesbriefen und an anderes, das uns heute, wenn wir es im Kino sehen, ganz komisch vorkommt, weil wir einen anderen Lebensstil haben. Wir orientieren uns an Tatsachen und zeigen nicht viele Gefühle. Entsprechend sind die Symptome heute anders: Es gibt schizoide Symptome, Symptome des Fehlens von Verbundenheit mit anderen Menschen und deren Folgen.

Zur Zeit Freuds hatten die Menschen noch Symptome, nicht nur hysterische, sondern auch Zwangssymptome und andere, kennzeichnend aber war, daß sie mit massiven Symptomerkrankungen zum Psychiater kamen und ihr Kranksein mit den Symptomen beweisen konnten. Heute leiden die meisten Menschen, die zu einem Psychoanalytiker gehen, an dem, was man die „malaise du siècle" nannte, an einem Gefühl unbestimmten Unbehagens, das für unser Jahrhundert charakteristisch ist. Dabei liegen keinerlei Symptome vor, nicht einmal Schlaflosigkeit, dafür aber ein Gefühl, unglücklich zu sein, ein Gefühl von Fremdheit; das Leben hat keinen Sinn, keinen Geschmack, es treibt so dahin. Viele Menschen kommen mit der Erwartung, daß die Psychoanalyse dies ändern kann. Man nennt dies im Unterschied zur Symptomanalyse Charakteranalyse, also die Psychoanalyse des gesamten Charakters. Die Krankheit läßt sich nicht genau definieren, aber ihr Leiden an der Malaise läßt sich sehr genau erfühlen, wenn man in sich und in andere Menschen hineinschaut.

Man hat diese Art von Psychoanalyse Charakteranalyse genannt, um einen etwas wissenschaftlicheren Namen oder Begriff für jene zu haben, die an dieser Krankheit leiden. Es sind *Menschen, die an sich selbst leiden*. Es ist alles in Ordnung; sie haben alles, aber sie leiden an sich selbst. Sie wissen nicht, was sie mit sich anfangen sollen, sie leiden daran, es ist ihnen eine Last und eine Aufgabe, die sie nicht lösen können. Sie können Kreuzworträtsel lösen, aber sie können nicht das Rätsel lösen, das das Leben jedem vorlegt.

Für diese Art von Malaise reicht die Psychoanalyse im klassischen Sinn meiner Meinung nach nicht aus. Sie macht eine ganz andere Art von Psychoanalyse notwendig, weil eine solche Malaise auf die Frage einer radikalen Änderung der gesamten Persönlichkeit hinausläuft. Niemand, der an der Malaise leidet, kann erfolgreich analysiert werden ohne eine radikale Änderung seines Charakters und ohne dessen Umbildung. Kleine Änderungen bewirken überhaupt nichts. Kleine Verbesserungen verbessern auch nichts. Dies läßt sich mit Hilfe der Einsichten der Systemtheorie erklären. Die Persönlichkeit – wie auch eine Organisation – ist ein System, das heißt, sie ist nicht nur die Gesamtsumme der vielen Teile, sondern hat eine Struktur; sobald ein Teil der Struktur geändert wird, berührt dies auch alle anderen Teile, doch die Struktur hat in sich eine Bindekraft, ihre Struktur zu erhalten. Weil die Struktur in sich diese Tendenz trägt, tendiert sich auch dazu, alle Änderungen zurückzuweisen.

Kommt es innerhalb einer Struktur zu kleinen Veränderungen, dann ändert dies nicht viel. Um hierfür ein einfaches Beispiel zu geben: Um die Slums zu verändern, wird immer wieder die Idee verfolgt, in den Slums bessere Häuser zu bauen. Doch was passiert? Nach drei oder fünf Jahren sind diese schönen neuen Häuser genauso heruntergekommen wie die Slum-Häuser, weil die Erziehung die gleiche geblieben ist, weil das Einkommen das gleiche geblieben ist, weil das Gesundheitswesen das gleiche geblieben ist, weil die kulturellen Muster die gleichen geblieben sind. Das ganze System stülpt sich sozusagen über diese kleine Änderung, so daß diese Oase nach einer Weile wieder vom gesamten System inkorporiert ist. Die Slums lassen sich nur ändern, wenn man gleichzeitig das gesamte System völlig ändert: das Einkommen, das Erziehungswesen, das Gesundheitswesen, das Leben der Menschen. Wenn man nur einen Teil ändert, etwa nur die Häuser, dann kann dieser Teil dem Einfluß des gesamten Systems, das nur an seinem eigenen Überleben interessiert ist, nicht widerstehen. Was für das System gilt, gilt auch für die Struktur. Eine Struktur ist als solche an überhaupt nichts interessiert, aber sie hat die Tendenz, sich zu erhalten.

Auch im einzelnen Menschen gibt es eine solche Struktur. Wer versucht, kleine Änderungen vorzunehmen, wird bald merken, daß nach einer Weile die neuen Veränderungen wieder verschwunden sind, so daß sich in Wirklichkeit gar nichts verändert hat. Nur eine grundlegende Umgestaltung des Persönlichkeitssystems wird deshalb auf Dauer eine Veränderung hervorbringen und dann das Denken, das Handeln, das Fühlen, das Sich-Bewegen, ja alles einschließen. Es reicht hierzu bereits ein Schritt, der integriert ist und der das Ganze betrifft; er ist wirksamer als zehn Schritte, die nur in eine Richtung zielen. Übrigens gilt die gleiche Logik auch bei gesellschaftlichen Veränderungen. Auch hier hat eine einzelne Änderung für sich genommen keinen andauernden Effekt.

2. Voraussetzungen der psychoanalytischen Therapie

a) Die Fähigkeit zu psychischem Wachstum

Angesichts der heute so weit verbreiteten Charakterneurosen erhebt sich um so dringlicher die Frage: Warum entwikkelt sich ein Mensch in eine Richtung, daß er neurotisch und unglücklich wird? Warum kann er nicht das sein, was er zu sein sich wünscht? Warum ist er so wenig glücklich mit seinem Leben?

Meine Überlegungen zu diesen Fragen sind das Ergebnis meiner Beobachtungen des Lebens: Ich gehe von einem allen Menschen, allen Tieren, jedem Saatkorn innewohnenden allgemeinen Gesetz aus, leben zu wollen und ein Optimum an Lust und Befriedigung im Leben zu erhalten. Niemand wünscht sich, unglücklich zu sein, nicht einmal der Masochist, denn für ihn ist der Masochismus jener besondere Weg, auf dem er zu einem Optimum an Lust kommt. Der Grund, warum Menschen gesünder oder weniger gesund sind, warum sie mehr oder weniger leiden, ist in der Tatsache zu sehen, daß die Bedingungen für ihr Wachstum, richtiger gesagt: für ein dem Menschen mögliches Maximum an Wachstum nicht günstig sind. Zu den Bedingungen für ihr Wachstum gehören die konkreten Lebensumstände, die Fehler, die sie machen, die Irreführungen in ihrem Leben, die vom dritten Lebensjahr systematisch vorhanden sind; manchmal gehören auch konstitutionelle Faktoren dazu und eine besondere Kombination von Umständen. Dieses alles führt dazu, daß sie ihr eigenes Heil auf eine verkrüppelnde Art suchen.

Ich vergleiche die behinderten psychischen Wachstumsmöglichkeiten mit einem Baum in einem Garten. Er wächst zwischen zwei Mauern in einer Ecke und bekommt nur wenig Sonne. Er ist völlig krumm gewachsen, aber er wuchs so unansehlich, weil es für ihn die einzige Möglichkeit war, Sonnenlicht zu erreichen. Beim Menschen würde man sagen, dies ist ein fürchterlich verwachsener Mensch, weil er durch und durch krumm ist. Gemessen an seinen Möglichkeiten ist er nicht das, was er eigentlich sein sollte. Aber warum ist er so geworden? Nun, er ist so geworden, weil dies die einzige Möglichkeit war, Licht zu bekommen. Eben dies möchte ich damit sagen: Jeder Mensch versucht, Sonne zu bekommen, um im Leben wachsen zu können. Sind aber die Lebensumstände so, daß er dies nicht auf eine eher positive Weise tun kann, dann wird er es auf eine verbogene Weise tun, wobei „verbogen" hier den kranken Weg symbolisiert. Er ist entstellt, und doch ist er immer ein menschliches Wesen, das alles tut, um eine Lösung für sein Leben zu finden. Dies sollte man nie vergessen.

Trifft man auf einen Menschen, der an dieser Malaise leidet, sollte man auch nie vergessen, daß sich dieser Mensch auf diese Weise entwickelt hat und daß er noch immer nach einer Lösung für sein Leben Ausschau hält. Er ist bemüht, sie zu finden. Man sollte nicht vergessen, daß es viele Umstände gibt, die es ihm extrem schwer machen, die ihn vielleicht sogar dazu bringen, Widerstand zu leisten, weil er sich derart vor jedem Versuch, ihm bei der Änderung seines Kurses zu helfen, fürchtet.

Es ist eine schwierige, ja außerordentlich schwierige Aufgabe, sich selbst zu ändern und eine wirkliche Veränderung des Charakters zu erreichen. Darum bemühten sich alle Religionen, es war und ist das Ziel von Philosophien, schon in der griechischen Philosophie, aber auch in einigen modernen Philosophien. Diesbezüglich macht es keinen Unterschied, ob man vom Buddhismus, vom Christentum, vom Judentum, von Spinoza oder von Aristoteles spricht. Sie alle haben Anweisungen herauszufinden versucht, wie der

Mensch sich zum Besseren verändern kann und zu einer besseren, höheren, gesünderen, freudvolleren, stärkeren Art zu leben kommen kann.

Die meisten Menschen handeln aus einem Pflichtgefühl heraus, weil sie jemandem etwas schulden. Dies zeigt, daß sie abhängig sind. Sie haben jenen Punkt des Selbstbewußtseins noch nicht erreicht, an dem sie von sich sagen können: „Dies bin ich, dies ist mein Leben, davon bin ich überzeugt, dies fühle ich, ich handle nicht gemäß meiner Laune, denn dies wäre irrational, sondern gemäß dem, was man den rationalen Ausdruck meiner selbst nennen könnte." Man könnte auch sagen, ich handle gemäß den wesentlichen Erfordernissen oder den wesentlichen Kräften meiner Persönlichkeit, wobei hier mit „wesentlich" das gemeint ist, was zum Wesen von mir als Mensch gehört. Und diese Kräfte sind genau das Gegenteil von jenen Trieben, die irrational sind.

Was heißt eigentlich „rational"? Whitehead sagt, daß es „die Funktion der Vernunft ist, der Lebenskunst zu dienen" (A. N. Whitehead, 1967, S. 4). In meinen eigenen Worten bedeutet dies: Rational sind alle Handlungen und ist jedes Verhalten, womit das Wachstum und die Entwicklung einer Struktur gefördert werden. Irrational sind all jene Handlungen und Verhaltensweisen, die das Wachstum und die Struktur eines Wesens, sei es einer Pflanze oder des Menschen, verlangsamen oder zerstören. Die rationalen Handlungen und Verhaltensweisen sind nach der Darwinschen Theorie ein fester Bestandteil der Überlebenswunsches des Einzelwesens wie der Spezies. Da sie grundsätzlich die Interessen des einzelnen und der Spezies fördern, sind sie rational. Die Sexualität ist etwas völlig Rationales. Hunger und Durst sind ganz und gar rational.

Das Problem des Menschen besteht darin, daß er nur ganz wenig durch Instinkte bestimmt ist. Wäre der Mensch ein

Tier, dann wäre er völlig rational – wie eben jedes Tier ganz rational ist. Wir müssen hier allerdings unsere Denkgewohnheit aufgeben und das Rationale nicht mit dem Intellektuellen verwechseln. Das Rationale hat nicht notwendig nur mit dem Denken zu tun, es bezieht sich in Wirklichkeit genauso auf ein Tun. Ein Beispiel soll dies verdeutlichen: Wenn jemand eine Fabrik in eine Gegend baut, wo es kaum und nur teure Arbeitskräfte gibt, und wenn er mehr Arbeitskräfte als Maschinen benötigt, dann handelt er vom Ökonomischen her irrational. Sein Handeln muß ja sein ökonomisches System schwächen und schließlich zerstören, und er wird dies daran merken, daß er nach einem oder zwei Jahren bankrott sein wird.

Seit Frederick Winslow Taylor sprechen die Ökonomen von „Rationalisierung", worunter sie etwas völlig anderes verstehen, als die Psychoanalyse meint. Bei der Rationalisierung im ökonomischen Sinne werden die Arbeitsmethoden so geändert, daß sie vom Standpunkt des optimalen Funktionierens dieser ökonomischen Einheit, nicht vom menschlichen Standpunkt aus, angemessener sind. Hier spricht man also von „rational".

Was den Menschen betrifft, so sind nicht seine instinktiven Triebe irrational, sondern seine Leidenschaften. Beim Tier gibt es weder Neid, noch hat seine Destruktivität Selbstzweck, noch zeigt es Züge von Sadismus; es will weder ausbeuten noch hat es den Wunsch, Kontrolle ausüben. All dies sind Leidenschaften, die es zumindest bei den Säugetieren so gut wie nicht gibt. Beim Menschen entwickeln sie sich, nicht weil sie in seinen instinktiven Trieben wurzeln; vielmehr haben sie ihren Ursprung in bestimmten pathologischen Umweltbedingungen, die diese pathologischen Züge des Menschen hervorbringen. Auch dies soll ein einfaches Beispiel verdeutlichen: Wer aus einem Setzling einer Rose einen voll in Blüte stehenden Rosenstock wachsen lassen will, der muß genau wissen, wieviel Feuchtigkeit, welche Temperatur, welche besondere Art von Erde er braucht und zu welcher Jahreszeit er gesetzt werden muß. Sofern diese Voraussetzungen gegeben sind und es zu keinem Insektenbefall kommt oder andere außerordentlichen Umständen eintreten, wird sich dieser Setzling zu einem schönen Rosenstock entwickeln. Wird der Setzling jedoch in eine zu feuchte Erde gesetzt, wird er eingehen; wird er unter nicht optimalen Bedingungen wachsen, dann wird er zwar zu einem Rosenstock auswachsen, doch dieser wird beim Wachsen, an den Blüten, an den Blättern, ja überall Mängel zeigen. Der Setzling hatte nämlich nur die Möglichkeit, sich voll zu entwickeln, wenn die genannten Voraussetzungen gewährleistet sind, wobei die für diesen Setzling optimalen Wachstumsbedingungen nur durch Erfahrung gefunden werden können.

Was für den Rosenstock gilt, gilt für alle Tiere, wie jeder Züchter weiß, und es gilt auch für den Menschen. Wir wissen, daß auch für das volle Wachstum des Menschen bestimmte Voraussetzungen gegeben sein müssen. Wenn bei der Entwicklung des Menschen statt Wärme nur Kälte ist, wenn statt Freiheit nur Zwang herrscht, wenn statt Achtung vor dem Kind nur Sadismus da ist, dann sind die Voraussetzungen für ein volles menschliches Wachstum nicht erfüllt; das Kind wird zwar nicht sterben, aber es wird sozusagen krumm wachsen wie ein Baum, der nicht genügend Sonne bekommt. Jene Leidenschaften, die verbogen und verfälscht sind und die die Folge inadäquater Wachstumsbedingungen sind, sind die irrationalen Leidenschaften des Menschen. Von ihnen gilt, daß sie das innere System des Menschen nicht fördern, sondern die Neigung haben, es zu schwächen, ja schließlich zu zerstören, manchmal sogar durch Krankheit.

b) Die Verantwortung jedes einzelnen für sein psychisches Wachstumspotential

Freud demaskierte das Denken und schuf die Erkenntnis, daß sich Ehrlichkeit nicht dadurch überprüfen läßt, daß man bewußt gute Absichten hat; vielmehr zeigte Freud, daß jemand lügen kann, obwohl er die besten Absichten hat und obwohl er das Gefühl hat, daß er ganz aufrichtig ist. Die Lüge ist ihm nämlich nicht bewußt. Damit gab Freud der Frage der Ehrlichkeit, Aufrichtigkeit und der menschlichen Beziehungen eine völlig neue Dimension. Die herkömmliche Entschuldigung: „Das habe ich nicht so gemeint!“, bedeutet, daß die Wirkung einer Handlung so nicht beabsichtigt war. Seit Freud und seiner Theorie der Fehlleistungen gilt diese Entschuldigung nicht mehr.

Seit Freud stellt sich deshalb auch das moralische Problem neu: Der Mensch ist nicht nur für das, was er denkt, verantwortlich, sondern auch für sein eigenes Unbewußtes. Die Verantwortung des Menschen beginnt bei seinem Unbewußten, alles andere ist Maskerade und ohne Bedeutung. Was ein Mensch glaubt, ist kaum wert, daß man hinhört. Dies klingt reichlich übertrieben, doch manchmal ist es gar nicht übertrieben. Es gibt viele Reden, Versicherungen und Äußerungen, denen man kaum zuhören braucht, weil man spürt, daß sie nur Teil einer Vorgabe und eines Bildes sind, mit dem jemand sich darstellen möchte.

Im Hinblick auf die Therapie, wie ich sie verstehe, ist es wichtig zu sehen, daß der Patient sein eigenes Verantwortungsgefühl und sein eigenes Tätigsein mobilisieren kann. Was heute oft unter Psychoanalyse verstanden wird, geht von folgender Annahme aus, die sich bei vielen Patienten finden läßt: daß die Psychoanalyse eine Methode ist, bei der man durch Sprechen glücklich wird, nicht aber, daß man ein Risiko auf sich nimmt, leidet, aktiv wird und Entscheidungen trifft. So wie aber niemand im alltäglichen Leben durch

Reden glücklich wird, so auch nicht in der Psychoanalyse. Niemand wird auf Grund seines Sprechens glücklich, nicht einmal dann, wenn er redet, um Deutungen zu bekommen. Um wirklich eine Veränderung zu erreichen, muß ein Patient einen starken Willen und den Impuls haben, sich zu ändern.

Jeder versucht, einem anderen die Verantwortung zuzuschieben, um sich auf diese Weise der Verantwortung zu entziehen. Wenn ich hier von „Verantwortung" spreche, dann sage ich dies nicht vom Standpunkt eines Richters aus. Ich klage auch niemanden an. Für mich hat niemand das Recht, anzuklagen oder wie ein Richter zu urteilen. Und doch gilt: Niemand wird gesund, wenn nicht sein Verantwortungsgefühl, sein Mitwirken und auch sein Stolz darauf, daß es ihm besser geht, wachsen.

Es gibt bestimmte Bedingungen, die einer gesunden Entwicklung des Menschen zuträglich sind, und bestimmte andere Bedingungen, die zu pathologischen Phänomenen führen. Es ist deshalb von entscheidender Bedeutung, diese Bedingungen jeweils ausfindig zu machen. Die Bedingungen für eine gesunde Entwicklung des Menschen namhaft zu machen, war ein Anliegen, dessen sich in der Geschichte des Denkens gewöhnlich die Ethik annahm. Die Ethik versucht von ihrem Wesen her jene Normen aufzuzeigen, die zu einer gesunden Entwicklung des Menschen verhelfen.

Sobald man normative Aussagen über den Menschen macht, wenden viele ein, dies seien Werturteile, denn man möchte nicht über notwendige Normen nachdenken. Der Mensch von heute möchte glücklich leben, ohne wissen zu wollen, wie man glücklich lebt. Doch schon Meister Eckhart fragte, wie man die Kunst des Lebens und Sterbens erlernen wolle, ohne jede Art von Anleitung zu bekommen. Dies ist tatsächlich die alles entscheidende Frage. Heute träumen die Menschen vom großen Glück, doch haben sie nicht die leiseste Ahnung, welche Bedingungen gegeben sein müssen, damit sie glücklich werden können oder irgendeine Art von befriedigendem Leben führen können.

Ich habe eine klare ethische Überzeugung und eine klare Vorstellung von dem, wie eine Kultur geschaffen sein muß, daß sie zum Wohl-Sein des Menschen führt. Damit meine ich nicht, daß ich einen detaillierten Plan hätte, wie die Gesellschaft im einzelnen aussehen müßte. So etwas ist praktisch unmöglich, weil je neue Umstände und mit ihnen neue Fakten auftauchen, die dann im einzelnen auch unser Wissen verändern und mit jedem Tag vergrößern. Ich habe bezüglich der Leitwerte dieser Kultur eine ganz klare Vorstellung: In ihr ist der wichtigste Zweck des Lebens die *volle Entfaltung des Menschen*, und nicht die Dinge, die Produktion, der Reichtum, die Reichen; in ihr wird der Prozeß des Lebens selbst tatsächlich als ein Kunstwerk angesehen. Das Leben ist das Meisterstück eines jeden Menschen, bei dem es um ein Optimum an Stärke und Wachstum geht. Das eigene Leben wird als das Wichtigste angesehen.

Die entscheidende Frage ist: Was ist wichtig? Diese Frage wurde im Mittelalter und auch noch im 18. Jahrhundert noch anders beantwortet als heute. Damals war man noch davon überzeugt, daß der Mensch und sein Leben der ganze Zweck des Lebens und des Geborenseins sind. Heute ist es nicht mehr wichtig, was ein Mensch aus seinem Leben macht. Heute ist das Wichtigste, erfolgreich zu sein, zu Macht und zu Prestige zu kommen, auf der sozialen Leiter aufzusteigen, Maschinen bedienen zu können. Hinsichtlich seines Menschseins aber stagniert der Mensch, ja die meisten Menschen verschlechtern sich etwas. Auch wenn ihre Fähigkeit, Geld zu verdienen und Menschen zu manipulieren wächst, so geht es ihnen menschlich nicht besser.

Man lernt nichts und man hat auch keinerlei Erfolg, wenn man nicht davon überzeugt ist, daß das, was man angeht, ganz wichtig ist. Wer etwas lernen möchte, „weil es ja ganz schön wäre…“, wird nie etwas Schwieriges erlernen. Nur wer jeden Tag einige Stunden lang auf dem Klavier übt, kann ein guter Klavierspieler werden. Das gleiche gilt für eine Tänzerin oder für einen Zimmermann. Sie alle üben stundenlang jeden Tag, weil ihnen das, was sie gewählt haben, das Wichtigste geworden ist. Der Talmud bringt dies auf eindrückliche Weise nahe: Als die Hebräer das Rote Meer durchquerten, sagte Gott zu Moses, er solle seinen Stab heben, und das Wasser werde sich öffnen. So erzählt es die Bibel. Der Talmud jedoch sagt: Als Moses seinen Stab erhoben habe, habe sich das Wasser nicht gespalten. Erst nachdem der erste Hebräer sich in die Fluten gestürzt hatte, noch bevor sich das Wasser geteilt hatte, genau da habe sich das Wasser geteilt. Der entscheidende Punkt ist, daß sich nichts tut, wenn jemand nicht gleichzeitig den Sprung wagt. Solange man sich das, was man erreichen will, nur aus der Ferne anschaut, versteht man gar nichts, und zwar auf keinem Gebiet. Alles ist dann nur aufgesetzt, bekommt keine Struktur, ist ohne Sinn, hat kein wirkliches Gewicht für mich. Später erinnert man sich nur noch, daß es ja ganz schön war, was man gelernt hat, ein bißchen von diesem und ein bißchen von jenem. Was jedoch keine unmittelbare Bedeutung für das Leben hat, ist nicht wert, gelernt zu werden. Da sollte man lieber Fischen, Segeln oder Tanzen gehen, als daß man Dinge lernt, die keinerlei direkte oder indirekte Auswirkung auf das eigene Leben haben.

Mir geht es bildlich gesprochen darum, zu sagen, daß wer ein Apfelbaum ist, ein guter Apfelbaum werden soll, und wer eine Erdbeere ist, eine gute Erdbeere werden soll. Ich sage nicht, daß jemand ein Apfelbaum oder eine Erdbeere werden soll, denn die Verschiedenheit der Menschen ist außerordentlich groß. Jeder Mensch unterscheidet sich in seinem Dasein in vielerlei Hinsichten vom anderen. Kein Mensch ist nur eine Wiederholung; jeder Mensch ist einzigartig in dem Sinne, daß es niemanden gibt, der ihm exakt gleicht. Es geht nicht darum, Normen zu erschaffen, damit die Menschen sich gleichen, sondern die Norm zu vertreten, daß jeder Mensch ganz aufblüht, zur vollen Geburt kommt, ganz lebendig wird, und zwar unabhängig davon, welche Blume er ist.

Diese Auffassung könnte in dem Sinne als nihilistisch kritisiert werden, daß behauptet wird: Wenn jemand also als Krimineller geboren wird, dann soll er sich auch zum Kriminellen entwickeln. Provozierend antworte ich: Ich glaube, es ist besser, ein guter Krimineller zu sein, als gar nichts zu sein. Das Schlimmste ist wirklich, weder ein Krimineller noch ein Nicht-Krimineller, sondern ein Nichts zu sein und ohne jeden Zweck und jedes Bewußtsein leben zu müssen. Abgesehen davon bin ich der Überzeugung, daß es in Wirklichkeit ein pathologisches Phänomen ist, wenn jemand ein Krimineller ist, auch wenn er ein guter Krimineller ist.

Daß jemand zu wachsen beginnt, ist der Tatsache zuzuschreiben, daß er sich befreit. Der Befreiungsprozeß fängt bei einem selbst und bei der Befreiung von den eigenen Eltern ab. Dies ist fraglos so. Wer sich nicht von seinen Eltern emanzipiert und mehr und mehr spürt, daß er ein Recht hat, für sich selbst zu entscheiden, und sich statt dessen gegenüber den Wünschen der Eltern ängstlich verhält oder sich in einen besonderen Trotz gegen die elterlichen Wünsche versteigt, statt sich aus sich selbst zu bestimmen, für den bleiben die Tür zur Freiheit und die Straße zur Unabhängigkeit für immer verschlossen.

Eine der besten Fragen, die man sich selbst stellen kann, ist jene: „An welcher Stelle stehe ich auf meiner eigenen Straße der Unabhängigkeit angesichts meiner Reaktionen gegenüber meinen Eltern?" Ich sage nicht, daß man seine Eltern nicht lieben sollte. Es ist durchaus möglich, selbst die Menschen zu lieben, die einem Schaden zugefügt haben, vorausgesetzt sie taten es, ohne zu wissen, was sie tun. Es gibt einige Eltern, die man wirklich nicht lieben kann; andere sind durchaus liebenswert, obwohl sie viele Fehler machen und sich falsch verhalten. Die allseits bekannten Kämpfe, die gegen die Eltern geführt werden, sind gewöhnlich nur Scheingefechte. In Wirklichkeit gibt es noch immer eine starke Abhängigkeit, wenn man den Eltern beweisen muß, daß sie unrecht haben. Denn solange ich den Eltern beweisen muß, daß sie unrecht haben, muß ich es ihnen ja noch beweisen. Frei ist man erst, wenn man ihnen weder beweisen muß, daß sie etwas falsch noch daß sie es gut gemacht haben. Erst dann gilt: Hier bin ich und dort sind die Eltern, und wenn wir uns gegenseitig mögen können, dann ist es schön. Diese Unabhängigkeit gegenüber den Eltern ist der Ausgangspunkt jeder Freiheit für sich selbst. Freilich wird diese Freiheit für sich nur spürbar, wenn man die Unabhängigkeit wagt.

c) Die Fähigkeit zur subjektiven Wirklichkeitswahrnehmung

Der Mensch hat zwei Fähigkeiten, die Wirklichkeit wahrzunehmen.

(1) Zum einen hat er die Fähigkeit, die Realität so zu beurteilen, wie sie gesehen werden muß, um in ihr leben zu können. Das Bedürfnis des Menschen zu überleben zwingt ihn dazu. Wer ein Stück Holz vor sich hat, muß es mit seinen besonderen Eigenheiten erkennen können, wenn er damit Feuer machen möchte. Wer jemanden mit einer Waffe auf sich zustürmen sieht, dessen feindselige Absichten erkennbar sind, statt dessen aber glaubt, daß ein Friedensengel mit einer Taube in der Hand auf ihn zukommt, der wird getötet werden. Die Erkenntnis und das Verstehen der Wirklichkeit, in der wir leben, ist eine biologisch bedingte Funktion des Menschen. Den meisten Menschen ist diese Fähigkeit zu eigen, weshalb sie auch gesellschaftlich funktionieren.

(2) Der Mensch hat aber auch noch eine andere Fähigkeit: Statt die Wirklichkeit unter dem Gesichtspunkt zu erleben, was er mit ihr anfangen kann, kann er sie auch rein subjektiv erleben. Wenn jemand etwa einen Baum betrachtet, dann wird der Baumbesitzer ihn zum Beispiel unter dem Gesichtspunkt des Verkaufswertes betrachten. Man kann den Baum aber auch unter einem ganz subjektiven Aspekt anschauen als etwas, das man sieht, weil man Augen hat, um zu sehen, und das man als etwas Wunderbares fühlt und spürt, weil man ein Gespür für Schönheit hat. Das gleiche gilt für den Umgang mit einem anderen Menschen. Auch hier kann man mit dem anderen Kontakt aufnehmen unter dem Aspekt: „Was kann ich mit dieser Person anfangen? Wo hat sie ihre Schwächen? Welches sind ihre Stärken? In diesem Fall ist das gesamte Bild dieses Menschen von der Zwecksetzung bestimmt, ihn gebrauchen zu wollen. Wenn jemand jedoch einfach mit einem Menschen spricht, ihn mag oder auch nicht mag, ihn einfach anschaut, dann hat er keine derartigen Zwecksetzungen, sondern spürt eine große Lust dabei, ist hoffnungsvoll, oder er spürt vielleicht auch ein Gefühl von Abneigung oder andere Gefühle. Wer die Fähigkeit zu dieser Art Wirklichkeitswahrnehmung hat, der vermag den anderen in seinen tiefsten Wurzeln und in seinem ganzen Wesen zu erkennen.

Die Fähigkeit, die Wirklichkeit ganz subjektiv wahrzunehmen, realisiert sich beispielhaft in der Dichtung. Wenn ein Dichter etwa schreibt: „Die Rose brennt wie eine Flamme", dann ist er aus der Sicht des alltäglichen Denkens verrückt: Man nehme einmal eine Rose und versuche mit ihr ein Feuer zu machen, um Eier zu kochen! Offensichtlich bezieht sich der Dichter nicht auf das, was er mit der Rose anfangen kann, sondern spricht von dem Eindruck, den er von dieser Rose hat. Er spürt, sieht, erlebt die feurig-lodernde Qualität dieser Rose. Wir nennen jemanden, der so von einer Rose spricht, einen Dichter. Er ist nicht verrückt, sondern ein Dichter, weil er die Fähigkeit hat, die Rose in dieser Weise subjektiv wahrzunehmen, und gleichzeitig die Fähigkeit hat, sie objektiv zu sehen. Für ihn ist klar, daß er mit dieser brennenden Rose kein Feuer machen kann.

Heute haben die meisten Menschen die Fähigkeit zu beiden Wirklichkeitswahrnehmungen verloren. Sie können die Dinge nur „realistisch" sehen, wie man sagt, das heißt, sie kennen die Welt ganz gut, um sie zu gebrauchen, aber sie sind unfähig, die Dinge in ihrer menschlichen und natürlichen Umwelt ganz subjektiv zu sehen, das heißt ohne Verzweckung, um nur einfach den Anblick, diesen Klang, dieses Bild zu erleben. Eigentlich ist derjenige, der zur ganz subjektiven Wahrnehmung der Wirklichkeit unfähig ist, genauso krank wie derjenige, der mit der äußeren Wirklichkeit nichts mehr anfangen kann. Doch wir nennen nur jenen krank und psychotisch, der die äußere Realität nicht mehr richtig einschätzen kann.

Daß wir den, der die Fähigkeit zur ganz subjektiven Wirklichkeitswahrnehmung verloren hat, nicht als krank kennzeichnen, hat einfach damit zu tun, daß er gesellschaftlich noch funktioniert. Der Begriff der Krankheit ist vor allem gesellschaftlich bestimmt. Krank ist, wer gesellschaftlich nicht mehr funktioniert. Es kann jemand der größte emotionale oder künstlerische Idiot sein, nichts verstehen und unfähig sein, die Wirklichkeit unter einem anderen Gesichtspunkt als den des Geldverdienens zu sehen, er gilt dennoch heute als ein äußerst cleverer Mensch. Gerade solche Männer sind sehr erfolgreich, weil ihnen das niemals passiert, was Charly Chaplin im Film widerfuhr, nämlich daß er sich durch eine anziehende Frau von seiner maschinellen Arbeit am Fließband durcheinanderbringen ließ. Wer nichts fühlt und keinerlei subjektives Erleben hat, ist für unsere Gesellschaft bestens geeignet, weil es in dieser nur darauf ankommt, die Dinge praktisch zu bewältigen und zu funktionieren. Wer funktioniert, ist aber deshalb noch lange nicht gesünder.

Die Frage, wer gesünder ist, der sogenannte Verrückte oder der sogenannte Realist, ist strittig und durchaus offen. Ich möchte sogar behaupten, daß mancher Schizophrene mit seiner Schizophrenie glücklicher ist, als mancher, der in seinem Geschäft nutzloses Zeug zu verkaufen sucht oder von Haus zu Haus geht, um es loszubekommen. Um die Frage beispielhaft zu verdeutlichen: Ich kenne einen sehr erfolgreichen Mann, der aber von seiner Frau ganz und gar beherrscht wurde. Seine Frau war eine typische Anglo-Sächsin: klein von Statur, sehr bescheiden, zierlich, kaum eines lauten Wortes fähig, ganz und gar unauffällig. Diese Frau beherrschte die Familie wie ein Diktator, doch tat sie dies immer gut versteckt hinter ihrer unschuldigen und harmlosen Art, manchmal süßlich, manchmal weniger süß, immer aber in einer ausgesprochen bescheidenen und zurückhaltenden Verhaltensweise. Der erfolgreiche Mann erkrankte schließlich an einer so schweren Depression, daß er in die psychiatrische Klinik mußte. Die sehr klugen Ärzte verboten seiner Frau, ihn in der Klinik zu besuchen, während der Sohn ihn besuchen kommen durfte. Diesem sagte er anläßlich eines Besuchs, daß er sich hier zum ersten Mal in seinem Leben glücklich fühle. – Dies klingt bei einem Mann mit einer schweren Depression ziemlich paradox, und doch ist es sicher wahr, was er sagt. Zum ersten Mal in seinem Leben fühlte er sich – Depression hin, Depression her – als freier Mensch. Die Umstände in der Klinik waren für ihn die besten, um sich frei zu fühlen. Würde er wieder nach Hause gehen, wäre er sofort wieder ein Gefangener, und eben dies konnte er nicht mehr länger aushalten.

d) Die prägende Kraft von Gesellschaft und Kultur

Nach Freud liegt der Ursprung der Entwicklung einer bestimmten Charakterorientierung – der oral-rezeptiven, der oral-sadistischen oder der analen – in der Tatsache begründet, daß die Libido an eine der erogenen Zonen fixiert wurde. Anders gesagt: Nach Freud wird die Libido an einige erogene Zonen gebunden auf Grund des besonderen Schicksals, das die Libido im Laufe ihrer Entwicklung erfährt, so daß der Charakterzug entweder eine Sublimierung dieses libidinösen Wunsches oder eine Reaktionsbildung gegen ihn [...] ist.

Ich glaube, daß dies in Wirklichkeit ein sekundäres Moment ist und daß die Charakterzüge ihren letzten Grund nicht in einer Fixierung an eine erogene Zone haben. Vielmehr ist es so, daß der Mensch im Prozeß der Anpassung an die Welt nur einige wenige Möglichkeiten hat: Er kann sich Dinge aneignen, indem er sie in passiver Weise erhält; er kann sie sich aneignen, indem er sie sich mit Gewalt nimmt; er kann sie sich aneignen, indem er sie hortet; dann gibt es noch, wie ich in *Psychoanalyse und Ethik* [E. Fromm, 1947a] ausgeführt habe, die Möglichkeit, daß er sie sich durch Tausch aneignet; schließlich kann er sich die Dinge dadurch aneignen, daß er sie hervorbringt. Andere Möglichkeiten sehe ich keine. Welche dieser Formen und Möglichkeiten der Anpassung in einem Menschen sich vorrangig entwickeln, hängt meiner Meinung nach in erster Linie von der Eigenart der Gesellschaft und Kultur und in zweiter Linie vom Charakter der Eltern ab, nicht zu sprechen von der Konstitution des Kindes. Und erst sekundär und als Ausdruck dieser Prägung, nicht aber als prägende Ursache, gilt dann das, was mit Recht über die erogenen Zonen gesagt werden kann.

Mein Charakterbegriff leitet sich also nicht von der Entwicklung der Libido her, sondern vom Charakter der Eltern und von dem, was ich „Gesellschafts-Charakter" nenne, das heißt, von jenem Charaktertypus, den jede Gesellschaft hervorbringt, weil sie Menschen braucht, die das gerne tun, was sie für den Erhalt dieser bestimmten Gesellschaft tun müssen. Um ein einfaches Beispiel zu geben: Im 19. Jahrhundert brauchte die Gesellschaft Menschen, die gerne sparten, weil es in dieser Zeit notwendig war, das Kapital anzusammeln. Über die Erziehung, das Vorbild der Eltern, auf Grund der gesamten Art, Kinder großzuziehen, wurde dieser Typus von Gesellschafts-Charakter, den ich analhortend bezeichnen würde, hervorgebracht. Heute brauchen wir Menschen, die ausgeben. Also kommt es zur rezeptiven Orientierung und zur Marketing-Orientierung. Wir benötigen Menschen, die bereit sind, sich selbst zu verkaufen und auf dem Markt anzupreisen. Es gibt eine für unsere Zeit ganz typische Redewendung: Wenn jemand sagen will, daß er das, was jemand anderer behauptet, nicht glaubt, sagen viele: „Das kaufe ich dir nicht ab!" Für die Menschen gilt also, auch wenn sie sich dessen nicht bewußt sind, daß alles, selbst der Austausch von Gedanken, eine Angelegenheit des Marktes ist: Man kauft oder man kauft nicht.

Die von Freud und von mir aufgewiesenen Charakterorientierungen lassen sich als Syndrome ganz ähnlich beschreiben, doch ist ihre genetische Erklärung je verschieden. Ich habe in meinen Schriften bisher nicht deutlich genug gemacht, wo ich eine Parallele sehe und wo nicht, und ich habe es wohl deshalb nicht deutlich genug gemacht, weil es mir erst in den letzten Jahren ganz klar wurde, worin der Unterschied liegt.

Wenn gesagt wird, meine Vorstellungen würden die Kultur besonders betonen, dann habe ich immer den Eindruck, daß man Freud Unrecht tut, denn auch er betont die Kultur. Doch es gibt einen großen Unterschied: Für Freud ist die Kultur eine quantitative Größe, mehr oder weniger gleichbedeutend mit Zivilisation, insofern diese den Druck und die Stärke der Triebverdrängung bestimmt. Für mich ist die Kultur keine quantitative Größe von mehr oder weniger Verdrängung, sondern eine qualitative Größe, insofern die je verschiedene Struktur einer gegebenen Gesellschaft den Menschen formt und prägt und seine Lebenspraxis begründet. Ich nehme also an, daß wir das sind, was wir entsprechend den Erfordernissen der Gesellschaft, in der wir leben, sein müssen. Deshalb ist es für mich außerordentlich wichtig, die besondere Struktur einer gegebenen Gesellschaft zu analysieren, ob es nun um eine feudalistische Struktur geht oder um die kapitalistische Struktur des 19. Jahrhunderts, um die des 20. Jahrhunderts oder um die Struktur der griechischen Sklavengesellschaft. Diese jeweilige Gesellschaftsstruktur ist für die Ausbildung der Charaktertypen das wesentliche genetische Prinzip, und nicht die Libidoentwicklung, die von bestimmten Ereignissen und bestimmten Vorkommnissen im Zusammenhang mit den erogenen Zonen abhängt.

Ich betone die Analyse der spezifischen Struktur einer gegebenen Gesellschaft, und dies tat Freud nicht. Das ist nicht als Kritik zu verstehen, denn er wußte es nicht anders. Auch Harry Stack Sullivan und Karen Horney, die sich für den Einfluß der Kultur interessierten, hatten dieses spezifische Interesse an der Gesellschaftsstruktur nicht; allerdings erwähnt Horney bestimmte Dinge, die für die moderne Gesellschaft typisch sind. Meiner Überzeugung nach ist es unerläßlich, die Psychoanalyse mit einer strikten und wissenschaftlichen Analyse der gesellschaftlichen Struktur zu kombinieren.

[Die Abhängigkeit der Triebwünsche von den sie prägenden gesellschaftlichen und kulturellen Gegebenheiten läßt sich am Sexualverhalten verdeutlichen.] Der Mensch von heute will alles sogleich konsumieren, auch die Sexualität. Das Sexualverhalten ist Teil dieses Trends, bei dem es außer dem Konsum nichts gibt, was das Leben attraktiv macht, zumal die Gesellschaft durch ihn nicht in Gefahr gebracht wird. Es ist im Gegenteil so, daß alle kritischen Gedanken, alle Proteste gegen diese relativ inhumane Art zu leben durch dieses Ausleben der Sexualität geschwächt werden.

Ich spreche hier nicht von außerehelichen sexuellen Beziehungen, sondern von sexuellen Beziehungen, die wie eine

Art „Instant-Sex" weder von irgendwelchen tieferen Gefühlen begleitet sind, noch von einer größeren Beziehungsnähe. Mir geht es auch nicht darum zu sagen, daß mit der Sexualität etwas falsch sei. Mit der Sexualität als solcher ist überhaupt nichts falsch, denn sie ist ein Ausdruck des Lebens und nicht des Todes. Jeder Ausdruck von Sexualität ist besser als die verdrängte Sexualität und die unehrliche Verneinung von Sexualität, wie sie für das 19. Jahrhundert typisch waren. Ich möchte aber von einer Entwicklung im Sexualverhalten sprechen, bei der heute die Sexualität etwas Bedeutungsloses, ganz Nebensächliches, Unvertrautes ist, ganz ähnlich wie das Sexualverhalten in der Oberklasse des 19. Jahrhunderts war. Viele glauben heute ja, daß diese Art von Sexualleben etwas sei, was die neue Generation hervorgebracht habe. Sie vergessen dabei völlig, daß zum Beispiel die Oberklasse in England diese Art zu leben ein Leben lang praktizierte. Liest man Beschreibungen von Festen der englischen Oberklasse, dann war das Problem der Gastgeber in den Schlössern mit 60 oder 100 Räumen, die Verteilung der Gäste auf die Räume so vorzunehmen, daß es zu keinen Peinlichkeiten unter den verschiedenen verheirateten Paaren kam, wenn man die Frau des anderen treffen wollte, und daß man keinen zu langen Weg zum Schlafzimmer der anderen hatte. In dem Buch *Jeannie* über Churchills Mutter kann man nachlesen, wie diese es gewohnt war, mit Männern zu schlafen, die für Churchill nützlich waren, und wie Churchill sie darin sehr bestärkte. Churchill macht nicht viel Worte darum, aber er fand dies durchaus zu den Pflichten seiner Mutter gehörend, daß sie ihrem Sohn beim Aufbau seiner Karriere behilflich war. Dabei gab es keine Fragen oder Zweifel moralischer Art über die Berechtigung des Tuns. Das Sexualverhalten der Gegenwart ist also nicht neu; vielmehr ist es eines der Fälle, wo die Gepflogenheiten der früheren Oberklasse sich auf die Mittel- und Unterschicht ausgeweitet haben. Das kulturelle Verhaltensmuster von damals läßt sich heute in unserer gesamten Gesellschaft beobachten.

e) Die Dynamik psychischer Entwicklung und die Freiheit des Menschen

Oswald Spengler prophezeite in seinem Buch *Der Untergang des Abendlandes* in den zwanziger Jahren dieses Jahrhunderts den Untergang des Westens. Spengler zufolge wird die westliche Kultur – gleichsam einem Naturgesetz folgend – zerstört werden, weil er die Geschichte der Kulturen wie das Wachsen, Verfallen und Sterben eine Pflanze deutete, also nach dem Vorbild allen organischen Lebens, das wächst und stirbt. Rosa Luxemburg stellte zu Beginn dieses Jahrhunderts fest, daß wir nur die Alternative zwischen Sozialismus und Barbarei hätten. Es gibt einen wesentlichen Unterschied zwischen Spengler und Luxemburg: Rosa Luxemburg formulierte ihre bedrohliche Ansicht in Form einer Alternative. Es gibt eine Wahl, es gibt eine Alternative; es kann das eine oder das andere sein, aber kein Drittes.

Man sollte diesen Unterschied zwischen Spengler und Luxemburg nicht nur wie eine unbedeutende Anmerkung ansehen. Vielmehr werden hier zwei Arten von Voraussage, von Determinismus vorgestellt. Oswald Spengler vertritt einen einlinigen Determinismus, bei dem es nur ein mögliches Ergebnis gibt. Das einzig Vorausgesagte wird auch eintreten. Rosa Luxemburg vertritt auch einen Determinismus, aber einen alternativistischen Determinismus. Wir sind determiniert durch eine Alternative: Entweder wird dies die Folge sein oder jenes, vielleicht auch noch ein Drittes, aber die Zahl der Möglichkeiten ist klar determiniert. Diese Art Alternativismus spielt nicht nur im Blick auf die Geschichte oder die Gesellschaften eine wichtige Rolle, sondern auch im Blick auf den Menschen selbst.

Beim Menschen kann man nie oder doch nur ganz selten mit Recht sagen, daß es nur eine einzige Möglichkeit des Geschehens gibt. In den allermeisten Fällen läßt sich aber sagen, daß es eine Alternative von Möglichkeiten gibt. Um es ganz allgemein zu sagen: Entweder wird jemand weiterwachsen oder er wird, psychisch gesehen, zugrunde gehen. In jedem Fall kommt es dabei auf die relative Stärke der jeweiligen alternativen Möglichkeiten an. Die Chance, daß jemand – menschlich gesehen – erfolgreich ist, mag nur ein Prozent betragen, doch handelt es sich immer noch um eine Alternative und um keinen jede andere Möglichkeit ausschließenden Determinismus.

Die meisten Menschen weigern sich zu erkennen, daß es in ihrem eigenen Leben in Wirklichkeit nur eine Alternative gibt. Durch eine Analyse der Situation kann man die Alternative aufzeigen und deutlich machen, daß es keine andere Möglichkeit gibt, auch wenn die meisten – völlig unrealistisch - glauben, sie hätten unbegrenzt viele Möglichkeiten. Von unserer Vergangenheit her, auf Grund unserer Konstitution und angesichts der derzeitigen Situation haben wir nur ganz begrenzte Wahlmöglichkeiten.

[Die Dynamik der psychischen Entwicklung eines Menschen läßt sich mit der Dynamik eines Schachspiels vergleichen.] Wenn zwei Schachspieler mit dem Spiel beginnen, haben sie nahezu gleiche Gewinnchancen. Zwar mag der, der mit den weißen Figuren spielt, einen winzig kleinen Vorteil haben, weil er das Spiel eröffnet, doch können wir dies hier vernachlässigen. Nach fünf Zügen hat Weiß einen Fehler gemacht. Seine Gewinnchance hat sich dadurch bereits reduziert, sagen wir um 10 oder 16 Prozent; er kann aber immer noch gewinnen, wenn er danach einige besonders gute Züge macht oder wenn sein Partner Fehler macht. Nach weiteren 10 Zügen hat Weiß seinen Fehler von vorher immer noch nicht kompensiert, dafür aber noch einen weiteren Fehler gemacht. Theoretisch kann er noch immer gewinnen, aber seine Gewinnchancen haben sich von 50 auf – sagen wir – fünf Prozent reduziert. Dann passiert es ihm, daß er noch einmal einen Fehler macht, so daß er überhaupt nicht mehr gewinnen kann. Von den Gesetzen des Schachspiels her ist es unmöglich, noch zu gewinnen, es sei denn, sein Gegner würde einen völlig dummen Fehler machen; doch dies können wir natürlich nicht annehmen und kommt auch unter guten Schachspielern nicht vor. Ein Schachspieler von Rang gibt an dieser Stelle auf, weil er bereits weiß, daß er nicht mehr gewinnen kann. Nur der unerfahrene Schachspieler, der die nächsten Züge nicht voraussehen kann, setzt dann das Spiel noch fort, obwohl in Wirklichkeit nichts mehr dafür spricht, daß er das Spiel noch gewinnen kann. Er muß das Spiel bis zum bitteren Ende durchspielen und seinen König schachmatt setzen lassen, so daß er keinen Zug mehr machen kann. Erst dann gibt er zu, daß er geschlagen ist.

Was bedeutet dieser Vergleich in der Anwendung auf unser Leben? Nehmen wir zum Beispiel einen kleinen Jungen von fünf Jahren, der aus einer wohlsituierten New Yorker Familie kommt. Er spielt mit einem kleinen schwarzen Jungen, den er mag. Dies ist für ihn auch ganz natürlich, denn er weiß noch nichts von all den Unterschieden, die an die Hautfarbe geknüpft werden. Als er heimkommt, sagt seine Mutter in der lieben Art, wie moderne Mütter heute zu sprechen pflegen: „Weißt Du, Johnny, ich weiß, daß dieser Junge so recht ist wie wir, ja er ist ein feiner Junge; aber Du weißt doch, daß die Nachbarn dies nicht verstehen, und deshalb wäre es besser, wenn Du nicht mehr mit ihm spielen würdest. Ich weiß ja, daß Du darüber nicht glücklich bist, aber ich nehme Dich heute Abend mit in den Zirkus." Vielleicht sagt die Mutter nicht so offensichtlich, daß dies eine Belohnung ist, aber sie nimmt ihn mit in den Zirkus oder woanders hin oder sie verspricht, ihm etwas zu kaufen.

Johnny, der zuerst dagegen protestiert und sagt: „Ich mag aber diesen Jungen!", akzeptiert schließlich die Einladung zum Zirkus. Dies ist sein erster „Fehler", seine erste Niederlage. Seine Unantastbarkeit ist dahin, sein Wille ist gebrochen. Dies war, um den Vergleich mit dem Schachspiel nochmals heranzuziehen, sein erster falscher Zug.

Zehn Jahre später verliebt sich Johnny in ein Mädchen. Er liebt es wirklich, doch das Mädchen ist arm, es kommt nicht aus der richtigen Familie, und die Eltern von Johnny möchten nicht, daß Johnny mit ihr geht. Wieder machen die Eltern in der modernen Art ihren Einfluß geltend. Die Großeltern hätten einfach gesagt: „Das kommt nicht in Frage. Das Mädchen kommt aus einer Familie, in die wir nicht einheiraten!" Die Mutter hingegen sagt: „Dies ist wirklich ein liebenswertes Mädchen, aber seine Herkunft ist so verschieden. Wenn Menschen wirklich glücklich werden wollen, muß ihre Herkunft gleich sein. Selbstverständlich bist Du völlig frei, sie zu heiraten oder nicht zu heiraten. Es ist ganz Dir selbst überlassen. Aber Du sollst wissen, daß wir es Dir ermöglichen wollen, für ein Jahr nach Paris zu gehen. Dort kannst Du es Dir ja noch einmal überlegen, und wenn Du von Paris zurückkommst und sie immer noch heiraten möchtest, dann heirate sie."

Johnny ist mit dem Vorschlag einverstanden. Dies ist seine zweite Niederlage, zu der er freilich auf Grund der ersten und vieler kleiner Niederlagen ähnlicher Art seither schneller bereit war. Er wurde von seiner Mutter gekauft, so wie er schon beim ersten Mal von ihr gekauft wurde. Seine Selbstachtung, sein Stolz, seine Würde, sein Selbstgefühl wurden bereits gebrochen. Das Angebot ist ja auch zu verlockend, denn es wird in eine rationalisierende Form gekleidet, daß er völlig frei sei, sie zu heiraten und nach Paris zu gehen. In dem Augenblick aber, in dem er die Fahrkarte nach Paris akzeptiert, hat er – ohne dies zu wissen – das Mädchen aufgegeben. Er ist zwar noch immer davon überzeugt, daß er sie liebt und sie heiraten wird; deshalb schickt er ihr auch in den ersten drei Monaten die schönsten Liebesbriefe von Paris. Sein Unbewußtes aber weiß bereits, daß er sie nicht heiraten wird, weil er sich hat bestechen lassen.

Wer eine Bestechung angenommen hat, muß die Gegenleistung erbringen. Deshalb kommt ein moralisches Element hinzu: Er muß ein Ehrenmann sein und dafür, daß er sich hat bestechen lassen, etwas tun, sonst ist er ein toter Mann. So kommt es dann auch, daß Johnny in Paris andere Mädchen kennenlernt. Nach dem Jahr haben sich viele Dinge ereignet, und er kommt zu dem Entschluß, daß er das Mädchen doch nicht so sehr liebt. Er hat sich zwischenzeitlich in viele Mädchen verliebt und mit mehr oder weniger Schuldgefühl erklärt er seiner ersten Liebe, warum er sie nicht mehr liebt. Es fällt ihm um so leichter, als er ihr in letzter Zeit immer seltener geschrieben hatte, so daß der Sinneswandel nicht so plötzlich kommt und nicht so schockierend ist. Vielleicht ist sie auch in der ganzen Angelegenheit inzwischen ein bißchen klüger geworden und schreibt ihm, daß sie nun genug hat und die Beziehung als beendet ansieht.

Mit 23 Jahren geht Johnny zur Universität. Die Frage erhebt sich, was er studieren soll. Sein Vater ist ein sehr erfolgreicher Anwalt und möchte aus ganz naheliegenden Gründen, daß auch Johnny Anwalt werden soll. Johnny jedoch interessiert sich seit seiner Kindheit für Architektur und besteht darauf, Architektur zu studieren. Sein Vater malt ihm aus, was passieren würde, wenn er Herzbeschwerden bekäme und bald sterben müßte. Wer da für die Mutter sorgen sollte. Und überhaupt sei es von ihm nach allem, was er für ihn getan habe – das Jahr in Paris –, so undankbar, wenn er ihm jetzt untreu würde, wo er doch alle Hoffnungen auf ihn setze. Und wie unglücklich wäre er, wenn Johnny ihn enttäusche. Und, abgesehen davon, was verdiene er denn eigentlich als Architekt, und wieviel könne er verdienen, wenn er der Vorstand seiner Kanzlei werde. Johnny liefert ein kleines Rückzugsgefecht und schließlich willigt er ein. Unter Umständen kauft ihm der Vater – wie dies oft geschieht – an dieser Stelle einen schönen Sportwagen. Auch wenn es anklingt, so wird es doch nie direkt ausgesprochen, daß dies eine Bestechung ist, doch dies spricht man auch in der Politik nicht eigens aus. Die Bestechung wird nicht schriftlich vereinbart: „Ich gebe Ihnen 100000 Dollar, wenn Sie für dieses Gesetz stimmen." Vielmehr gibt man die 100 000 Dollar, und es ist klar, daß der andere versteht, wofür sie gegeben wurden. Von diesem Punkt an ist Johnny verloren. Er hat sich völlig verkauft und jede Selbstachtung aufgegeben. Er hat seinen Stolz und seine Unantastbarkeit verloren. Er hat etwas getan, was er selbst nicht wollte. Und auf diese Weise wird er dann auch den Rest seines Lebens verbringen: Er wird vielleicht eine Frau heiraten, die er eigentlich nicht liebt, er wird sich in seinem Beruf langweilen usw.

Wie geriet Johnny in diese Situation? Es war kein plötzliches Ereignis, das ihn dahin brachte, sondern die Anhäufung von vielen kleinen Ereignissen, wo er einen Fehler nach dem anderen machte. Zu Beginn hatte er noch viel Freiheit; doch diese Freiheit verlor er Stück um Stück, bis sie praktisch verschwunden war.

Freiheit ist nichts, was man haben kann. Freiheit ist keine Ding. Freiheit ist vielmehr eine Merkmal unserer Persönlichkeit: Wir sind mehr oder weniger frei, einem Druck von außen zu widerstehen; wir sind mehr oder weniger frei, das zu tun, was wir wollen und wir selbst zu sein. Freiheit ist immer eine Frage von wachsender Freiheit oder sich reduzierender Freiheit bis zu dem Punkt, an dem man sagen muß, daß jemand praktisch keinerlei Hoffnung mehr hat, sich noch verändern zu können. Aber selbst, wenn jemand an den Punkt gekommen ist, wo er keine Freiheit mehr hat, könnte sich etwas Außerordentliches ereignen. Dies kommt zwar äußerst selten vor, weshalb man sein Leben nicht darauf aufbauen sollte, aber selbst mit 30, 40 oder 50 Jahren kann es auf diese Weise zu einer völligen Veränderung und zu einer „Konversion" kommen. Wer allerdings auf eine solche Bekehrung wartet, wartet gewöhnlich vergeblich darauf, eben weil sie so selten ist.

3. Die Wirkfaktoren der psychoanalytischen Therapie

Worauf beruht die therapeutische Wirkung der Psychoanalyse? Nach meiner eigenen Sicht bestimmen, kurz gesagt, drei Faktoren die therapeutische Wirkung: (1) Der Zuwachs an Freiheit, wenn die wirklichen Konflikte gesehen werden. [(2) Der Zuwachs an psychischer Energie, wenn die für Verdrängung und Widerstand gebundene Energie wieder zur Verfügung steht. (3) Die Befreiung des angeborenen Strebens nach Gesundung.]

(1) Die therapeutische Wirkung der Psychoanalyse beruht zum einen auf dem Zuwachs an Freiheit, sobald jemand seine wirklichen Konflikte anstelle seiner fiktiven sehen kann.

Der wirkliche Konflikt einer Frau [wie der unten von Christiane berichtete] kann zum Beispiel ihre Unfähigkeit sein, sich von einer Autorität zu befreien, sie selbst zu sein und ihr eigenes Leben zu beginnen. Sie ist unfähig, frei zu sein. Ihr fiktiver Konflikt ist, ob sie den anderen Mann heiraten soll und sich von ihrem Ehemann scheiden lassen soll oder nicht. Dieser Konflikt ist fiktiv, weil er sich so nicht lösen läßt. Ihr Leben ist armselig, ob sie sich von ihrem Mann scheiden läßt oder ob sie bei ihm bleibt. Ihr Leben wird dasselbe armselige bleiben, solange sie nicht frei ist. Solange sie sich aber auf dieses spezielle Problem konzentriert, kann sie ihrem Leben kaum mehr Sinn abgewinnen, weil sie nicht an ihrem eigentlichen Konflikt arbeitet. Dieser hat mit ihrer eigenen Freiheit zu tun, mit ihrer gesamten Bezogenheit zur Welt, mit ihrem Mangel an Interesse für diese Welt, mit der großen Beschränktheit ihres Lebens in dieser Welt. All diese Fragen sind ihr nicht zugänglich.

Um es mit einem sehr einfachen Vergleich zu sagen: Wenn jemand mit einem falschen Schlüssel die Türe zu öffnen versucht, wird er sie niemals aufbekommen. Und solange er davon überzeugt ist, daß er nur den Schlüssel nicht auf die richtige Weise hineinsteckt und nicht auf die Idee kommt, den falschen Schlüssel zu haben, wird sich die Türe nicht öffnen lassen. Jeder kennt selbst solche Beispiele, bei denen es offensichtlich ist, daß die Frage, ob man dieses oder jenes tun soll, nur der vorgegebene Konflikt ist, während der wirkliche Konflikt ganz woanders zu suchen ist. Solche Beispiele lassen sich im eigenen Leben finden oder auch im Leben anderer, vor allem älterer Menschen, besonders aber im Leben der eigenen Eltern. Denn sie leben schon länger und haben einen sehr vertraulichen Einblick in ihr Leben gegeben. Wer näher hinschaut, kann beobachten, wie und in welchem Ausmaß Menschen an den falschen Problemen arbeiten und Lösungen zu finden suchen, die niemals gefunden werden können.

Das folgende einfache Beispiel für die Suche nach einer Lösung bei einer falschen Problemstellung läßt sich ziemlich häufig beobachten: Jemand heiratet; nach drei Jahren kommt es zum Konflikt, und die Scheidung wird eingereicht. Nach einem Jahr heiratet der Mann von neuem, und zwar genau den gleichen Typ von Frau, so daß die Beziehung wieder in einer Scheidung endet. Vorausgesetzt, er hat auf Dauer genügend Geld für diesen Mumpitz, mag sich dieser Vorgang wiederholen, bis er müde wird oder zu alt ist. Er bleibt aber dabei, daß er nie die richtige Partnerin gefunden hat; er kommt nie auf die Idee, daß es an ihm liegt, warum er nie die richtige Partnerin findet: daß er in Wirklichkeit unfähig ist, mit einem anderen Menschen zusammenzuleben, und daß er unfähig ist, den anderen in seiner Objektivität wahrzunehmen, so daß er notwendigerweise die falsche Partnerin wählt. Es ist sein eigener Narzißmus, der ihn wählen macht und sich in eine Frau verlieben läßt, die ihn furchtbar bewundert und – sagen wir – eine Tendenz zur Unterwürfigkeit hat, gleichzeitig aber unterschwellig ganz masochistisch ist und ihn deshalb auf Dauer langweilt.

Diese Partnerschaft ist eine schlechte Mischung, denn er verliebt sich in sie, weil sie ihn bewundert, doch nach einem Jahr merkt er, daß ihre Unterwürfigkeit ihn zu langweilen beginnt. Zuerst war er über ihre Unterwürfigkeit beglückt, denn sie gab seinem Narzißmus Auftrieb. Als er aber einmal wußte, daß sie ihn bewundert, erlebte er ihre Unterwürfigkeit wie immer als ziemlich langweilig, so daß er jemand Neuen braucht, der ihn bewundert, und der ganze Kreislauf beginnt von vorne. Die einzige Lösung bestünde darin, daß er sich seines Narzißmus gewahr würde oder der Gründe, warum er ihn bewundernde unterwürfige Frau wählt. Nur so könnte der Kreislauf gestoppt werden.

Wenn ein solcher Mann zum Psychoanalytiker kommt und über sein Eheproblem spricht und wie er dieses lösen könnte, dann wäre die einzig richtige Antwort: „Sie haben kein Eheproblem, Sie haben ein Problem mit sich! Sie sind das Problem und Sie werden denselben Fehler immer wieder machen, solange Sie nicht wissen, warum Sie ihn machen. Erst wenn Sie sich ändern, wird sich etwas anderes ergeben." Ich möchte mit diesem Beispiel nur unterstreichen, daß der Versuch, ein Problem zu lösen, wo es keine Lösung gibt, eine Sisyphusarbeit ist. Es entmutigt und kostet eine Menge Energie, denn der je neue Versuch kann von Natur aus zu keinem Erfolg führen. Man kann es bereits beim Versuch spüren, daß er wieder nicht gelingen wird, weil die ganze Herangehensweise untauglich ist.

Theoretisch ist die Frage einfach, doch ist es gar nicht so leicht nachzuvollziehen, was es gefühlsmäßig bedeutet, je neu mit seinem Lösungsversuch zu scheitern. Es ist, wie wenn jemand ein mathematisches oder naturwissenschaftliches Problem lösen will und von einer falschen Voraussetzung ausgeht, so daß das Problem auf Grund der falschen Voraussetzung unlösbar ist. Dies bringt einen zur Raserei und macht einen völlig depressiv. Wenn ein Mensch versucht, eine Lösung zu finden, aber nicht weiß, daß die

Lösung über den Weg, den er zu gehen versucht, gar nicht gefunden werden kann, wird er immer mehr von seiner Ohnmacht überzeugt sein, von seiner eigenen Impotenz, der Vergeblichkeit seiner Unternehmungen. Dies ist der Anfang vom Ende. Ab einem bestimmten Punkt ist er nur noch tief entmutigt. Wenn er aber entdecken kann: „Mein Gott, dies ist ja gar nicht das Problem, meine Voraussetzungen sind falsch, hier ist das wirkliche Problem, es ist zwar schwieriger, aber jetzt endlich kann ich es angehen" – so bringt dies in der Tat neues Leben in ihn, weil er jetzt denken kann: „Ich werde vielleicht nie die Lösung erreichen, aber ich kann an ihr dennoch arbeiten; das Problem ist nicht grundsätzlich unlösbar, es verurteilt mich nicht zu ewiger Machtlosigkeit; ich kann versuchen, etwas zu tun; ich arbeite an etwas Sinnvollem anstatt an einem fiktiven Problem." Allein dies führt meines Erachtens zu einem Wachstum von Freiheit, Energie, Vertrauen, das sehr wichtig ist. Es bedeutet, die wirklichen Konflikte anstelle der fiktiven zu sehen.

(2) Der zweite Aspekt für die therapeutische Wirkung der Psychoanalyse hat damit zu tun, daß jede Verdrängung Energie braucht, mit der die Verdrängung aufrechterhalten wird. Oder um es einfacher zu sagen: Der Widerstand braucht eine Menge Energie. Diese Energie wird abgezogen und wird nutzlos verbraucht, vergleichbar damit, daß wir einen beträchtlichen Teil unseres nationalen Einkommens für die Rüstung ausgeben. Diese Energie wird vergeudet. Und erst wenn die Verdrängung aufgehoben wird und der Widerstand nicht mehr gefüttert werden muß, steht diese Energie wieder zur Verfügung. Die Folge ist auch hier ein Anwachsen an Energie, ein Wachstum an Freiheit, ja man kann mit Spinoza sogar sagen, es kommt zu einem Anwachsen von Tugend und Lebensfreude.

(3) Der dritte für die therapeutische Wirkung der Psychoanalyse maßgebliche Faktor ist vielleicht der wichtigste:

Wenn ich die Hindernisse in mir wegräume, um mit dem in Berührung zu sein, was wirklich in mir vor sich geht, kann das mir innewohnende Streben nach Gesundung seine Arbeit wieder aufnehmen. Ich sage dies auf Grund meiner theoretischen Annahmen sowie meiner eigenen Erfahrungen mit mir und mit anderen bewußt in einem ganz weiten Sinne: Es gibt in jedem Menschen nicht nur eine biologische und physiologische, sondern eine ebensogut bekannte psychologische Tendenz zum Wohl-Sein. Daran ist nichts Mysteriöses. Es ist selbst von einem Darwinschen Standpunkt aus etwas ganz Logisches, weil das Wohl-Sein dem Überleben dient. Geistig-seelisches Wohl-Sein dient dem Überleben in einem biologischen Sinn. Je mehr Menschen Freude erleben und sich gut fühlen, desto länger werden sie leben, desto mehr Kinder werden sie haben und desto produktiver werden sie sein. Unter rein biologischer Perspektive zählt für das Überleben nur, daß die Menschen leben, heiraten und Kinder haben. Dies ist ein sehr verengtes Verständnis, das ich nicht teile. In meinem Buch *Anatomie der menschlichen Destruktivität* [1973a, GA VII, S. 230-233] habe ich eine Reihe von neueren Untersuchungen von Neurologen und Neurophysiologen zitiert, die für mich sehr überzeugend behaupten, daß es sogar in der Struktur des Gehirns bestimmte Tendenzen gibt, die nicht im eigentlich Sinne instinktiv sind, nichtsdestotrotz aber angeboren und vorgeformt sind und die die Tendenz zu Wohl-Sein, zu Kooperation und zu Wachstum haben.

Vielleicht ist es einfacher, die Rolle der angeborenen Tendenz, das Leben zu erhalten, zu wachsen und zu leben, damit plausibel zu machen, daß ich an Notfallsituationen erinnere. In Lebensgefahr entwickeln Menschen plötzlich Kräfte und Fähigkeiten, die sie nie für möglich gehalten hätten. Solche Kräfte und Fähigkeiten sind nicht nur physischer oder geistiger Natur, sondern beziehen sich auch auf die Wahrnehmung oder andere Bereiche. Denn – und hier spielt das Biologische wirklich eine Rolle – der Impuls zu leben ist so machtvoll im Gehirn des Menschen verankert, daß in einer Situation auf Leben oder Tod eine Energie freigesetzt wird, wie sie vorher nicht nachweisbar war.

Ich möchte zur Illustration ein Erlebnis mitteilen, das für mein Denken in dieser Frage entscheidend war. Ich kannte eine Frau in Davos, die an Lungentuberkulose litt. Damals gab es noch keine Medikamente zur Behandlung von Lungentuberkulose. Die Frau war schwer krank, und die Krankheit verschlimmerte sich von Tag zu Tag. Zu einem bestimmten Zeitpunkt beriet sich der behandelnde Arzt mit anderen Fachkollegen. Gleichsam als Ergebnis kam er zu ihr und sagte ihr: „Wir hatten eben eine Konsultation. Es gibt vom Medizinischen her nichts mehr, was wir für Sie tun können. Die Frage, ob Sie leben oder sterben, hängt jetzt ganz allein von Ihnen ab." Wie sich aus der Formulierung ersehen läßt, war der Arzt davon überzeugt, daß sie aller Wahrscheinlichkeit nach sterben werde. Die Auskunft des Arztes zeigte ihre Wirkung: Innerhalb von ein paar Wochen war die Frau auf dem Weg der Besserung, was den Ärzten wie ein Wunder vorkam. Die Frau, die sehr krank und praktisch zum Sterben verurteilt war, wurde wieder völlig gesund. Wenn dieser Arzt wie die meisten Ärzte in guter Absicht gesagt hätte: „Verlieren Sie nicht die Hoffnung, es wird schon alles wieder gut werden!", hätte er diese Patientin sterben lassen, denn er hätte sie daran gehindert, den entscheidenden Schritt zur Mobilisierung ihrer eigenen Energie zu tun.

Ein anderes Beispiel ist Elsa Gindler, die in Berlin die Übungen zur Körperwahrnehmung entwickelte. Sie kam zu diesen Übungen, weil auch sie an Tuberkulose litt und die Ärzte ihr sagten: „Wenn Sie nicht zu einer Erholungskur nach Davos gehen, werden Sie sterben." Da sie kein Geld dafür hatte, erfand diese äußerst begabte Frau ganz intuitiv ein System, den Körper wahrzunehmen, so daß sie sich ein größeres Gespür für die innere Aktivität des Körpers, für ein körperliches Gleichgewicht erwarb. Sie wurde völlig gesund und entwickelte dieses System weiter. Es fand in Deutschland, in der Schweiz und schließlich auch in den Vereinigten Staaten Anwendung. – Als der Arzt sie ein Jahr später auf der Straße traf und fragte: „Na, wie war's in Davos?", konnte er es kaum glauben, daß sie gar nicht dort gewesen war.

Das dem Menschen innewohnende Streben nach Gesundung ist sowohl für die analytische Psychotherapie bedeutsam, wie auch für die Lebensbewältigung ohne Psychoanalyse. Jede Art falscher Ermunterung ist fatal und schädlich, es sei denn, ein Mensch ist derart hoffnungslos krank, daß die Mitteilung der ganzen Wahrheit keinerlei Wirkung mehr erwarten läßt. Wenn ich jedoch einen Menschen „ermuntere" und die Schwere seines Problems herunterspiele, dann schade ich diesem Menschen, weil ich ihn daran hindere, seine Energiereserven für den Notfall zu mobilisieren. Es gilt deshalb, je klarer und ernster ich jemandem die Situation beschreibe, in der er sich befindet, und ihm die Alternativen aufzeige, desto eher mobilisiere ich in ihm seine eigenen Energiereserven für den Notfall; und je schlüssiger dies ist, desto größer ist für ihn die Chance, wieder gesund zu werden.

4. Die therapeutische Beziehung im psychoanalytischen Prozeß

a) Das Geschehen zwischen Psychoanalytiker und Analysand

Es reicht nicht aus, die therapeutische Beziehung zwischen Psychoanalytiker und Analysand nur als Interaktion zu bestimmen. Natürlich gibt es eine Interaktion; die Frage ist allerdings, was für eine. Auch zwischen einem Gefängniswärter und einem Gefangenen gibt es eine – wenn auch nur geringe – Interaktion. Skinner ging in seinem Buch *Jenseits von Freiheit und Würde* (B. F. Skinner, 1971) so weit, zu sagen, daß der Gefolterte den Folterer im gleichen Maße beherrsche wie der Folterer den Gefolterten, denn mit seinen Schmerzensschreien teile der Gefolterte dem Folterer mit, was die Folter bedeutet. In einem gewissen, wenn auch perversen und absurden Sinne hat Skinner auch Recht. Doch die eigentliche Beherrschung ist dort, wo der Folterer sein Opfer beherrscht; natürlich gibt es auch eine Interaktion, doch ist die zu vernachlässigen, wenn es um die Frage geht, wer wen beherrscht.

Ich möchte nicht die Familiensituation und die Interaktion in der Familie mit der Interaktion von Folterer und Gefolterten vergleichen, doch sollte das Beispiel mit der Folter die Beschreibung und den Begriff der Interaktion in Frage stellen. Natürlich gibt es eine Interaktion, doch die entscheidende Frage lautet: Wer hat bei einer bestimmten Interaktion die Macht, den anderen zu etwas zu zwingen? Handelt es sich um eine Interaktion von Gleichberechtigten oder von Ungleichen, so daß eine Interaktion auf gleicher Ebene gar nicht möglich ist? Die akademische und soziologische Interaktionstheorie birgt die große Gefahr in sich, daß rein formalistisch immer dann von Interaktion gesprochen wird, wo eben zwei Menschen etwas miteinander zu tun haben, ohne nach der Qualität der Interaktion zu fragen.

Für die qualitative Frage, ob es sich bei der Interaktion um gleichberechtigte Partner handelt oder um Partner mit unterschiedlicher Macht, gibt es ein klassisches Vorbild im Vertragswesen. Wenn bei einem internationalen Vertragsabschluß, aber auch bei einem zivilrechtlich relevanten Vertrag eine starke Macht mit einer ganz schwachen eine Übereinkunft trifft, dann wird dies begrifflich so ausgedrückt, als ob es um ein Bündnis ginge. Selbst die Annektierung des Schwachen wird begrifflich als Vertrag zwischen

Gleichberechtigten gefaßt, obwohl de facto diese Verträge alle Rechte, gewöhnlich mit Ausnahme der Sprache, dem Stärkeren zusprechen; formal ist es jedoch ein Vertrag. Das gleiche geschieht heute in der Geschäftswelt, wenn die großen Firmen nach dem Muster der alten römischen *societas leonina* mit kleineren Firmen fusionieren. Von der Formulierung her lesen sich diese Verträge so, wie wenn zwei Partner aus freiem Entschluß eine freie Vereinbarung träfen – in Wirklichkeit schluckt aber die größere Firma die kleinere einfach und ist die kleinere in gar keiner Weise frei.

Nur von Interaktion zu reden, reicht noch nicht aus, ist zu formal und zu abstrakt, obwohl es sicher formal um eine Interaktion geht. In allen Fragen menschlicher Beziehung ist vielmehr entscheidend, daß beide Partner relativ frei und ohne Argwohn sind.

Im Umgang mit den Patienten habe ich eine andere Erfahrung als Freud gemacht. Ich wurde an dem orthodoxen Freudschen Institut in Berlin ausgebildet und praktizierte auch etwa 10 Jahre lang als orthodoxer Freudianer. Doch was ich hierbei erlebte, ließ mich mehr und mehr unbefriedigt. Ich merkte, daß es mir während der Stunden langweilig wurde. Dies hing im wesentlichen damit zusammen, daß nach der Freudschen Auffassung die gesamte psychoanalytische Situation nach dem Vorbild eines Laboratoriums verstanden wird: Der Patient ist der Untersuchungsgegenstand, der Analytiker der Forscher, der beobachtet, was aus dem Mund seines Forschungsgegenstandes herauskommt. Dann zieht er alle möglichen Schlußfolgerungen und gibt dem Patienten zurück, was er sieht.

Meiner Meinung nach geht es auch nicht um das, was Carl R. Rogers „klientenzentrierte" Therapie genannt hat. Bereits der Ausdruck mutet seltsam an, weil ja jede Therapie klientenzentriert zu sein hat. Ist allerdings der Analytiker derart narzißtisch, daß er sich nicht auf seinen Patienten konzentrieren kann, dann sollte er dieses Geschäft lieber sein lassen. Ich glaube auch nicht, daß eine „klientenzentrierte" Therapie nur bedeutet, daß man den Patienten spiegelt, ganz im Gegenteil!

Was tue ich? Ich höre dem Patienten zu. Ich sage ihm zuvor: „Was wir hier tun, ist folgendes: Sie teilen mir mit, was Ihnen in den Sinn kommt. Dies ist nicht immer einfach, und manchmal möchten Sie mir etwas auch nicht sagen. In diesem Falle bitte ich Sie, mir zu sagen, daß Sie mir etwas nicht erzählen möchten. Vielleicht wurde Ihnen in Ihrem Leben schon zu oft gesagt, daß Sie etwas zu tun haben. Ich wäre dennoch froh, wenn Sie mir sagen würden, daß Sie etwas auslassen. In Wirklichkeit kommt dies nur sehr gelegentlich vor. – Ich höre Ihnen also zu. Und während ich Ihnen zuhöre, nehme ich bei mir Resonanzen wahr, die die Resonanzen eines geübten Instruments sind. Diese wahrzunehmen, habe ich gelernt. Was Sie mir also sagen, macht mich bestimmte Dinge hören, und ich werde Ihnen mitteilen, was ich höre. Das, was ich höre, ist ziemlich verschieden von dem, was Sie mir erzählten oder erzählen wollten. Und dann sagen Sie mir, was Sie auf Grund meiner mitgeteilten Wahrnehmungen wahrnehmen. Auf diese Weise kommunizieren wir. Ich antworte auf Sie, Sie antworten auf meine Antworten, und wir werden sehen, wohin dies führt." Auf diese Weise bin ich sehr aktiv.

Ich deute nicht, ja ich gebrauche nicht einmal das Wort „Deutung". Ich sage, was ich höre. Um ein Beispiel zu machen: Ein Patient sagt mir zum Beispiel, daß er Angst vor mir habe und beschreibt dazu eine besondere Situation. Was ich dabei „höre" ist, daß er furchtbar neidisch ist; nehmen wir an, er hat einen oral-sadistischen, ausbeuterischen Charakter und würde wirklich sich am liebsten alles aneignen, was ich habe. Dies wird mir angesichts seiner Träume, Gesten und seiner freien Einfälle deutlich. Ich sage ihm deshalb: „Schauen Sie, auf Grund dieses oder jenes Hinweises spüre ich, daß Sie wirklich vor mir Angst haben, denn Sie wollen nicht, daß ich weiß, daß Sie mich aufessen wollen." Ich lenke seine Aufmerksamkeit also auf etwas, dessen er sich nicht bewußt ist.

Manche Therapeuten glauben – Rogers ganz besonders, manche orthodoxe Analytiker weniger – der Patient solle auf dieses Unbewußte selbst kommen. Ich glaube, daß dies den therapeutischen Prozeß nur enorm verlängert; er ist schon lange und schwierig genug. Es gibt bestimmte Dinge, die der Patient verdrängt, und zwar aus guten Gründen. Er möchte sich ihrer nicht bewußt werden; er hat vor ihrem Bewußtwerden Angst. Wenn ich nun dasitze und Stunden, Monate, ja vielleicht Jahre darauf warte, bis der Widerstand gegen das Bewußtwerden nachläßt, vergeude ich nur Zeit mit dem Patienten.

Ich mache das gleiche, was Freud bei der Traumdeutung machte. Der Traum mag ganz harmlos sein, und doch verrät dieser Traum nach Freud in Wirklichkeit, daß der Träumer mich töten möchte. Ich tue das gleiche auch in anderer Hinsicht. Ich sage dem Patienten, was ich sehe. Dann analysiere ich den Widerstand des Patienten gegen das, was ich sage. Falls der Widerstand gering ist, wird der Patient es selbst fühlen. Bei all dem trage ich immer der Tatsache Rechnung, daß eine Intellektualisierung überhaupt nicht weiterhilft. Es kommt alles darauf an, daß der Patient das fühlen kann, worauf ich mich beziehe.

Für Spinoza galt bereits, daß die Kenntnis der Wahrheit allein noch nicht zu Änderungen führt, es sei denn, es ist eine affektive Kenntnis. Dies gilt für jede Psychoanalyse. Jemand mag bei seiner Analyse herausfinden, daß er an einer Depression leidet, weil er als Kind von seiner Mutter vernachlässigt wurde. Dies kann man herausfinden und für immer daran glauben, doch es nützt kaum etwas. Das Wissen um den Grund hat eine geringe Wirkung. Es ist wie bei einer Teufelsaustreibung, bei der man sagt: „Dies ist der Teufel!" Hat man den Teufel über Jahre mit suggestiven Methoden ausgetrieben und ihn in der Mutter, die den Patienten zurückgewiesen hat, erkannt, dann mag der Patient sich schließlich weniger depressiv fühlen, vorausgesetzt, es handelt sich nicht um eine schwere Depression. Das Verdrängte zu erkennen, bedeutet in erster Linie, es hier wirklich zu erleben, und zwar nicht nur gedanklich, sondern gefühlsmäßig. Solche affektive Erkenntnis hat aus sich heraus einen sehr erleichternden Effekt. Es geht nicht um eine Erklärung, warum etwas so ist, also um eine kausale Erkenntnis, sondern um ein wirkliches Fühlen, wie wenn man in einer Art Röntgenaufnahme sich auf die Tiefe der Gefühle einläßt und dann erlebt: „Ich bin depressiv." Wo jemand in dieser Weise fühlt, kommt es von selbst zu dem Verlangen, etwas zu tun, um die Depression in ihrer Bedeutung zu verstehen. So kommt es zur nächsten Etappe, und jemand kann zum Beispiel fühlen: „Ich habe in Wirklichkeit eine unsägliche Wut auf meine Frau und bestrafe sie mit meiner Depression."

Natürlich kann es auch sein, daß ein Mensch so krank und seine Depression so schwer ist, daß auch dieses affektive Erkennen nicht hilft. Die so populäre Vorstellung jedoch, daß die Kenntnis der Gründe bereits heilen würde, ist nicht wahr.

b) Voraussetzungen beim Psychoanalytiker

Für jede psychoanalytische Arbeit ist die Frage der persönlichen Eigenschaften des Psychoanalytikers ein wichtiger Aspekt. An erster Stelle sind hier seine Erfahrung und seine Fähigkeit, einen anderen Menschen zu verstehen, zu nennen. Viele Analytiker werden Analytiker, weil sie Probleme haben, andere Menschen zu erreichen, auf andere bezogen zu sein. In der Rolle des Psychoanalytikers fühlen sie sich dann geschützt, zumal wenn sie hinter der Couch sitzen.

Doch es geht nicht nur darum. Der Psychoanalytiker darf vor allem keine Angst vor seinem eigenen Unbewußten haben. Denn nur dann hat er keine Angst, durch das Unbewußte des Patienten in Verlegenheit zu kommen, sondern kann für es offen sein.

Dies führt mich zu der humanistischen Prämisse meines therapeutischen Arbeitens. Sie lautet: Es gibt nichts Menschliches, was mir fremd wäre. Alles gibt es in mir. Ich bin ein kleines Kind, ich bin ein Erwachsener, ich bin ein Mörder und ich bin ein Heiliger. Ich bin narzißtisch und ich bin destruktiv. Es gibt nichts im Patienten, was es nicht auch in mir gibt. Und nur in dem Maße, als ich jene Erfahrungen, von denen mir der Patient indirekt oder ausdrücklich berichtet, in mir wiederfinden kann, so daß sie in mir entstehen und sich in mir widerspiegeln können, kann ich verstehen, wovon der Patient spricht und kann ich ihm das, wovon er spricht, zurückgeben. Dann kommt es auch zu der eigenartigen Erfahrung: Der Patient wird nicht das Gefühl haben, daß ich *über* ihn rede oder daß ich zu ihm herab spreche; vielmehr wird der Patient spüren, daß ich von etwas spreche, das wir beide teilen. Hierzu fällt mir ein Satz aus dem Alten Testament ein [Dt 10,19]: „Auch ihr sollt die Fremden lieben, denn ihr seid Fremde in Ägypten gewesen" – deshalb kennst Du die Seele des Fremden.

Man kann einen anderen Menschen nur insoweit wirklich kennen, als man das gleiche erfahren hat. Selbst analysiert zu sein, bedeutet nicht mehr, als offen zu sein für die Ganzheit der menschlichen Erfahrung. Und diese umfaßt gut und schlecht, alles. Kürzlich hörte ich die Äußerung von Martin Buber über Adolf Eichmann, daß Buber, obwohl er gegen den Eichmann-Prozeß sei, in sich keinerlei Sympathie für Eichmann entdecken könne, weil er in sich überhaupt nichts von Eichmann finde. Ich halte dies für unmöglich, denn ich finde Eichmann sehr wohl in mir, ich finde alles in mir, auch den Heiligen.

Die eigene Psychoanalyse des Therapeuten bedeutet in Wirklichkeit nicht, daß ich in erster Linie einige kindliche Traumata oder dieses und jenes aufgedeckt habe, sondern vielmehr, daß ich mich offen gemacht habe und es bei mir eine konstante Offenheit für alle Irrationalität in mir gibt. Nur deshalb bin ich fähig, den Patienten zu verstehen. Nach meinen Irrationalitäten muß ich nicht erst suchen; sie sind da, denn meine Patienten analysieren mich die ganze Zeit über. Die beste Psychoanalyse meines Lebens hatte ich nicht als Lehranalysand und Patient, sondern habe ich als Psychoanalytiker, denn in dem Maße, wie ich auf den Patienten zu reagieren versuche und verstehe und fühle, was in diesem Menschen vor sich geht, muß ich in mich selbst hineinschauen und jene sehr irrationalen Dinge mobilisieren, von denen der Patient spricht. Ängstigt sich der Patient vor ihnen, und verdränge ich meine eigene Angst, werde ich den Patienten niemals verstehen. Habe ich es mit einem rezeptiven Patienten zu tun und kann ich das, was in mir rezeptiv ist oder war, aber zumindest noch ansatzweise da ist, nicht mobilisieren, werde ich den Patienten niemals verstehen.

Auf dem Ausbildungsplan für Psychoanalytiker sollte das Studium der Geschichte, der Religionsgeschichte, der Mythologie, der Symbolik, der Philosophie, der Anthropologie, kurzum, der wichtigsten Ausdrucksweisen des menschlichen Geistes und der menschlichen Seele stehen. Die offiziellen Anforderungen verlangen statt dessen das Studium der Psychologie und einen akademischen Grad in Psychologie. Ein solches Studium – darin werden mir sicher viele Psychologen zustimmen – ist pure Zeitverschwendung. Man tut es nur, weil man dazu gezwungen wird, denn nur mit dem vom Staat anerkannten akademischen Grad erhält man die Erlaubnis, als Psychotherapeut zu arbeiten. Beim Studium der akademischen Psychologie an der Universität erfährt man praktisch nichts über den Menschen, seine Motivationen und Probleme, um die es in der

Psychoanalyse geht. Wenn es gut geht, wird etwas Verhaltenspsychologie gelehrt, die per definitionem das Verstehen eines Menschen grundsätzlich ausschließt, denn sie vertritt die Auffassung, daß wir nur das äußere Verhalten eines Menschen und die Methoden, wie dieses Verhalten manipuliert werden kann, erforschen können.

Der Psychoanalytiker soll nicht naiv sein, sondern wissen, was in der Welt vorgeht, und gegenüber dem, was geschieht, kritisch sein. Man kann keine kritische Einstellung gegenüber der Psyche eines anderen Menschen und gegenüber seinem Bewußtsein haben, wenn man nicht gleichzeitig gegenüber dem allgemeinen Bewußtsein und den tatsächlichen Mächten in der Welt kritisch eingestellt ist. Ich glaube nicht, daß die Wahrheit teilbar ist und daß man die Wahrheit im persönlichen Bereich erkennen kann, aber allen anderen Fragen gegenüber blind ist. Man kann die Wahrheit bis zu einem gewissen Grad im persönlichen Bereich erkennen, doch man kann sie niemals erkennen, wenn man halbblind ist. Wer aber völlig wach und offen geworden ist, der kann alles gleichermaßen sehen, mag es um einen Menschen, um die Gesellschaft, um eine besondere Situation oder um ein Kunstwerk gehen.

Man muß kritisch sein und das sehen können, was hinter den Erscheinungen liegt. Ich glaube nicht, daß man einen Menschen und den einzelnen verstehen kann, wenn man nicht kritisch ist und die gesellschaftlichen Kräfte versteht, die diesen Menschen geprägt haben und ihn zu dem gemacht haben, was er oder sie ist. Für das volle Verständnis des Patienten reicht es auch nicht aus, bei der Familiengeschichte stehen zu bleiben. Der Mensch kann sich nur dann in umfassender Weise dessen gewahr werden, wer er ist, wenn er sich der gesamten gesellschaftlichen Situation gewahr wird, in der er lebt, mit all den Einflüssen und allen Faktoren, die sich auf ihn auswirken. Ich bin davon überzeugt, daß die Psychoanalyse ihrem Wesen nach eine Methode ist, kritisch zu denken. Kritisch zu denken, ist aber in Wirklichkeit etwas sehr Schwieriges, denn es steht im Konflikt mit unserem Streben nach Vorteilen. Niemand wird besonders gefördert, kritisch zu denken und kritisch zu sein, niemand zieht einen Vorteil daraus, höchstens auf lange Sicht.

Meiner Überzeugung nach lassen sich Psychoanalyse der Gesellschaft und Psychoanalyse des einzelnen nicht wirklich voneinander trennen. Sie sind nur verschiedene Aspekte einer kritischen Sicht der Wirklichkeit des menschlichen Lebens. Vor diesem Hintergrund ist es vielleicht für das Verstehen der Analyse viel sinnvoller, Balzac zu lesen. Ich meine tatsächlich, daß die Lektüre von Balzac eine bessere Einübung in ein psychoanalytisches Verständnis des Menschen ist als alle sonstige psychoanalytische Literatur. Balzac war ein großer Künstler; er war fähig, Fallgeschichten von großer Fülle und großem Reichtum zu schreiben und bis in die Tiefen der unbewußten Motivationen der Menschen zu gehen, diese zu beschreiben und sie in ihrer Wechselwirkung mit der gesellschaftlichen Wirklichkeit aufzuzeigen. Balzac versuchte eine Charakterologie zu schreiben; er beschrieb den Charakter der Französischen Mittelklasse zu seiner Zeit. Wer wirklich am Menschen und seinem Unbewußten interessiert ist, der sollte anstelle von Lehrbüchern lieber Balzac oder Dostojewski oder Kafka lesen. Hier kann man etwas über den Menschen erfahren, viel mehr, als wenn man psychoanalytische Literatur liest (meine Bücher eingeschlossen, denn diese sind auch nicht besser). In dieser Literatur findet man einen immensen Reichtum an tiefen Einsichten, und genau hierzu sollte die Psychoanalyse im Hinblick auf den einzelnen kommen.

Wir alle, insbesondere die Psychoanalytiker, sollten den Unterschied zwischen dem, was authentisch und echt ist, und dem, was pure Fassade ist, zu erkennen lernen. Die Fähigkeit, diese beiden Dinge unterscheiden zu können, hat heute merklich abgenommen. Die meisten Menschen halten Worte für die Realität, was bereits eine für verrückte Menschen typische Verwechslung ist. Die meisten Menschen sehen aber auch nicht mehr den Unterschied zwischen dem Authentischen und dem Fassadenhaften, obwohl sie unbewußt den Unterschied sehr wohl wahrnehmen.

Daß das Unbewußte fähig ist, zwischen dem Authentischen und dem nur Vorgegebenen zu unterscheiden, zeigt sich immer wieder in Träumen: Jemand hat tagsüber einen Menschen gesehen und findet ihn sehr nett und mag ihn, doch nachts träumt er von dieser Person und sieht sie im Traum als Mörder oder als Dieb, was nichts anderes heißt, als daß er sich unterschwellig der Unehrenhaftigkeit dieser Person bewußt ist. In seiner bewußten Wahrnehmung sah er sie nicht als Mörder, das heißt, er nahm ihre destruktiven Absichten nicht wahr. Im allgemeinen nehmen wir natürlich mit Recht nicht an, daß jemand ein Mörder ist, doch könnten wir seine destruktiven Absichten wahrnehmen und tun es nicht, weil wir keine Beweise haben oder weil diese Person vielleicht etwas gesagt hatte, wodurch wir uns geschmeichelt fühlten. In unseren Träumen sind wir im allgemeinen ehrlich, viel ehrlicher als im Wachzustand, weil wir nicht von den äußeren Gegebenheiten beeinflußt werden.

c) Fragen des Umgangs mit dem Analysanden

[Bereits die Aufnahme einer therapeutischen Beziehung hat zur Voraussetzung, daß Vertrauen möglich ist. Wenn mich ein Patient fragt, ob ich ihm vertraue, dann sage ich ihm:] „Ich vertraue Ihnen im Moment, aber eigentlich habe ich keinen Grund, Ihnen zu vertrauen, und haben Sie keinen Grund, mir zu vertrauen. Wir werden sehen, was geschieht und ob wir uns nach einer Weile des Kennenlernens vertrauen können." Würde ich ihm sagen: „Natürlich vertraue ich Ihnen!", würde ich lügen, denn wie könnte ich ihm einfach vertrauen, es sei denn, er wäre ein ganz außerordentlicher Mensch? Manchmal vertraue ich einem Menschen bereits nach den ersten fünf Minuten, manchmal weiß ich auch definitiv, daß ich jemandem nicht vertraue, so daß dann die Voraussetzung für eine analytische Arbeit fehlt.

Ob ich jemanden wieder fortschicke, hängt von verschiedenen Faktoren ab. Wenn ich den Eindruck habe, daß ich einem Menschen zwar nicht vertrauen kann, aber dennoch in ihm etwas wahrnehme, worin er sich ändern könnte, dann sage ich ihm, daß ich nicht viel Vertrauen in die Arbeit mit ihm hätte, aber daß da vielleicht doch noch etwas sei, was eine analytische Arbeit möglich mache. Fehlt auch dieser mögliche Ansatz, dann würde ich ihm, ohne ihn zu verletzen, begründen, warum wir für eine Zusammenarbeit keine guten Voraussetzungen hätten und daß er besser zu jemand anderem gehen solle.

Ich würde niemals jemandem sagen – und habe es auch nie in meinem Leben getan – daß er nicht analysiert werden oder ihm nicht geholfen werden könne. Es ist meine tiefste Überzeugung, daß niemand eine solche Behauptung verantworten könnte. Ich bin kein Gott, und es gibt keine Möglichkeit, zu einer definitiven Aussage darüber zu kommen, ob jemandem geholfen werden könnte oder nicht. Mein eigenes Urteil kann sein, daß es keine Hoffnung gibt; aber wie könnte ich mich auf mein eigenes Urteil in einem solchen Ausmaß verlassen, daß ich ein solches Verdikt über einen Menschen aussprechen und ihm sagen könnte, daß ihm kein Mensch auf der Welt helfen kann? Ich habe deshalb nie ein Erstinterview oder den Beginn einer analytischen Arbeit mit einer solchen Äußerung beendet. Wenn ich aber den Eindruck hatte, daß ich nicht in der Lage war, mit diesem Menschen zu arbeiten, dann habe ich ihn zu jemand anderem weitergeschickt, und zwar nicht als Ausrede, sondern vielmehr, weil ich zutiefst glaube, daß es meine Pflicht ist, ihm jede Chance zu geben, die er hat, und daß mein Urteil allein ganz bestimmt nicht ausreicht, um eine derart lebenswichtige Entscheidung zu begründen.

Was die Frage der Abhängigkeit des Patienten vom Psychoanalytiker betrifft, so ist dies in jedem einzelnen Fall eine Frage der Dosierung. Es gibt Patienten, die schizophren oder fast schizophren sind und eine extrem starke – wie ich sagen würde – symbiotische Bindung zum Analytiker haben. Solche Patienten fühlen sich absolut verloren, wenn sie keine unerschütterliche und unverbrüchliche Rückbindung an den Menschen haben, der ihnen als „Wirt" dient. Oft haben solche Patienten eine symbiotische Bindung an eine Mutter- oder Vaterfigur, so daß sie hier – auch auf die Gefahr einer psychotischen Dekompensation – mit der Notwendigkeit konfrontiert werden müssen, auf ihren eigenen Füßen zu stehen. Denn in einer solchen symbiotischen Beziehung hat der Individuationsprozeß trotz der Tatsache, daß diese Menschen längst über ihre Adoleszenz hinaus sind, noch nicht stattgefunden.

Freud glaubte, das Erforschen der Tiefe eines Menschen und die Einsicht des Menschen in die Prozesse, die ganz tief in ihnen vor sich gehen, könnten den Menschen zur Veränderung seiner Persönlichkeit und zur Heilung von Symptomen führen. Ich möchte eigens die Aufmerksamkeit darauf lenken, wie ungewöhnlich schon damals diese Idee Freuds war, einem einzigen Menschen derart viel Zeit zu widmen. Dies gilt vermehrt in unserer heutigen Zeit, in der alles in Eile getan werden muß. Deshalb lautet gerade heute der wichtigste Einwand gegen die Psychoanalyse, daß sie zu lange dauere.

Sicherlich sollte eine schlechte Analyse nur so kurz wie möglich dauern, doch eine wirksame und tiefgehende Analyse sollte so lange wie nötig dauern. Selbstverständlich sollte man Methoden ausprobieren, damit die Analyse nicht länger als unbedingt nötig dauert. Die Idee aber, daß ein einziger Mensch es wert ist, ihm derart viel Aufmerksamkeit zu schenken und sich Hunderte von Stunden mit ihm zu beschäftigen, dies allein ist schon ein Zeichen für Freuds tiefen Humanismus. Die Tatsache, daß eine Psychoanalyse viel Zeit braucht, spricht nicht schon gegen sie. Wenn aber die Länge der Therapie als soziales Problem ins Feld geführt wird, weil sich nur die Reichen eine lange Therapie erlauben könnten, dann ist dies nur eine Rationalisierung der Ansicht, daß kein Mensch so viel Aufmerksamkeit verdient, weil er nicht so wichtig ist. Es gibt immer einige Analytiker, die einige Patienten umsonst oder für ein geringeres Honorar analysieren, ohne daß dadurch die Frage der Bezahlung insgesamt gelöst werden könnte. Die einzige Lösung sehe ich in einem staatlichen Gesundheitswesen, das diese Heilbehandlung jedem zugänglich macht.

Die Vorstellung, daß der Patient nur gesund werden könne, wenn er für die psychoanalytische Behandlung selbst bezahlt, mutet zunächst wie das Gegenteil der Aussage des Evangeliums an, daß kein Reicher in das Himmelreich kommen könne. Ich glaube, eine solche Behauptung ist blanker Unsinn. Die entscheidende Frage ist doch, welche persönlichen Anstrengungen jemand macht. Für einen sehr reichen Patienten bedeutet das Bezahlen der Behandlung rein gar nichts. Im Gegenteil, die Ausgaben für die Psychoanalyse lassen sich steuerlich absetzen, und dies wird immer gerne getan. Der einzige Maßstab sollte sein, daß es nicht entscheidend ist, ob jemand zahlt oder nicht zahlt. Die Vorstellung, daß ein Patient bezahlen muß und daß er um so schneller gesund wird, je mehr er bezahlt, weil er dabei ein größeres Opfer bringt, ist nur eine Rationalisierung der Eigeninteressen des Analytikers. Dies ist ein für unsere Zeit typisches Denken: Nur das, wofür man etwas zahlen muß, hat auch einen Wert, und was nichts kostet, wird nicht wertgeschätzt. Menschen, die Geld haben, schätzen das, was sie kaufen, im allgemeinen nicht besonders wert. Deshalb werden Patienten, die viel für die Psychoanalyse zahlen, diese sogar weniger wertschätzen, weil sie es so vom Kaufen her gewohnt sind.

Gegenüber der Gruppentherapie bin ich sehr skeptisch. Dazu stehe ich, obwohl ich selbst keine Erfahrungen mit Gruppentherapie habe. Der Grund ist wohl der, daß ich es überhaupt nicht mag, wenn ein Mensch in Gegenwart von zehn anderen über sein Innerstes spricht. Ich könnte dies nicht ertragen. Zudem habe ich den Verdacht, daß die Gruppentherapie die Psychoanalyse für jene ist, die keine 100 DM für eine Psychoanalyse-Stunde zahlen können. Wenn dann 10 Personen zusammenkommen und insgesamt 200 DM zahlen, dann ist das doch eine feine Sache!

Ich kann mir allerdings vorstellen, daß vor allem für Jugendliche die Gruppentherapie nützlich sein kann, vorausgesetzt, sie sind nicht schwer krank und haben ähnliche Probleme. An der Oberfläche kann eine solche Gruppentherapie, wird sie mit Unterweisung und guten Ratschlägen verbunden, die Probleme der Jugendlichen verringern und eine ganz gute Sache sein. Ich glaube aber nicht, daß sie jemals ein Ersatz für eine Psychoanalyse sein könnte. Die Psychoanalyse ist eine Methode, die derart auf den einzelnen und das Persönliche ausgerichtet ist, daß sie sich meiner Meinung nach nicht als Gruppentherapie eignet. Ich bin hier ein Individualist und etwas altmodisch.

In unserer heutigen Zeit reduziert sich das Privatleben viel zu sehr auf das, was zum öffentlichen Geschwätz geworden ist. In meinen Augen führt dies zu einer unmenschlichen und antihumanistischen Einstellung. Deshalb glaube ich, daß diese Einstellung keiner guten Therapie zuträglich ist, mit Ausnahme einiger weniger Fälle, wo man – wie im Falle der Jugendlichen – nicht mehr erreichen will. Das Argument, daß die therapeutische Beziehung zwischen Analytiker und Analysand eine künstliche sei, beeindruckt mich nicht. Dann müßte auch eine Liebesbeziehung zwischen zwei Menschen eine künstliche sein, weil sie sich nicht in der Gesellschaft lieben und ihre sexuelle Intimität nicht von zehn anderen Menschen geteilt wird. Ich glaube, daß bei den Argumenten für die Gruppentherapie eine Menge Zeitgeist rationalisiert wird, in dem das Persönliche mehr und mehr verlorengeht.

5. Aufgaben und Methoden des psychoanalytischen Prozesses

a) Die Mobilisierung unbewußter Kräfte und das Aufzeigen von Alternativen

Meiner Meinung nach ist die Mobilisierung der verborgenen Energien eines Menschen die zentrale Aufgabe allen analytischen Arbeitens. Ich möchte hierzu ein Beispiel geben: Ich erinnere mich eines Mannes Mitte der Vierziger, der zu mir kam und sagte: „Welche Möglichkeit habe ich, daß es mir besser geht?" Der Mann zeigte einige neurotische Symptome, aber ansonsten „wurschtelte" er sich so durchs Leben und „funktionierte". Ich sagte zu ihm: „Offen gesagt, wenn wir wetten würden, würde ich nicht darauf setzen, daß es Ihnen besser geht. Sie haben vierzig Jahre lang mit den gleichen Problemen gelebt, und es gibt keinen Grund, warum Sie verrückt werden oder früher sterben sollten. Ich vermute also, daß sie weitere 30 Jahre so leben werden. Sie werden zwar nicht glücklich sein, aber damit haben sie bisher gelebt und warum sollten sie nicht auch für den Rest ihres Lebens so weiterleben können? Offensichtlich geht es Ihnen nicht zu schlecht." Dann sagte ich zu ihm: „Wenn Sie einen außerordentlich starken Willen haben und wirklich entschlossen sind, Ihr Leben zu ändern, dann haben Sie vielleicht eine Chance. Ich bin bereit, Ihnen diese Chance zu ermöglichen und Sie zu analysieren. Wenn Sie mich aber fragen, wie ich die Möglichkeit der Änderung objektiv einschätze, dann ist es sehr unwahrscheinlich, daß es Ihnen gelingen wird, sich zu ändern." – Wenn es irgend etwas gibt, was einen Patienten ermutigen kann, dann ist es dies. Wenn er auf Grund meiner Worte entmutigt ist, dann sollte er auch besser nicht mit einer Analyse beginnen. Denn wenn er diese Sätze nicht verkraften kann, dann fehlt ihm auch der grundlegende Impuls, die Kraft nämlich, seine eigene Energie zu mobilisieren.

Die vorstehenden Sätze gelten nicht in allen Fällen. Es gibt zum Beispiel Menschen, die derartig verängstigt, hypochondrisch oder in Panik und Angst sind, daß solche Aussagen sie in eine Panik treiben, die sie am Denken hindert. In solchen Fällen muß man anders reagieren. Für den Regelfall aber kann ich immer nur noch einmal unterstreichen, wie wichtig es nicht nur für die Psychoanalyse, sondern für jedes Leben ist, die Einsichtsfähigkeit der Menschen klar vor Augen zu haben. Der Grund dafür, warum die meisten Menschen in ihrem Leben scheitern, liegt meiner Meinung nach darin, daß sie nie wissen, wann der entscheidende Augenblick gekommen ist. Wenn jemand genau weiß, wenn er sich jetzt – sagen wir – auf eine direkte oder indirekte Bestechung einläßt, dann wird er als gebrochener Mensch enden, denn er wird sich dann wieder bestechen lassen und sich immer noch mehr unterwerfen. Wenn er dies wirklich erkennen würde, dann würde das Gespür für das Wohl-Sein und seine Energien für den Notfall genügend Kraft mobilisieren, sich für ein klares Nein entscheiden zu können. Meistens aber reagieren die Menschen in einer solchen Situation mit Rationalisierungen: „Dies ist nur eine einmalige Sache." „Das ganze ist nicht so wichtig." „Ich mach dies mal und kann es ja dann immer noch ändern." Im Leben vieler Menschen gibt es nie einen Augenblick, in dem sie einer Entscheidungssituation gewahr werden; meistens merken sie es erst, wenn es zu spät ist. In der Rückschau kann man dann freilich sagen, daß ihr Leben determiniert war und sie niemals eine Chance zur Freiheit hatten. Doch läßt sich so etwas nur rückblickend behaupten. Hätten sie die Entscheidungssituation wahrgenommen und wären sie mit der Tatsache konfrontiert gewesen, daß die Entscheidung „pro" zu diesem Ergebnis führen würde, dann hätten sie in der Tat eine Chance gehabt, sich auch ganz anders zu entscheiden, weil sie damals noch nicht in einem so kranken und gebrochenen Zustand waren.

Ich sehe es als eine sehr wichtige Aufgabe des Analytikers an, dem Analysanden die realen Alternativen aufzuzeigen, und zwar drastisch und nicht leisetreterisch und auch nicht in vielleicht fürsorglichen Begriffen, mit denen man etwas sagt und auch nichts sagt. Wenn der Analysand einen Widerstand zeigt und nicht klar sehen will, dann führt der Gebrauch von Worten, die nicht eindeutig genug sind nur dazu, daß er gar nichts hört, weil er nichts hören will. Der Psychoanalytiker muß „schreien", manchmal im wörtlichen Sinn, aber ich meine es hier so, daß der Analysand das Gesagte nicht überhören kann, sondern darauf reagieren muß, weil es zu provozierend ist.

Daß dieses Gewahrwerden seiner selbst, das wirkliche Gewahrsein der Gesamtsituation eines Menschen, die Möglichkeit der Änderung in sich trägt, hat in erster Linie damit zu tun, daß es den in uns liegenden Energien erlaubt, wirksam zu werden. Gibt es sie nicht, sind sie bereits tot, dann kann man auch analytisch nichts machen. Jeder muß – und besonders der Psychoanalytiker – einen großen Glauben an das Vorhandensein dieser Energien haben, ohne unklug zu sein. Es gibt viele Menschen, in denen die Energien so schwach sind – sei es aus Gründen des Alters, sei es, weil sie derart kaputtgeschlagen wurden – daß es keine Hoffnung mehr gibt und auch nichts mehr getan werden kann. Es wäre töricht, aus dogmatischen oder prinzipiellen Gründen heraus zu sagen, daß ein solcher Mensch auf die volle Konfrontierung mit seinem Leben positiv reagieren wird. Es kann sein, daß er nicht positiv reagiert, und doch mag es ihm aufs Ganze gesehen hilfreich sein zu wissen, wohin er sich entwickelt und welches die Alternativen seines Lebens sind. Dies ist meines Erachtens eine der wichtigsten Aufgaben eines Psychoanalytikers.

Dem Analysanden Alternativen aufzuzeigen, gehört zum Analysieren. Es ist nicht gleichbedeutend mit dem Ausdrücken von Werturteilen. Ich stelle nur fest, wie ich es auch in anderen Bereichen tue: „Dies sind die Kräfte, und wenn Sie diesen Weg gehen, wird sich dies ereignen, und wenn Sie jenen Weg gehen, jenes." Diese Alternativen sagen: Es gibt hier keinen anderen Weg. Angesichts dieser Tatsache denken und fühlen die meisten Menschen, daß es immer noch einmal eine nicht gangbare Lösung gibt. Sie wollen frei sein und zugleich im elterlichen Stall bleiben. Sie wollen frei sein und zugleich abhängig. Aber solches ist nicht möglich, sondern eine pure Fiktion. Man kann auch keine freien und unabhängigen Menschen wollen und sie gleichzeitig mit Hilfe der Werbung und durch das Denken, das ihnen beigebracht wird, für dumm verkaufen. Man kann nicht beides haben, auch wenn die meisten Menschen Kompromisse suchen und auf diese Weise ihren Widerstand zum Ausdruck bringen. Solange jemand auf ein Wunder wartet, weil er eine nicht realisierbare Lösung sucht, so lange hat er natürlich keine Chance, etwas zu erreichen.

b) Sublimierung, Triebbefriedigung und Triebverzicht am Beispiel sexueller Perversionen

Der Begriff der „Sublimierung" ist meines Erachtens äußerst fragwürdig. Ich habe alle Zweifel, ob es wirklich so etwas wie Sublimierung gibt, auch wenn der Begriff sehr populär ist. Meist stellt man sich die Sublimierung in Analogie zu einer chemischen Reaktion einfach so vor, daß es den Ausgangsstoff gibt, die Triebe, und die werden dann sublimiert.

Ich möchte meine Zweifel an einem einfachen Beispiel verdeutlichen. Innerhalb der Psychoanalyse wurde die Sublimierung im allgemeinen am Chirurgen exemplifiziert, der bei seiner chirurgischen Tätigkeit seinen Sadismus sublimiere; später sprach man statt von seinem Sadismus von seinem Todestrieb. Man ging also davon aus, daß er tatsächlich einen Drang hat zu verletzen und zu quälen, den er jedoch nicht direkt zum Ausdruck bringt, sondern auf einer Ebene, die so weit vom direkten – Freud würde sagen – libidinösen Ausdruck entfernt ist, daß sie verborgen bleibt. Genau dies aber stimmt zweifellos nicht. Der Chirurg wird von etwas ganz anderem motiviert als der Sadist. Natürlich gibt es auch Chirurgen, die von ihrem Wunsch zu verletzen bestimmt werden, doch solche Chirurgen sind ganz bestimmt die erbärmlichsten auf der ganzen Welt, weil sie schlechte Operateure sind.

Ein Chirurg wird von ganz anderen Dingen motiviert: von seinem Wunsch, schnell zu handeln, eine rasche Heilung herbeizuführen, von seinem Talent, sich schnell entscheiden zu können, von der technischen Begabung, geschickte Hände zu haben. Der Chirurg handelt also auf Grund von Impulsen und auf der Grundlage von ganz normalen menschlichen Begabungen und Wünschen. Dies ist die Art und Weise, wie sich seine Talente auswirken, und deshalb hat er den kühlen Kopf und kann bei seiner chirurgischen Tätigkeit so objektiv und ganz rational sein. Wäre der Chirurg ein insgeheimer Sadist, dann gingen ihm genau diese Eigenschaften ab. Er wäre durch eine versteckte Lust gekennzeichnet, er würde operieren, wenn er es nicht tun sollte; er würde sich fälschlicherweise für eine Amputation entscheiden, kurzum, er würde gerade von seinen sadistischen Impulsen getrieben und das, von dem er glaubt, daß es sublimiert sei, ist da und am Werk. Der Sadismus würde sich gerade nicht in Nichts auflösen. Es kann durchaus sein, daß jemand seinen Sadismus sublimiert, doch sein sadistischer Charakter bleibt dabei erhalten. Ob es unter Chirurgen insgesamt mehr sadistische Charaktere gibt als etwa bei den Psychoanalytikern oder bei den anderen Fachärzten, oder vor allem bei den Lehrern, bleibt eine offene Frage.

Wenn jemand behauptet, viele Lehrer seien Sadisten, die nur beherrschen wollen, dann ist dies durchaus wahr. Ich glaube aber nicht, daß man sagen kann, sie hätten ihn sublimiert. Sie geben ihrem Sadismus vielmehr einen ganz direkten Ausdruck, allerdings in Formen, die den gegebenen Umständen angepaßt sind. Es gibt Lehrer, die gewalttätig werden und die Kinder schlagen. Solche Lehrer gibt es dort, wo das System sie für ihre Gewalttätigkeit nicht straft. Aber auch in einem anderen System wird nichts sublimiert. Dort fügen die Lehrer der Selbstachtung der Schüler Schaden zu, verletzen deren Empfindsamkeit und Würde und tun das gleiche mit Worten, was die anderen mit dem Stock tun. Wo ist hier Sublimierung? Alle drücken ihre Leidenschaft in den Formen aus, die unter den gegebenen Umständen die am wenigsten gefährlichen sind; ihre Funktion ist aber genau die gleiche. Und darum komme ich zu dem Schluß, daß die gesamte Vorstellung von Sublimierung in Wirklichkeit unhaltbar ist.

Inwieweit das Zulassen von perversen Wünschen dazu beitragen kann, auf sie verzichten zu können, ist eine schwierige Frage. Viele Menschen leben gerade das, von dem sie loskommen möchten, mit der Überlegung aus, daß das vollständige Ausleben des Triebwunsches sie des Wunsches auch ganz bewußt werden läßt, so daß sie ihn dann überwinden können. Dies aber klappt gewöhnlich nicht: Man weiß, worum es geht; es ist nichts Neues, und man erlebt es auch nicht tiefer. Meiner Ansicht nach ist eine solche Überlegung vor allem ein Ausdruck von Widerstand. Allerdings lassen sich diese Wünsche auch nicht gewaltsam ändern.

Analysieren und konkrete Verhaltensänderungen sollten in diesem Fall zusammengehen. Natürlich kann jemand sagen: „Ab jetzt nie mehr; ich höre jetzt damit auf." Dies kann ein Weg zur Lösung sein, vielleicht sogar ein guter. Der umgekehrte Weg, nämlich zu sagen: „Ich folge dem Wunsch, weil je mehr ich ihn zulasse, desto mehr erfahre ich über mich selbst", ist eine Rationalisierung. Der beste Weg scheint mir der zu sein, mit dem Wunsch zu kämpfen und zu beobachten, was man erlebt, wenn man den Wunsch einschränkt und quantitativ reduziert. Was erlebe ich im Akt des Verzichtens? Dies scheint mir besser zu sein, als dogmatisch einen Vorsatz zu fassen, der nach drei Monaten zusammenbricht, weil man für ihn noch nicht bereit war. Ich plädiere hier für eine bestimmte Verhaltensänderung bei gleichzeitiger Analyse der Erfahrungen, die bei der Verhaltensänderung gemacht werden. Freilich ist diese Antwort auf ein allgemeines Problem auch zu allgemein und deshalb für den konkreten Fall völlig unzureichend. In Wirklichkeit gibt es keine grundsätzliche Antwort, die für jeden Einzelfall allgemeine Gültigkeit beanspruchen könnte. Für jeden Menschen und in jedem Fall lautet die Antwort ein wenig anders, und auch da kann man nicht sicher sein, daß sie stimmt.

Daß ich dem Verzicht und der Analyse der Verzichtserfahrung mehr Wert zumesse, liegt darin begründet, daß diese Erfahrung neu ist. Die sadistische Erfahrung ist dem Betreffenden ja schon bekannt. Dennoch sollte man natürlich das sadistische Erleben in seinem Kontext analysieren, und nicht eben nur darüber reden, sondern ins Detail gehen: Was fühlt er? Was bedeutet ihm sein Sadismus? Was hat sein Sadismus mit den sadistischen Tendenzen in der Gesellschaft zu tun? Vorausgesetzt, daß dies umfassend geschehen ist, kommen bei einer Änderung neue Aspekte ins Blickfeld: Was geschieht, wenn er anders handelt? Sei es, daß er noch nie den Versuch gemacht hatte, sein Verhalten zu ändern, sei es, daß er sich zwar schon anders verhielt, aber die dabei gemachten Erfahrungen nicht analysiert wurden: in jedem Fall kommt es zu neuen Erfahrungen.

Erst wenn der Patient sein gewohntes Verhalten ab einem bestimmten Zeitpunkt aufgibt, kann sich zeigen, daß der Patient von einer tiefen Angst und Unsicherheit überfallen wird. Dessen gewahr zu werden, ist äußerst hilfreich, weil jetzt ersichtlich wird, daß sein Verhalten ein Schutz gegen seine Angst ist. Und damit ist es auch möglich, seine Angst zu analysieren. Solange er freilich das bisherige Verhalten beibehält, kann diese Angst nicht zum Vorschein kommen. Es ist übrigens eine generelle Erfahrung beim Verzicht auf ein solches Verhalten, daß es gewöhnlich die Funktion hat, die Angst daran zu hindern, manifest zu werden. Diese Angst kann aber nicht manifest werden, solange man das Verhalten nicht geändert wird. – Ich möchte nicht mißverstanden werden: Es geht nicht einfach darum, daß jemand sein Verhalten aufgibt und dann ist Schluß. Bevor jemand aber nicht auf sein Verhalten verzichtet, kann es keine weitere Behandlung und keine Heilung geben. Es geht auch überhaupt nicht darum, irgend etwas mit Gewalt zu erzwingen, sondern den Patienten für ein Experiment zu gewinnen. Er soll für eine oder zwei Wochen auf sein Verhalten verzichten, um zu sehen, was dann geschieht. Ich halte nichts davon, ihm zu sagen, daß er es niemals wieder tun dürfe. So etwas ist nur eine Drohung, eine Erpressung, die nie etwas Gutes bewirkt.

Im allgemeinen wird die große Angst, die der Grund für die Entwicklung eines Symptoms ist, nur sichtbar und offen, wenn die Lösung, die das Symptom darstellt, frustriert wird. Dies behauptete Freud, und ich denke, er hat damit grundsätzlich recht: „Die analytische Kur soll, soweit es möglich ist, in der Entbehrung – Abstinenz – durchgeführt werden." (S. Freud, 1919a, G. W. XII, S. 187.) Vielleicht ging Freud damit ein bißchen zu weit – was heißt „Entbehrung"? –, doch auch ich würde grundsätzlich sagen, wer eben das ausagiert, was analysiert werden soll und was er loswerden will, der setzt der Möglichkeit der Analyse sehr enge Grenzen. Denn dann ist es weder möglich, an die zugrunde liegende Angst heranzukommen, noch läßt sich fragen, welche Abwehr der Betreffende mit seinem Symptom aufgebaut hat noch welche Widerstände sich in diesem Symptom verbergen usw.

Meines Erachtens sollten Perversionen nur dann psychoanalytisch behandelt werden, wenn die betreffende Person an der Perversion leidet, das heißt, wenn das Perverse ihn sehr stört und sein Leben aufspaltet, wenn es sehr gegen sein Wertempfinden geht oder wenn der Perverse entdeckt, daß es einen Bezug zu seinem Charakter und zu der Art hat, wie er auf andere Menschen bezogen ist. Ansonsten erachte ich das Perverse nicht als behandlungsbedürftig.

Ich sehe aber, daß es ein ernstes Problem ist, weil man nach dem Zusammenhang zwischen der sogenannten Perversion und den charakterologischen Elementen in ihr fragen muß. Man muß sich fragen, in welchem Maße die Perversion wirklich eine Regression oder eine Fixierung ist, die einer erfüllteren Beziehung nicht nur zu Frauen oder zu Menschen allgemein im Wege steht? Dies ist in gewissem Sinn ein ähnliches Problem wie bei der Homosexualität. Ich teile nicht die Auffassung, daß Homosexualität eine Krankheit ist, auch wenn ich andererseits glaube, daß sie eine Einschränkung beim Wachstum eines Menschen darstellt, allerdings eine viel geringere als bei der sado-masochistischen Perversion. Und wenn es um die Frage von Glücklich- und Unglücklichsein geht, dann sind die heterosexuellen Beziehungen in unserer Gesellschaft wahrhaftig kein Ruhmesblatt. Wer in aller Welt nimmt sich deshalb das Recht heraus, auf dem hohen Roß zu sitzen und zu behaupten, daß Homosexuelle nicht richtig lieben könnten und so narzißtisch seien?

c) Die Bearbeitung des Widerstands

Eine der wichtigsten Aufgaben bei der analytischen Arbeit ist die Erkenntnis des Widerstands. Wilhelm Reich hat sich als erster sehr intensiv mit dem Widerstand und seiner Erkenntnis beschäftigt. Darin ist auch sein wichtigster Beitrag zur Psychoanalyse zu sehen, während andere Beiträge von ihm ziemlich zweifelhaft und fragwürdig sind. Allerdings verdankt ihm die Psychoanalyse noch etwas anderes Wichtiges: Er war nach Georg Groddeck der einzige, der erkannte, wie wichtig es ist, die Körperspannung zu lösen, um die Verdrängung zu überwinden. Er tat dies mit Hilfe von Massagen; schließlich dachte er, die verbale Analyse sei gar nicht mehr nötig. Als er 1933 sein Buch *Charakteranalyse* veröffentlichte, betonte er dies sehr.

Der Widerstand ist eine sehr komplizierte Angelegenheit, nicht nur in der Psychoanalyse, sondern im Leben eines jeden Menschen, der zu wachsen und zu leben versucht. Der Mensch scheint gleichzeitig zwei sehr starke Tendenzen zu haben. Die eine treibt ihn nach vorne; sie beginnt mit der Geburt des Kindes, mit dem Impuls, sich zum Verlassen des Mutterschoßes gedrängt zu fühlen. Die andere Tendenz ist eine große Angst vor allem Neuen, vor allem, was anders ist; sie ist sozusagen eine Furcht vor der Freiheit und vor dem Risiko; sie zeigt sich als Tendenz zurückzuschrecken, wieder zurückgehen zu wollen, nicht vorwärts zu gehen. Diese Angst vor dem Neuen, vor dem, was man nicht gewöhnt ist, vor dem, was nicht sicher ist, weil man es noch nicht erfahren hat – diese Angst drückt sich in Widerständen aus, in den verschiedensten Manövern, mit denen man sich daran hindern will, sich vorwärts zu bewegen und etwas Gewagtes zu tun.

Widerstand ist nicht nur in der Psychoanalyse ein Problem. Die meisten Probleme, die sich in der Psychoanalyse zeigen – etwa der Widerstand oder die Übertragung –, sind als allgemeine menschliche Probleme weit wichtiger. Als analytische Probleme sind sie von begrenzter Bedeutung, allein schon deshalb, weil nur ein kleiner Teil der Menschen Erfahrung mit der Psychoanalyse hat. Ganz allgemein gehören Widerstand und Übertragung zu den machtvollsten emotionalen Kräften des Menschen.

Wir verhalten uns nirgends raffinierter als beim Rationalisieren unserer Widerstände. Es ist nicht die schwächste Form von Widerstand, wenn es einem besser geht. Jede Besserung ist mit großem Argwohn zu betrachten statt mit Genugtuung und Freude. Oft nämlich dient die Besserung nur dazu, den Kompromiß zu suchen. Man zeigt Zufriedenheit: „Siehst Du, ich bin doch nicht so krank, wie ich war!", um sich gleichzeitig sagen zu können: „Nun ist es aber genug!" Man versucht, sich auf diese Weise von dem entscheidenden Schritt zu bewahren, der das Problem von der Wurzel her durch einen Schritt nach vorne lösen könnte. Es ist deshalb wichtig, gegenüber Besserungen skeptisch zu sein. Niederlagen sind besser als Erfolge – unter der Voraussetzung, daß das Wort Nietzsches gilt: „Was mich nicht umbringt, macht mich stärker." [F. Nietzsche, 1889, Nr. 8.] Es gibt auch bestimmte Niederlagen, die fatal sind; dennoch gilt insgesamt, daß der Erfolg eines der gefährlichsten Dinge ist, denen der Mensch ausgesetzt ist, denn gewöhnlich dient er als Widerstand gegen das Voranschreiten.

Der Widerstand hat noch viele andere Gesichter. Manche Patienten überschwemmen den Analytiker mit Träumen, damit er für Jahre nichts mehr anderes zu tun hat, als Träumen zuzuhören. Solche Analysanden sind die guten Träumer, doch in Wirklichkeit findet keine Analyse statt, weil die Träume der Entfremdung dienen: Man analysiert die Träume statt den Träumer.

Eine andere Widerstandsform ist das triviale Geschwätz in der Analyse. Freud hatte die großartige Idee der freien Assoziation, die die Hypnose ersetzen sollte. Freud dachte sich, daß wenn er die Stirn eines Menschen berührte und sagte: „Wenn immer ich Ihre Stirn berühre, sagen Sie mir bitte, was Ihnen in den Sinn kommt“, daß dies eine erfolgreichere und kürzere Art von hypnotischer Suggestion sei. Daran ist sehr viel Wahres, doch in der Zwischenzeit wurde dies wieder aufgegeben und durch die Formel ersetzt: „Sagen Sie mir bitte alles, was Ihnen in den Sinn kommt!“, und so wird nun über alle Trivialitäten des Lebens gesprochen; es wird zum hundertsten und tausendsten Mal wiederholt, was die Mutter gesagt hat, was der Vater gesagt hat, was der Ehemann gesagt hat, welchen Streit sie miteinander hatten – und der Analytiker hört sich dies pflichtgemäß alles an, denn der Patient sagt ja nur, was ihm in den Sinn kommt. Dies ist freilich eine Form von Widerstand, die ein Analytiker niemals erlauben sollte, denn es ist völlig irrelevant, sich alle die banalen Details dieses oder jenes Streits anzuhören oder die Wiederholungen all der persönlichen Dinge. Sie sind zu nichts nütze, füllen nur die Zeit und sind im wesentlichen nur Widerstand.

Bei einem Seminar, das ich am William Alanson White Institute in New York hielt, stellte ein Analytiker eine Patientin vor. Ich hörte eine Stunde lang zu, dann sagte ich ihm: „Schauen Sie, dies ist alles so trivial, ich kann überhaupt nicht verstehen, wie sie es aushalten, eine Stunde lang zuzuhören. Es geht immer um Telefonate mit ihrem Freund, vorwärts und rückwärts; dann psychologisiert sie, ob sie ihn besser angerufen hätte oder doch nicht, als ob dies wirklich von Bedeutung wäre.“ Der Analytiker antwortete: „Aber nein, es war ihr sehr ernst damit, es war ihr ein wirkliches Problem.“ Dann wurde er großzügig und sagte: „Wir werden sehen, ich habe ein Tonband.“ Er fragte die Patientin um Erlaubnis, um das Tonband vorspielen zu können. Kaum waren fünf Minuten abgespielt, da fing der ganze Kurs zu lachen an, er eingeschlossen, weil es bereits von ihrer Stimme her ganz offensichtlich war, daß ihr Gerede durch und durch unernst war. Darüber hinaus hatte es keinerlei Bedeutung; es war sinnloses Gerede. – Hier also wandelte sich die freie Assoziation in ein freies Geschwätz. „Freies Geschwätz" aber ist völlig tot; es beginnt dort, wo jemand über Dinge redet, die keinerlei Sinn haben, außer daß sie als psychologisches Problem betrachtet werden. Alles wird dann zu einem „psychologischen Problem". Wird die freie Assoziation zum freien Geschwätz, dann ist es meines Erachtens die Aufgabe des Analytikers, dieses zu unterbinden und zu sagen: „Alles, was Sie mir jetzt erzählen, hat keinen Zweck, außer daß es die Zeit füllt. Es langweilt mich so, daß ich nicht mehr zuhören werde." Warum sollte ich auch? Es ist ungebührlich, langweiligem Gesprächsstoff eine Stunde lang zuzuhören. Eine solche Stunde ist zudem unbezahlbar: Kein Betrag würde ausreichen, um dieses Opfer zu bezahlen, ja es wäre unanständig, für diese Art von Gesprächsstoff Geld anzunehmen.

Oft gibt es eine Art gegenseitige stillschweigende Übereinkunft, daß weder der Analytiker noch der Patient den anderen um seinen Schlaf bringt. Der Patient wünscht sich die Befriedigung, reden zu können, analysiert zu werden, eine Besserung zu spüren und zu sich selbst zu finden, wie er sagt. Der Analytiker muß seinerseits irgendwie über die Runden kommen, ohne dabei allzusehr gestört zu werden; alles soll glatt und ruhig verlaufen, bis sie nach einer Weile einen Status oder eine Ebene finden, auf der sie über sogenannte bedeutende Probleme reden, und doch wird niemand wirklich gestört. Ich möchte nicht behaupten, daß es bei allen Analytikern so ist, aber es ist in vielen Analysen so. Ob Freudianer oder Nicht-Freudianer: dies macht nicht den geringsten Unterschied. Unterschiedlich sind höchstens die Redewendungen. Die einen reden hunderte Male über ihre Vaterfixierung und daß sie an dem Jungen Interesse haben, weil er eine Vaterfigur ist; die anderen sprechen davon, daß sie nicht genügend Liebe von ihrer Mutter bekommen hätten, und dies sei der Grund, warum sie sich in dieses

Mädchen verliebt hätten, das ihnen so viel Liebe gibt, usw. Solches Reden ist und bleibt bedeutungslos und ist eine Haupterscheinungsweise des Widerstands.

d) Übertragung, Gegenübertragung und reale Beziehung

Ein anderes wichtiges Problem beim psychoanalytischen Prozeß ist die Übertragung. Übertragung ist eines der bedeutendsten Probleme im menschlichen Leben. [Vgl. hierzu auch E. Fromm, 1990a, S. 69-76.] Daß Menschen ihre Kinder für den Moloch geopfert haben, daß sie Idole wie Mussolini oder Hitler verehrt haben, daß sie ihr Leben für irgendwelche ideologischen Götzen hingegeben haben, dies alles ist dem Phänomen „Übertragung" zuzuschreiben. Deshalb ist der bei Freud auf die Analyse begrenzte Begriff der Übertragung viel zu eng gefaßt. Freud und die meisten heutigen Analytiker verstehen unter Übertragung das, was das Wort sagt: ein Affekt wird auf den Analytiker übertragen. Dieser Affekt bezog sich einmal auf eine Bezugsperson aus der Kindheit, auf den Vater oder die Mutter; jetzt wird er – wie sie sagen – „besetzt" und auf den Analytiker übertragen. Dies ist meines Erachtens im großen und ganzen auch richtig.

Harry Stack Sullivan illustrierte die Übertragung mit folgendem Beispiel aus seiner Praxis: Er hatte eine Patientin eine Woche lang analysiert, und als diese sich nach einer Woche verabschiedete, sagte sie: „Aber Doktor, Sie haben ja gar keinen Bart!" Sullivan hatte einen kleinen Oberlippenbart und war ansonsten glattrasiert. Eine ganze Woche lang hatte sie geglaubt, daß er einen Bart trage, denn er war für sie so sehr ihr eigener Vater, daß das Bild ihres Vaters, der einen Bart trug, buchstäblich auf ihn übertragen wurde. Sie sah in ihm sogar visuell ihren Vater; weil es ihr Gefühl war, daß er ihr Vater ist, waren sie von der gleichen Natur. Dies ist Übertragung im engeren Sinne, wo Gefühle des Kindes für eine wichtige Person auf eine andere Person übertragen werden. Doch dieses Verständnis trifft nicht das Wesen der Übertragung und ist wohl auch nicht ihre wichtigste Erscheinungsweise.

Die Übertragung ist in ihrer allgemeinen Bedeutung zu sehen. Hier drückt sie das Bedürfnis eines Menschen nach jemandem aus, der die Verantwortung übernimmt, der eine Mutter ist, der bedingungslos liebt, der ein Vater ist, der lobt und bestraft, ermahnt und lehrt. Selbst wenn Menschen niemals einen Vater und eine Mutter gehabt haben, und selbst wenn sie niemals Kinder waren, brauchen sie diese Figuren, solange sie nicht ganz sie selbst geworden sind, ganz Mensch und ganz unabhängig geworden sind. Will man das Bedürfnis nach solchen Figuren verstehen, die als Führer durchs Leben, als Beschützer, als Götter oder Göttinnen angesehen werden, dann reicht es nicht, an die Kindheit zu denken. Man muß die gesamte menschliche Situiertheit in Betracht ziehen: Weil der Mensch so hilflos ist, so verwirrt – und dies weitgehend auf Grund der Fehlinformationen, die er über sein Leben in dieser Kultur bekommt –, so ängstlich, so unsicher, ist es ein allgemeines menschliches Verlangen, jemanden als Idol zu wählen und zu dem sagen zu können: „Du bist mein Gott." Dieses Idol ist dann die Person, die mich liebt, führt, belohnt und bestraft, weil ich nicht aus mir selbst leben kann.

Übertragung ist eine Folge des Scheiterns der eigenen Freiheit, so daß es ein Idol braucht, an das ich mich binden kann, das ich verehre, an das ich glaube, um die eigene Angst und Unsicherheit zu überwinden. Der erwachsene Mensch ist in vielen Hinsichten nicht weniger hilflos als das Kind, doch er *könnte* weniger hilflos sein, wenn er zu voller Unabhängigkeit weiterwachsen würde, wenn er sich zu einem menschlichen Wesen entwickelte. Tut er es nicht, dann ist er genauso hilflos wie ein Kind, denn er sieht sich von einer Umwelt umgeben, auf die er keinen Einfluß hat, die er nicht versteht und die ihn seiner Ungewißheit und Angst überläßt. Während das Kind sozusagen aus biologischen Gründen den Erwachsenen braucht und Vater und Mutter sucht, braucht der Erwachsene das Idol nicht aus einer biologischen Notwendigkeit heraus, sondern aus gesellschaftlichen und historischen Gründen.

Übertragung gibt es in den Beziehungen neurotischer oder sonstwie unrealistisch lebender Menschen nicht nur auf den Psychoanalytiker hin, sondern ebenso auf einen Lehrer, auf die Frau, auf einen Freund, oder auf einen Menschen, der in der Öffentlichkeit steht. Die Übertragung in der Psychoanalyse würde ich als irrationale Beziehung zu einem anderen Menschen definieren, die sich im analytischen Prozeß analysieren läßt. Ansonsten ist Übertragung genau dasselbe und hängt ebenso von der Rationalität eines Menschen ab, allerdings mit dem Unterschied, daß sie nicht für die Analyse offen ist, also sozusagen nicht auf dem Operationstisch liegt.

Wenn jemand sich von Macht beeindrucken läßt und den Wunsch hat, von einer mächtigen Person beschützt zu werden, dann wird dieser Mensch die gleiche Verehrung und die gleiche Überschätzung gegenüber seinem Psychoanalytiker zeigen wie gegenüber seinem Professor oder einem Regierungsbeamten oder einem Geistlichen oder Priester usw. Es handelt sich immer um den gleichen Mechanismus. Nur in der Psychoanalyse läßt sich diese besondere Art der Bezogenheit, die einem Bedürfnis dieses Menschen entspricht, analysieren.

Es geht bei der Übertragung nicht einfach nur um eine Wiederholung; entscheidend ist vielmehr, daß es sich bei der Übertragung um ein Bedürfnis handelt, bei dem ein Mensch eines anderen Menschen bedarf, um sein Bedürfnis zu befriedigen. Wenn ein Mensch sich zum Beispiel schwach und unsicher fühlt und Angst vor jedem Risiko und vor Entscheidungen hat, dann wird er Wege wissen, um bei Menschen Zuflucht zu finden, die sicher, entschieden und mächtig sind. Diese Suche währt ein ganzes Leben; ein solcher Mensch wird sich einen entsprechenden Chef suchen oder einen Professor, wenn er Student ist, und so wird er auch seinen Psychoanalytiker sehen. Ein ganz und gar narzißtischer Mensch hingegen, der alle anderen als Idioten einschätzt, wenn sie ihn kritisieren, wird auch den Analytiker als einen Idioten ansehen, ebenso seinen Lehrer, Chef und alle anderen. Alle diese Phänomene sind Übertragungen, auch wenn wir diesem Phänomen nur innerhalb der Psychoanalyse die Bezeichnung „Übertragung" geben.

Psychoanalytiker und Analysand begegnen sich in Wirklichkeit auf zwei voneinander unterscheidbaren Ebenen. Die eine ist die Übertragungs-, die andere die Gegenübertragungsebene. Was die Gegenübertragung betrifft, so muß man davon ausgehen, daß auch der Psychoanalytiker alle möglichen irrationalen Einstellungen gegenüber dem Patienten hat: Er hat vor dem Patienten Angst, er möchte vom Patienten gelobt werden, er möchte von ihm geliebt werden. Freilich sollte dies nicht so sein, und der Psychoanalytiker sollte durch seine eigene Analyse so weit gekommen sein, daß er auf all diese Liebe des Patienten nicht mehr angewiesen ist. In Wirklichkeit ist dies nicht immer so.

Meines Erachtens ist es ein Fehler, wenn man die Beziehung zwischen Analytiker und Patient nur unter dem Aspekt der Übertragung sieht. Diese Übertragungsbeziehung ist nur ein Aspekt. Es gibt einen viel grundlegenderen Aspekt, der in unserer durch Telefon und Radio geprägten Zeit gar nicht als sehr bedeutsame Realität erfaßt wird: die Tatsache, daß da zwei Menschen miteinander reden. Daß ein Mensch mit einem anderen spricht, ist für mich die entscheidende Realität. Und sie sprechen nicht über irgendwelche trivialen Dinge, sondern über den wichtigsten Gesprächsgegenstand, den es gibt: das Leben dieses Menschen.

Unabhängig von Übertragung und Gegenübertragung zeichnet sich also das therapeutische Beziehungsgeschehen dadurch aus, daß an ihm zwei reale Menschen beteiligt sind, und deshalb hat der Patient, sofern er nicht psychotisch ist, ein Gespür dafür, was für ein Mensch der Analytiker ist, und der Analytiker spürt, was der Patient für ein Mensch ist und daß nicht alles Übertragung ist. Im Hinblick auf die psychoanalytische „Technik" ist es sehr wichtig, daß der Analytiker sozusagen permanent zweigleisig fahren muß: Er muß sich selbst als Objekt für die Übertragung anbieten und diese analysieren, und gleichzeitig als realer Mensch, der auch als realer Mensch antwortet.

e) Hinweise zur Arbeit mit Träumen

Die Traumdeutung ist insgesamt das wichtigste Instrument bei der psychoanalytischen Therapie. Nichts von dem, was der Patient sagt, keine Assoziation und kein Versprecher oder was immer es sein mag offenbart so viel wie die Träume. Ich glaube mit Freud, daß der Traum und die Traumdeutung wirklich der „Königsweg" zum Verstehen des Unbewußten ist. Mein eigenes Verständnis grenzt sich aber sowohl vom Freudschen wie vom Jungschen ab.

Freud hat nicht nur betont, daß der Traum auf die Vergangenheit eines Menschen verweist, das heißt, auf außergewöhnliche Wünsche, auf triebhafte Wünsche, die im Traum an die Oberfläche kommen und in der Vergangenheit wurzeln; Freud hat auch angenommen, daß der Traumtext notwendigerweise entstellt ist und daß die wirkliche Bedeutung des Traumes – das, was Freud den „latenten Traumgedanken" nannte – dem manifesten Traumtext entrissen werden müsse. Jung hat auf der anderen Seite den Traum als eine offene Mitteilung verstanden, die nicht entstellt ist. Ich glaube, daß dies nicht wahr ist und daß viele Träume, die Jung deutete, falsch gedeutet sind, weil sie nicht in dieser Weise offen sind. Dies ergibt sich schon aus der verschiedenen Art von Symbolen, die in einem Traum auftauchen.

In meinem Buch *Märchen, Mythen, Träume* [E. Fromm, 1951a] habe ich zunächst zwischen zwei verschiedenen Arten von Symbolen unterschieden: zwischen dem zufälligen Symbol und dem universalen Symbol. Wenn jemand zum Beispiel von einer Stadt, einem Haus oder einer speziellen Zeit träumt, dann haben wir es mit zufälligen Symbolen zu tun, zu deren Verständnis wir die Einfälle des Patienten brauchen, sonst können wir sie nicht verstehen. Anders ist es mit den universalen Symbolen. Nehmen wir folgendes Beispiel:

Traum: Ein Mensch träumt, daß er zunächst in einem großen geschlossenen Gebäude ist; dann ist er mit einer Frau zusammen, aber er hat Angst, daß die Leute ihn erkennen könnten. Dann sieht er sich mit dieser Frau am Strand entlanglaufen, doch es ist Nacht. Im dritten Teil des Traumes ist er ganz allein, rechts von ihm sind Ruinen, links von ihm Klippen.

Um diesen Traum zu verstehen, bedarf es nicht unbedingt Assoziationen, denn dieser Traum spricht in universalen Symbolen. Der Traum handelt von einer Regression in die Tiefe. Auf der bewußten Ebene ist er mit der Frau zusammen – der Träumer ist verheiratet – in dem großen Gebäude. Das große Gebäude aber ist ein Muttersymbol. Noch ist er mit der Frau zusammen, aber er bekommt Angst. Dann ist er zwar immer noch mit der Frau zusammen, aber es ist Nacht, und schließlich ist er allein und nur noch mit der verstümmelten Mutter, mit den scharfen Klippen und den Ruinen, zusammen. In diesem Traum ist das zentrale Problem dieses Mannes formuliert, ohne daß es das Verständnis oder die Assoziationen des Träumers bedurfte. (Ich frage die Patienten dennoch nach ihren Einfällen, weil sie manchmal doch sehr hilfreich sind.)

Daß der Traum nicht einfach eine offene Mitteilung ist, sondern daß es viele Träume gibt, in denen etwas Wichtiges verdrängt ist, läßt sich mit einem guten *Traumbeispiel* belegen, das Jung in seiner Autobiographie (C. G. Jung, 1963) selbst gibt:

Jung fühlte sich gedrängt, Siegfied zu töten. Er macht sich auf und tötet Siegfried. Dann fühlt er sich sehr schuldig und fürchtet, entdeckt zu werden. Zu seiner großen Genugtuung fängt es stark zu regnen an und der Regen wäscht alle Spuren seiner Untat weg. Jung wacht mit dem Gefühl auf: „Ich muß unbedingt herausfinden, was dieser Traum bedeutet, sonst muß ich mich selbst umbringen." Dann denkt er darüber nach und findet heraus, daß der Traum sagen will, wenn er Siegfried tötet, dann töte er den Helden in sich selbst, so daß der Traum seine eigene Demut symbolisiere.

Dieser Traum war in der Tat entstellt, denn der Name Sigmund (Freud) war in Siegfried geändert. Das war die ganze Entstellung des Traumes, aber sie reichte für Jung aus, um nicht zu sehen, daß er in diesem Traum genau das tat, was Freud ihm immer vorwarf, daß er tun wolle, nämlich ihn zu töten. Jung merkte noch nicht einmal die Bedeutung von so etwas ganz Einfachem wie die Bedeutung des Gefühls, daß er sich umbringen müsse, wenn er die Bedeutung des Traumes nicht herausfinde. Das Gefühl bedeutet ganz einfach, daß er sich umbringen müßte, wenn er den Traum nicht mißverstehen würde und er sich also bewußt würde, daß er Freud töten wolle. So kam Jung auf ein Verständnis, das dem des Traumes genau entgegengesetzt ist.

An diesem Beispiel läßt sich die Entstellungsarbeit verdeutlichen; es zeigt, wie etwas völlig verdrängt sein und wie ein Traum rationalisierend gedeutet werden kann, was gar nicht so selten vorkommt. Dies ist der Grund, warum die Jungsche Auffassung, daß der manifeste Traumtext immer mit dem, was Freud den latenten Inhalt genannt hat, identisch sei, einfach nicht wahr ist.

Die Jungschen Archetypen haben vieles gemeinsam mit dem, was ich universale Symbole nenne. Da Jung selbst seine Theorien zwar brillant, aber dennoch sehr oft nicht klar genug zum Ausdruck brachte, ist die Erörterung seiner Theorien oft gar nicht einfach. Das, was Jung mit dem Begriff der Archetypen zu fassen versucht, ist sicher eine fruchtbare Vorstellung, die man von einem humanistischen Standpunkt aus nur unterstreichen kann. Der Mensch bleibt sich nämlich hinsichtlich seiner grundlegenden Existenzbedingungen immer gleich: Er ist wie ein Tier determiniert, und doch ist er mit einem Bewußtsein seiner selbst ausgestattet. Auf Grund dieser Spaltung gibt es für den Menschen nur einige mögliche Lösungen und Antworten auf die Fragen, die ihm das Leben stellt. Diese Antworten können lauten: Regression in den Mutterleib, Sicherheitfinden und Gehorsam gegenüber dem Vater. Oder es kann die Antwort sein, die die großen Religionen und die humanistischen Philosophien gegeben haben, nämlich eine *neue* Harmonie mit der Welt zu finden, indem der Mensch seine menschlichen Kräfte, vor allem Vernunft und Liebe, zur Entwicklung bringt. Die Anzahl der Antworten, die der Mensch auf die Frage des Lebens geben kann, ist begrenzt; er muß zwischen ihnen wählen. Ebenso sind die Symbole, die diese Antworten repräsentieren, begrenzt. Sie sind universal, weil es nur den einen Menschen gibt.

Es gibt für den Menschen nur die Wahl zwischen wenigen Möglichkeiten. Das Symbol des Helden zum Beispiel zeigt den Menschen, der die Individuation wagt. Abraham ist ein Held, denn ihm wird von Gott gesagt: „Zieh weg aus deinem Land, aus deiner Heimat und aus deinem Vaterhaus in das Land, das ich dir zeigen werde!" [Ex 12,1] Immer symbolisiert der Held den Menschen, der seine ganze Existenz aufs Spiel setzt und den Mut hat zur Unabhängigkeit; der die Sicherheit verläßt und die Unsicherheit wagt. In Wirklichkeit ist das, was der Held symbolisiert, ein Teil des Schicksals des Menschen und eine der Möglichkeiten, die der Mensch hat; die andere Möglichkeit ist das genaue Gegenteil, nämlich die Individuation nicht zu wagen, sondern an der Mutter, an der Heimat, an Blut und Boden hängen zu bleiben, niemals die Individuation zu erreichen und ein selbständiger Mensch zu werden.

Die Frage, wann man einem Patienten die Bedeutung eines Traumes mitteilen soll, hängt von der Situation ab. Wenn mir ein Patient in der zweiten Stunde einen Traum bringt, werde ich vermutlich nicht viel sagen, weil ich annehme, daß er mit der Deutung noch nicht viel anfangen kann. Dies ist aber bei Menschen anders, die sehr sensibel sind (ohne daß sie psychosenah sein müssen) und die einen Zugang zur Dichtung haben. Sie können die Deutung bereits verstehen, weil sie nicht so sehr auf die Worte und auf konkrete Dinge fixiert sind. Dem Patienten, der von dem großen Gebäude und den Ruinen und Klippen am Meer träumte, würde ich vielleicht dennoch bereits in der zweiten Stunde sagen: „Sie scheinen Angst zu haben, vom Leben abgeschnitten zu sein und an etwas hängen zu bleiben, das tot ist, zum Verderben führt und leblos ist", weil dies genau die Situation des Patienten trifft.

Wie ich einen Traum therapeutisch nutze, hängt von meinem Eindruck ab, was der Patient im Moment verstehen kann. Abgesehen von manchen Patienten bin ich im allgemeinen nicht so furchtbar vorsichtig, daß der Patient das, was ich sage, nicht verstehen könnte. Wenn ich in Ausbildung befindliche Psychoanalytiker in Kontrollanalysen vorschlage, sie sollten eine bestimmte Erkenntnis ihren Patienten mitteilen, höre ich oft als Antwort: „Ja, aber ich glaube, daß der Patient dies noch nicht verkraften kann." Meine erste Antwort ist dann gewöhnlich: „Der einzige, der dies noch nicht verkraften kann, sind Sie, denn Sie haben Angst, den Kopf hinhalten zu müssen, wenn Sie etwas sagen, auf das der Patient mit Unwillen und Verwirrung reagiert. Sie sind sich nicht sicher, daß Sie recht haben – doch es ist nicht die Frage, daß Sie unbedingt recht haben; vielmehr sind Sie sich Ihrer eigenen Deutung nicht genügend sicher." Um wirklich die Bedeutung eines Traumes zu spüren, bedarf es eine Menge an Erfahrung, Sensibilität und Einfühlungsvermögen.

6. Christiane. Bemerkungen zur therapeutischen Methode und zum Traumverstehen anhand eines Fallberichts

a) Die ersten drei Stunden und der erste Traum

Berichterstatter: Es geht um eine Frau, die seit etwa eineinhalb Jahren zu mir kommt. Ich nenne sie hier Christiane. Im allgemeinen mache ich mir von den ersten drei oder vier Stunden Notizen; danach notiere ich mir nur gelegentlich etwas, immer aber die Träume. Ich werde von den ersten paar Stunden und ein wenig vom Familienhintergrund erzählen sowie einige Träume einbringen.

Christiane ist 28 Jahre alt, sehr attraktiv und gut gekleidet; sie macht einen ausgeglichenen und anspruchsvollen Eindruck; sie hat etwas von einem streng aussehenden Menschen, der um den Mund herum sehr fest ist, dessen Augen aber stumpf sind. Beim Erstgespräch sagte sie, daß sie in der vorangegangenen Woche an ihrem fünften Hochzeitstag sehr depressiv gewesen sei. Mit 23 Jahren heiratete sie. In der Woche des Erstgesprächs hat sie ihren früheren Freund wiedergetroffen, den ich hier Uwe nenne. Dieser rief sie in der Woche ihres fünften Hochzeitstags an, und sie sprachen eine ganze Weile miteinander. Sie bekannten sich gegenseitig, daß sie sich noch immer liebten. Sie sagte in diesem Zusammenhang geradeheraus, daß ihre Eltern Uwe wegen seiner künstlerischen Interessen, vor allem im Bereich der

Dichtung, niemals akzeptierten. Ihr Vater bewunderte vielmehr ihren Ehemann, der ein Diplom als Wirtschaftswissenschaftler hat.

Sie selbst sei sehr unglücklich in ihrer Ehe, und dieses Unglücksgefühl führte sie in der vorangegangenen Woche zu einem neuen Schritt. Sie erwähnte dies gegenüber ihrem Gynäkologen, den sie in dieser Woche wegen einer Routineuntersuchung aufsuchte. Hierbei erwähnte sie auch, daß sie noch nie einen Orgasmus verspürt habe. Er sprach eine Weile mit ihr und verwies sie an mich. Sie rief mich an. Bisher hatte sie noch nie an eine Psychoanalyse gedacht, doch hatte sie das Gefühl, daß eine Psychoanalyse eine gute Idee sein könne.

Sie lebt, wie sie es ausdrückt, ein „gutes Leben", das heißt, sie hat eine schöne Wohnung, sie haben genügend Geld, sie hat Bekannte, und es gibt eigentlich keinen Mangel, den sie nennen könnte. Trotzdem fühlt sie sich sehr unglücklich und kann in ihrer Ehe keine Zukunft sehen. Ihr Mann ist 30 Jahre alt und weiß nichts davon, daß sie unglücklich ist. Er ist davon überzeugt, daß sie eine gute Beziehung leben. Er verläßt sich hinsichtlich der zu bewerkstelligenden Dinge des Lebens auf sie. Muß etwas in der Wohnung gerichtet werden, dann ist sie es, die den Hausmeister ruft, obwohl sie beide zur Arbeit gehen und sie tagsüber nicht zuhause ist. Ihm liegt vor allem an seiner beruflichen Karriere als Management-Berater. Sie beschreibt ihn als „verklemmt" und am Establishment orientiert. So sei er in seinem Beruf wie auch zu Hause.

Mit trauriger Stimme sagt sie, daß sie nur selten sexuell zusammenkommen, vielleicht zwei- oder dreimal im Monat, und daß es sie langweile. Er habe Probleme damit, die Erektion zu halten, so daß er beim Geschlechtsverkehr innerhalb einer Minute zum Orgasmus komme. Vielleicht solle sie sich von ihm trennen, aber der Gedanke allein schon ängstige sie, weil sie weiß, daß dies die Eltern völlig aus der Fassung bringen würde.

Sie teilt mit, daß sie im Personalbereich einer großen Firma tätig ist und im Monat etwa 3000 DM verdient. Später stellt sich heraus, daß sie etwa noch einmal so viel Einkommen aus einem Treuhandvermögen hat. Sie studierte Literatur bis zur Zwischenprüfung; dann wechselte sie an eine andere Universität und begann Betriebswirtschaftslehre zu studieren, wobei sie sich auf Betriebsverwaltung spezialisierte. Hierzu ist folgendes Detail wichtig: An den anderen Studienort wechselte sie, weil sie dort in der Gegend einige Bekannte hatte. Eigentlich wollte sie weiterhin Literatur studieren, füllte aber ihre Bewerbungsunterlagen hierfür derart hastig und schlampig aus, daß sie nicht überrascht war, als sie keinen Studienplatz bekam. So bewarb sie sich für Betriebswirtschaftslehre und wurde immatrikuliert. Als sie von ihrer Ausbildung berichtet, spricht sie leise, ist ängstlich und gibt sich ein wenig kleinmädchenhaft. Sie redet wie jemand, der 18 oder 19 Jahre alt ist. Es ist ihr ausgesprochen unwohl; dann weiß sie nichts mehr zu sagen, außer daß sie eben alles unglücklich mache. Auf Nachfrage sagt sie, daß sie das Zusammensein mit ihrer einjährigen Tochter glücklich mache. Die Tochter wird tagsüber von einem Kindermädchen versorgt. Ansonsten aber gäbe es nichts, was sie anrege, obwohl sie viele Bekannte habe. In ihrem ganzen Leben habe sie noch nie eine besondere Freude gespürt. Sie sagt: „Ich fühle mich eingesperrt wie in einer emotionalen Zwangsjacke. Ich war immer ein sehr konventioneller Mensch."

Fromm: Ich möchte gerne etwas nachfragen: Als es um den Grund geht, warum sie nicht an eine Ehescheidung denkt, erwähnt sie zuerst, daß dies ihre Eltern aus der Fassung bringt. Erwähnte sie das Problem des Kindes nicht? Stimmt es, daß bei einer Scheidung vermutlich ihr das Kind zugesprochen würde?

Berichterstatter: Ja, das stimmt. Sie glaubt nicht, daß das Kind je ein Problem sein könnte, zumal sie mit ihrem Beruf und dem Einkommen aus dem Treuhandvermögen genug Geld hat.

Sie sagte: „Ich lebte immer konventionell, bis ich mit 17 Jahren Uwe traf." In diesem Zusammenhang berichtete sie: „Einmal blieb ich über Nacht aus mit Uwe, da tobte meine Familie. Es war das erste Mal, daß ich überhaupt rebellierte. Seither verhielt ich mich immer den Erwartungen entsprechend." – Uwe ist jetzt verheiratet; er lebt in Düsseldorf und rief von dort aus an. Sie hatten gelegentlich noch Kontakt. Zwischen 18 und 20 schliefen sie manchmal miteinander, und sie konnte es genießen. Sie freute sich, mit ihm zusammen zu sein, doch die Beziehung führte nicht weiter.

Fromm: Und sie war damals nicht frigide?

Berichterstatter: Sie hatte auch damals nie einen Orgasmus. – In den letzten Tagen, bevor sie zur ersten Stunde zu mir kam, hatte sie dann jeden Tag mit Uwe telefonischen Kontakt, eine Stunde oder auch anderthalb Stunden lang. Sie behauptete: „Ich würde sicher mit ihm eine Liebesaffäre haben", wenn er näher bei ihr wohnen würde. In der Nacht vor der ersten Stunde erzählte sie in ihrer Verzweiflung ihrem Mann, daß Uwe sie in einem Ferngespräch aus Düsseldorf angerufen habe. Mehr sagte sie nicht. Ihr Mann zuckte nur mit den Schultern und sagte nichts.

Sie meinte, daß in ihrer Ehe etwas falsch laufe, obwohl sie als die perfekte Partie angesehen wurde. „Mein Vater war davon überzeugt, daß es eine sehr gute Heirat war; dies glaubte auch meine Mutter, und meine Eltern bestimmten alle meine wichtigen Lebensentscheidungen mit." Ihr Vater ist der Präsident einer großen Gesellschaft und steht einem großen Betrieb vor. Als sie davon spricht, bringt sie ihren ersten Traum ein, den sie „an diesem Morgen, kurz vor der Stunde“ hatte:

Traum 1: „Ich bin auf einer Hochzeit und muß die Brautjungfer sein. Ich trage jedoch ein schlichtes Tageskleid statt des für eine Brautjungfer üblichen Kleides, so daß ich nicht Brautjungfer sein kann.“

Christiane sagte, daß sie keine Ahnung habe, was der Traum bedeute, außer daß sie es nicht leiden könne, wenn sie aus der Rolle falle.

Fromm: Was läßt sich auf Grund der ersten drei Therapiestunden sagen? Wir haben eine 28jährige Frau vor uns, die unglücklich ist und – sagen wir – depressiv. „Depressiv“ ist ein ärztlicher Begriff, „unglücklich“ ein menschlicher Begriff. In diesem Fall ist man nicht ganz sicher, was was ist. Jede Frau wäre wohl unglücklich, wenn sie mit einem Mann verheiratet ist, den sie nicht liebt und der sie nicht liebt, und die mit ihren 28 Jahren die Gefangene ihrer Eltern ist. Wenn sie nie das getan hat, was sie wollte, sondern immer nur, was ihre Eltern wollten: Wie könnte sie nicht unglücklich sein? Aber sie weiß nicht, warum sie unglücklich ist und glaubt, sie habe eine unglückliche Ehe.

Ich möchte an dieser Stelle auf diese Art des Redens näher eingehen. Die meisten Menschen sagen heute: Sie *haben* eine unglückliche Ehe; und manche würden noch immer sagen, daß sie eine glückliche Ehe *haben.* Wenn jemand sagt: „Ich *habe* eine glückliche Ehe“, dann legt es diese Formulierung schon nahe, daß die Ehe nicht sehr glücklich zu sein scheint. Denn man kann eine glückliche Ehe nicht *haben,* ebenso wie man eine unglückliche Ehe nicht *haben* kann. Man kann mit seinem Mann oder mit seiner Frau glücklich sein, oder man kann unglücklich sein. Wer eine Ehe *hat,* dessen Ehe wird zu einem Stück Besitz, zu einer Institution. Die meisten Menschen sagen heute: „Ich *habe* ein Problem“, aber sie *haben* kein Problem; vielleicht werden sie von einem Problem „gehabt".

Was bedeutet es, wenn jemand sagt: „Ich *habe* ein Problem"? Ein Problem zu *haben,* ist nur ein Deck-Ausdruck, mit dem ein Zustand des Geistes in Begriffen einer Eigentums-Beziehung gefaßt wird. In der gleichen Weise kann ich sagen: „Ich *habe* einen Ehemann", „ich *habe* Kinder", „ich *habe* ein Auto", „ich *habe* eine gute Ehe", „ich *habe* keinen Schlaf" anstatt zu sagen, „ich kann nicht schlafen". Immer wird ein Substantiv mit dem Wort „haben" verbunden, anstatt daß direkt mit dem Verb ausgedrückt wird, worum es geht: „Ich kann nicht schlafen", „ich bin unglücklich", „ich liebe" oder „ich liebe nicht". Diese eigenartige Ausdrucksweise mit Hilfe von Substantiven, die ich *habe,* statt mit Verben, wurde schon im 18. Jahrhundert beobachtet. Noam Chomsky hat meine Aufmerksamkeit auf Du Marsais gelenkt, der genau darüber schrieb, daß Menschen fälschlicherweise ihre Gefühle und Seinszustände damit ausdrücken, daß sie etwas *haben.*

Wenn jemand davon spricht, daß er eine glückliche oder unglückliche Ehe *hat,* dann schützt er sich mit dieser Ausdrucksweise in Wirklichkeit davor, etwas zu spüren. Denn das, was er spürt, wird dann zu einem der vielen Dinge, die er besitzt. Nach Du Marsais war auch Marx davon überzeugt, die Menschen sprächen von der Liebe statt zu lieben. Die Liebe werde zu einem Substantiv: „Ich habe Liebe", „ich gebe Dir Liebe", „das Kind hat nicht genug Liebe bekommen". Oder man spricht von „viel Liebe", was mich eher an ein halbes Pfund Käse erinnert. Was soll „viel Liebe" heißen? Entweder ich liebe oder ich liebe nicht. Mein Lieben kann intensiver sein oder weniger stark; doch die ganze Rede von „viel Liebe" oder „das Kind hat nicht genug Liebe bekommen" ist wie die Rede, daß das Kind nicht genug Milch oder zu essen bekommen hat. Wer immer Substantive in Verbindung mit „haben" benützt, versucht sich gegen das Erleben dadurch zu schützen, daß er es zu etwas Dinglichem macht.

Ich erwähne dies hier sozusagen nur als Fußnote zu der Bemerkung der Frau, daß sie eine unglückliche Ehe habe oder daß sie in ihrer Ehe Probleme habe. Was heißt hier Ehe? Zwei Menschen leben zusammen, sie sind vor dem Gesetz verheiratet – dies ist die Zeremonie. Aber hier wird die Ehe zu einem glücklichen oder unglücklichen, guten oder schlechten Ding gemacht, und das Erleben – also das, was in ihr persönlich ist – verschwindet.

Ich glaube, daß es für die Psychoanalyse sehr wichtig ist, die Analysanden auf ihre Sprache aufmerksam zu machen und zu zeigen, welche Funktion diese Sprache hat. Dies gilt nicht nur bezüglich des Gebrauchs von substantivierten Verben in Verbindung mit „haben", sondern auch in vielen anderen Bereichen des Sprachgebrauchs. Ich meine damit keine Sprachanalyse nach Art der britischen sprachphilosophischen Schulen; es geht vielmehr darum, zu zeigen, was jemand wirklich sagt und warum jemand Dinge auf diese Weise ausdrückt. Dies ist oft ein genauso wichtiger Hinweis darauf, was in einem anderen Menschen vor sich geht, wie ein Traum. Sehr oft öffnet er die Augen, weil man hier leicht zeigen kann, daß sich die unbewußte Motivation in dem zeigt, wie jemand etwas ausdrückt.

Ein Beispiel soll dies verdeutlichen: Wir sagen sehr oft: „Es hat den Anschein, daß ich dies nicht tun kann." Was bedeutet es für den, der dies sagt? Warum glaubt er, daß er es nicht tun kann? In Wirklichkeit bedeutet das „Es hat den Anschein, ich kann dies nicht tun", daß der Betreffende seine eigene Verantwortung abschüttelt. Würde er sagen: „Ich bin davon überzeugt, daß ich dies nicht tun kann" oder „Ich spüre, daß ich dies nicht tun kann", dann wäre er der Wirklichkeit schon näher. Aber er oder sie möchte dies nicht so ausdrücken, weil es bereits viel zu viel offenbaren würde.

Deshalb drückt er oder sie es sprachlich auf der sehr unpersönlichen Ebene aus und sagt „Es hat den Anschein...". Er oder sie könnte genausogut sagen: „Gott glaubt, daß ich es nicht tun kann", oder es steht in den Karten oder in den Sternen oder irgendwo in einem Buch geschrieben oder die Gesetze der Geschichte sagen es, daß ich es nicht tun kann. Dieses „Es hat den Anschein..." muß gar nichts tief Verborgenes und Unbewußtes sein; aber die Formulierung ist gewöhnlich mehr eine Sprachwendung, deren Gebrauch etwas mit dem Gesellschafts-Charakter zu tun hat. Alle gebrauchen die gleiche sprachliche Wendung, weil es in unserer heutigen Kultur üblich geworden ist, kaum noch die Erfahrung zu machen, daß Dinge *sind*.

Christiane ist sich nur der Tatsache bewußt, daß sie eine unglückliche Ehe hat; sie ist sich aber nicht der Tatsache bewußt, daß sie zwangsläufig unglücklich ist. Es könnte deshalb angebracht sein, ihr nach einer oder zwei Stunden zu sagen: „Mich überrascht es nicht, daß Sie unglücklich sind. Niemand wäre überrascht." Ich erinnere mich eines ziemlich begabten Hollywood-Schriftstellers, der zu mir kam und darüber klagte, daß seine Kreativität nachlasse. Er spürte, daß er nie mehr Schöpferisches werde tun können. Er erzählte mir seine Lebensgeschichte in Hollywood, und ich sagte zu ihm: „Mit dem Leben, das Sie dort führen, wäre niemand mehr fähig, noch kreativ zu sein. Wenn Sie kreativ werden wollen, müssen sie ein ehrlicher Mensch werden. Solange Sie in dieser Umgebung weiterleben, werden Sie niemals mehr fähig sein, mit Ihrer Begabung etwas anzufangen, was Sie noch konnten, als Sie Jahre zuvor dorthin kamen und noch nicht derart verdorben waren."

Wenn jemand unglücklich ist und dieses oder jenes Problem hat, dann ist es wichtig, sich selbst und dem Menschen zu vergegenwärtigen, daß dies nichts Mysteriöses und auch keine seltsame Erkrankung ist, sondern meist die ganz und gar logische Folge einer inneren Situation in Verbindung mit einer äußeren Situation, die zu bestimmten Symptomen führt; der Vorgang ist vergleichbar mit einer ungesunden Ernährung, die auch zu bestimmten körperlichen Symptomen führt. Auch daran ist nichts Mysteriöses. Es ist deshalb wichtig, den Vorgängen so gut man kann ihre Mystifizierung zu nehmen. Dies bedeutet auch, daß man gegen den Glauben angeht, die Symptome seien seltsame Krankheiten, für die man unbedingt einen Spezialisten aufsuchen müsse.

Menschen gibt es schon viele Jahrhunderte lang und sie sind mit ihren Problemen mehr oder weniger gut fertig geworden, bevor die Psychoanalyse als Wissenschaft entdeckt wurde. Allerdings stimmt ebenso, daß die Psychoanalyse, wird sie richtig angewandt, wirklich viel dazu beitragen kann, einen Prozeß zu beschleunigen und zu intensivieren, der auf andere Weise nicht so leicht in Gang zu bringen sein mag. In den vergangenen Jahrhunderten waren die Menschen noch nicht so alleingelassen und ohne irgendeine Hilfestellung, ihr Leben zu gestalten; sie hatten noch ein ausgeprägteres Gespür für Werte, für Ziele und Zwecke, und deshalb gab ihnen ihre Kultur auch bestimmte Hilfsmittel, Ideen und Ausrichtungen. Heute gibt es nichts Derartiges mehr; deshalb hat es auch den Anschein, als ob man sich selbst nicht helfen könnte.

Ich sprach zuvor davon, wie Christiane sich in ihrem Lebensprozeß immer wieder mit kleinen Kompromissen bremste. Am deutlichsten war dies, als es um die Zulassung zum Hauptstudium in Literatur ging und sie statt dessen dem Wunsch der Eltern folgte und sich dann in Betriebswirtschaft einschrieb. Es wurde auch die tiefe Bindung an den Vater sichtbar. An dieser Stelle können wir uns einmal fragen, wie ein Freudianer Christiane sehen würde.

Von einem Freudschen Standpunkt aus lautet die Antwort, daß dies eine typische Bindung der Tochter an den Vater ist und daß diese Bindung sexuellen Ursprungs ist. Entsprechend gilt, was getan werden kann: Man kann die frühen Erfahrungen, die frühen sexuellen Wünsche, Phantasien usw. analysieren; dann werden die verdrängten inzestuösen Wünsche zum Vorschein kommen; deren Auftreten wird zu ihrer Auflösung führen, da sie zu Bewußtsein gebracht werden, so daß die sogenannte Patientin frei wird, ihre Libido statt auf den Vater auf andere Männer zu richten. Die Fixierung wird aufgelöst sein. Dies ist eine Betrachtungsweise.

Von meinem Standpunkt aus würde ich sagen, daß es ganz normal ist, daß jeder kleine Junge als Junge auch schon in einem frühen Alter erotische Gefühle und Bindungswünsche an Frauen hat. Für das Mädchen gilt dies entsprechend. Kein Mensch wird als Neutrum geboren, und es war Freud, der entdeckt hat, daß sich dies nicht erst mit der Pubertät bewahrheitet, sondern schon relativ früh. Wir wissen auch, daß es in Wirklichkeit nicht nur Vater und Mutter sind, die Objekte dieses inzestuösen Strebens sind. Freud spricht in seinen eigenen Fallgeschichten – etwa im „Kleinen Hans" – davon, daß der kleine Junge sich ebenso für ein gleichaltriges Mädchen interessiert wie für die Mutter. Jedes weibliche Wesen kommt da in Frage. Dies gilt entsprechend auch für das kleine Mädchen: Selbstverständlich ist der Vater eine eindrucksvolle Figur, aber an erster Stelle nicht in erotischer und sexueller Hinsicht.

Abgesehen hiervon gilt ganz allgemein, daß sexuelle Attraktivität und Schwärmerei bekanntermaßen unbeständig sind, wie sich beim Erwachsenen zeigen läßt. Finden sich zwei Menschen nur aus sexuellen Gründen gegenseitig anziehend und bleibt das Sexuelle das einzig Verbindende zwischen beiden, dann schwanken zwar die Schätzungen, wie lange diese Anziehung währt, aber ich würde sagen, eine konservative Schätzung gibt ihnen nicht mehr als sechs Monate, vielleicht ein wenig mehr oder sehr viel weniger.

Die Sexualität ist von kurzer Dauer und hat nur wenig Bindungskraft. Um mich aber ganz korrekt auszudrücken: Dies gilt mit einer Ausnahme, und diese sind selten vorkommende Perversionen. Es ist durchaus möglich, daß sich zwei Menschen finden, etwa ein Mensch mit einem extremen Sadismus und ein Mensch mit einem ebensolchen Masochismus, die in ihrer Perversion so gut zueinander passen, daß sie kaum jemand anderen finden könnten, der dieselben Eigenheiten hat. In einem solchen Fall kann die Sexualität lang andauernde Bindungen ermöglichen. Im allgemeinen ist dies aber nicht so, so daß die ganze Vorstellung, daß diese frühe sexuelle Anziehung zum Vater oder zur Mutter bis zum 15. Lebensjahr währen soll, gegen alle Einsichten in die Wirkung sexueller Bindungen spricht.

Einen erheblichen Einfluß hat dagegen eine andere Bindung, die affektive. Hier gibt die Mutter Zuflucht, Schutz, Bewunderung; sie ist gleichsam die Erde, die Natur, das, wozu man gehört, wo man zu Hause ist, die einen nie verläßt und die einen bedingungslos liebt. Der Vater ist für das kleine Mädchen der bewundernswerte Mann. Er hat andere Funktionen als die Mutter: Er unterweist sie auf freundliche Weise usw.

Es ist deshalb vergleichsweise unwichtig, die frühe sexuelle Attraktivität zu erforschen, denn es ist nicht zu erwarten, daß das Wissen darum viel zum Verstehen eines Menschen beiträgt. Damit will ich nicht sagen, daß man diese Frage nicht explorieren sollte, denn es kann immer sein, daß man hierbei auf eine besondere Verdrängung stößt, etwa, wenn der Vater versucht hat, das kleine Mädchen zu verführen, oder die Mutter den kleinen Jungen. Doch diese Verführungen sind relativ selten und unterscheiden sich je nach der sozialen Schicht. So kommt es relativ häufig vor, daß ein Bauer mit seiner Tochter, wenn sie herangewachsen ist, schläft. Solches geschieht in den oberen Schichten nur selten; hier sucht sich der Mann das Bild eines jungen Mädchens in Frauen, die zu diesem Zweck käuflich sind, und findet genügend und raffinierte Wege, die Tochter dazu zu verführen, daß sie sich affektiv an ihn bindet, und zwar ohne ein offenes oder zu offenes sexuelles Element.

Ich meine also nicht, daß man die Frage der frühen sexuellen Bindung ignorieren sollte, doch sollte man sie nicht mit folgender Erwartung angehen: „Da ist ein großes Problem; wenn wir herausfinden, was das sexuelle Trauma ist oder was bezüglich der Sexualität in der Kindheit an Besonderem zum Vorschein kommt, dann werden wir in Wahrheit das Geheimnis kennen." Das Geheimnis ist sehr einfach. Das Mädchen braucht wie alle anderen auch Zuneigung und Schutz, jemanden, der es unterweist und anleitet, der ihm eine Orientierung gibt, es lobt und es mit einem Gefühl von Wärme umgibt. Der Vater ist hierzu die geeignete Person, besonders wenn die Mutter eine so kalte und narzißtische Frau ist wie im Falle von Christiane. Es gibt sonst niemanden in dieser Familie, durch den sie das Gefühl einer persönlichen Bindung oder eines persönlichen Interesses bekommen könnte. Auch wenn der Vater wenig in der Familie gegenwärtig ist, um viel davon geben zu können, so hat er wohl doch einiges gegeben.

Das Mädchen wächst in der Angst vor der Mutter auf, aber auch in der Angst, daß sie die Zuneigung des Vaters verlieren wird, wenn sie nicht das Richtige tut. Das Mädchen lebt unter einer ständigen Erpressung. Das einzige, was sie hat, nämlich die Liebe des Vaters, wird verschwinden, wenn sie sich nicht richtig verhält. In ihrem bisherigen Leben wurde sie so sehr erpreßt, in Angst versetzt, eingeschüchtert, daß ihr das Denken, sie könnte mit ihrem eigenen Leben etwas anfangen, fremd ist; ist sie so wenig unternehmungslustig, daß sie es noch immer vorzieht, sich alles gefallen zu lassen, sich nicht selbst zu behaupten, kein eigenes Leben zu leben und niemanden zu finden, den sie lieben könnte. Uwe, der Mann, den sie zuvor liebte, ist vielleicht der einzige, den sie auch jetzt (zum Zeitpunkt des Beginns der Therapie) liebt, auch wenn wir nach dem Gesagten noch nicht wirklich wissen, wie ernst diese Liebe ist. Im Unterschied zum Ehemann aber findet sie ihn liebenswert. In dieser Konstellation ist bisher aber nichts Außerordentliches zu entdecken. Und wir sehen, daß sie während der ersten drei Stunden noch nicht sehr viel von dem psychoanalytischen Vorgehen verstanden hat. Sie blieb abwehrend, hat aber den kleinen Schritt vollzogen und den Kontakt mit Uwe zugelassen.

Der erste Traum zeigt sie bei einer Hochzeit in einem schlichten Tageskleid. Er sagt, daß sie eigentlich nicht hätte heiraten und daß ihre Hochzeit nie hätte stattfinden sollen. Die Tatsache, daß sie im Traum die Funktion einer Brautjungfer hat, würde ich nicht überbewerten, und zwar aus folgendem Grund: Jeder Traum ist einem Theaterstück vergleichbar, in dem der Träumer der Theaterdirektor, der Schauspieler und der Autor des Stücks in einem ist. Man kann einen Traum aber auch nur unter dem Aspekt betrachten, daß der Träumer das Stück arrangiert hat. Sie hätte auch etwas ganz anderes träumen können, doch jedes Stück hat seine eigene Logik. Sobald ich eine bestimmte Handlung erfunden habe, folgt ein Stück einer bestimmten Logik entsprechend dieser Handlung. Deshalb ist es oft weder notwendig noch sehr fruchtbar, jedes einzelne Detail zu erörtern, da jedes Detail Teil einer bestimmten Handlung ist. Wenn sie sich dafür entschieden hat, ihre Hochzeit dadurch zu verkleiden, daß sie sich zur Brautjungfer macht, dann ist dies eine von vielen Möglichkeiten, die Hochzeit zu verkleiden, wobei die gewählte ihren gesellschaftlichen Mustern entspricht. Auch dürfen wir nicht vergessen, daß die Traumzensur am Werk ist. Selbst in ihrem Traum hat Christiane nur wenig Freiheit, die sie der Zensur opfert.

Ich möchte hier etwas Allgemeines zur Frage der Traumdeutung sagen: Bei jedem Traum gibt es eine maximale und eine optimale Deutung. Man kann sozusagen jedes einzelne Detail aufgreifen und seine Bedeutung erfragen. Ich selbst plädiere mehr für eine optimale Deutung, das heißt, ich versuche die wichtigste Mitteilung eines Traumes zu erfahren, denn wenn ich die Bedeutung all der vielen Details gleichzeitig erarbeiten will, dann verliere ich oft das Augenmerk für das, was die zentrale Mitteilung des Traumes ist. Jeder Traum ist eine Mitteilung, eine Mitteilung des Träumers an sich selbst, manchmal auch an den Psychoanalytiker, manchmal an einen anderen Menschen, dem der Träumer den Traum vielleicht erzählt. Solange deshalb ein Teil des Traumes zu der gewählten Handlung paßt, neige ich mehr dazu, nicht so viel zu deuten, um nicht von Details überschüttet zu werden.

Gewöhnlich frage ich den Analysanden oder die Analysandin, was er oder sie selbst über den Traum denken. Auch frage ich nach den Assoziationen zum Traum, denn diese haben manchmal einen wichtigen Stellenwert; meistens sind sie aber nicht nötig. Etwa die Hälfte aller Träume lassen sich ohne Assoziationen verstehen, weil sie in symbolischer Sprache geschrieben sind und deshalb äußerst klar sind. Freud baute in seinen eigenen Traumdeutungen ausschließlich auf Assoziationen. Für ihn hatte ein Traumteil nur Bedeutung, insofern er zu ihm Assoziationen bekam, so daß das reale Traumstück, der manifeste Traumteil durch eine Assoziation ersetzt wurde. So sammelte er Assoziationen um Assoziationen, von einer zur anderen, und hatte schließlich einen ganzen Berg von Assoziationen zu einem manifesten Traumteil, wobei die Bedeutung des Traumes sehr oft gänzlich aus dem Auge verloren wurde.

Zweifellos zeigt Freuds Traumdeutung eine große Genialität, und doch würde ich behaupten, daß man am Ende der Lektüre einer Traumdeutung Freuds kaum mehr über den Patienten weiß als zuvor. Man nimmt ein brillantes Feuerwerk von Hunderten von Assoziationen wahr, aber wenn man sich dann fragt, was ich jetzt über den Patienten weiß, über seine unbewußten Gefühle, was ihn wirklich bewegt – dann weiß ich kaum mehr. Freud hat uns wirklich die Augen geöffnet, um hinter den Traum zu schauen und zu sehen, daß der Traum etwas Bedeutungsvolles ist. Doch seine eigene Methode der Deutung war irreführend, weil Freud kein Gespür für Symbole hatte – wie er auch keines für die Dichtkunst hatte -, sondern immer alles auf intellektuellem Weg zu verstehen suchte. Ich glaube, Glover in England hat einmal gesagt: „Wenn ich neben den Assoziationen nicht auch ebenso den Patienten sehe, dann weiß ich über ihn nicht mehr als jeder andere und als jemand, der nicht Psychoanalytiker ist."

Jeder unmittelbare Eindruck, den ich über die Stimme, die Gestik, den Gesichtsausdruck, die Körperhaltung und durch die feinen Nuancen, mit denen sich jemand selbst ausdrückt, wahrnehme, geht verloren, wenn der Patient nicht direkt angesehen wird. Jemand, der für das Leben des Patienten nicht so unsensibel ist, wie Freud es war, hätte bestimmt nie eine Methode erfunden, bei der der Psychoanalytiker hinter dem Analysanden sitzt und ihn nicht sieht und auf diese Weise die wichtigsten Quellen für das Verstehen eines anderen Menschen verleugnet. Wer das Gesicht des anderen nicht wahrnimmt, dem geht ein Großteil dessen, was für die Erkenntnis eines anderen Menschen wesentlich ist, verloren.

b) Der zweite Therapiemonat und der zweite Traum

Berichterstatter: Nach drei Wochen hatte sie sich dazu entschieden, sich von ihrem Mann zu trennen. Dies führte bei ihm über einen Zeitraum von einigen Wochen zu großen Schwierigkeiten, damit klarzukommen. Nachdem aber die Entscheidung getroffen war und er ausziehen wollte, versuchte er zunächst eine Wohnung im gleichen Gebäude zu finden. Sie protestierte heftig dagegen, bis er schließlich in ein Hotel in der Nähe umzog. Während dieser Zeit, etwa einen Monat lang, weinte sie in fast jeder Stunde. Meist kam sie mit einem tapferen, aber dünnen Lächeln zur Türe herein, doch brachen schon bald die Tränen aus. In diesen Wochen rief sie mich während des Tages oder der Nacht mindestens ein- oder zweimal an. Sie ängstige sich sehr, ihn zu verlassen, sagte aber: „Es ist dringend, daß ich es tue." Sie hatte panische Angst, allein zu sein. Wir sprachen darüber. Eigenartigerweise war sie noch nie in ihrem Leben wirklich allein: Bis zum neunten Schuljahr war sie in der Familie, dann in einer gut organisierten Privatschule und schließlich in die ebenso organisierte Universität eingebunden, bis sie heiratete. Sie war nie allein, und jetzt war es das erste Mal, daß sie es überhaupt wagte, auf ihren eigenen Füßen zu stehen.

Während dieser Zeit, im zweiten Monat ihrer Therapie, sprach sie viel über ihre Familie. In dieser galten strenge Normen des Gruppenverhaltens: Niemand durfte seinen Ärger zeigen, Trauer war nicht erlaubt; unabhängig davon, wie man sich fühlte, mußte man immer gute Miene zur Schau tragen. Zwischen 10 und 14 hatte sie Klavierunterricht; ihre Mutter schloß sie jeden Tag zum Üben in ihr Zimmer ein. Dies gehörte einfach zum Ritual: Sie ging hinein, wurde eingeschlossen und stellte dies auch nie in Frage. Sie spürte in jenen Jahren auch niemals einen Ärger auf ihre Mutter deshalb, sondern nahm es einfach als gegeben an. Auch als sie davon erzählte, zeigte sie keinen Ärger darüber. Und als ich ihr sagte: „Sie sagen dies auf eine bemerkenswert ruhige Art", antwortete sie nur: „Warum nicht? So war es eben."

Ihr Vater wurde ihr wie ein Gott nahegebracht. Aber er war empfindsam und verstehender als die Mutter. Die Mutter hatte nie etwas Persönliches mit ihr zu tun. Als sie zwischen fünf und acht Jahre alt war, las ihr ihr Vater am Samstagnachmittag immer für eine Stunde Geschichten vor. Es kamen dann noch Freundinnen von ihr hinzu, so daß der Vater fünf oder sechs Mädchen vorlas, was ihm offensichtlich Spaß bereitete.

Im dritten Monat der Therapie kam Uwe zu Besuch. Er kam von Düsseldorf nach Frankfurt, während der Ehemann außer Hauses war, und die beiden schliefen miteinander. Sie taten dies verschiedene Male; es war sehr stimulierend, sehr erregend. Noch konnte sie keinen Orgasmus spüren, aber sie war so glücklich, mit jemandem zusammen zu sein, denn sie fürchtete sich, allein zu sein. Uwe erzählte ihr, daß er sich noch immer seiner Frau verbunden fühle und daß er nicht sehen könne, wie sie heiraten könnten. Dies sagte er ihr, nachdem sie miteinander geschlafen hatten. Der sexuelle Kontakt reduzierte zwar ihren Angstpegel, doch von Zeit zu Zeit geriet sie fast in Panik und ängstigte sich sehr. Sie brauchte zusätzliche Stunden und rief öfters an. Immer wieder brachen Angst und Schrecken durch. In dieser Zeit äußerte sie häufig Verzweiflung, daß sich die Dinge nicht zum Besseren wendeten. Sie hatte ihren Mann verlassen, und nichts hatte sich wirklich geändert. Ich sprach ihre Angst an, allein und verlassen zu sein, und zwar so verlassen zu sein, als ob sie noch immer ein Kind wäre, das von seinen Eltern völlig abhängig ist.

Fromm: Auch auf die Gefahr hin, als wortklauberisch zu gelten, möchte ich doch sagen, daß die Wendung „als ob sie noch ein Kind wäre“, nicht ganz richtig ist, denn sie *ist* noch immer ein Kind, das von seinen Eltern abhängig ist. Sie *ist* das dreijährige Kind. Sie *ist* das. Die Tatsache, daß ihr biologisches Alter 28 Jahre beträgt und daß sie innerhalb von einer Minute einen Sprung von 3 Jahren zu 28 Jahren machen mag, ist etwas anderes. In dieser Situation ist sie ein Kind. Dies so zu sehen ist wichtig, denn solange ich zu jemandem sage: „Sie handeln, wie wenn Sie ein Kind wären“, ist das die freundliche Zensur des: „Seien Sie nicht so kindisch!“ Wenn ich aber sage: „Sie *sind* ein Kind von drei

Jahren", dann ist dies eine weitaus schockierendere Äußerung, denn sie kommt der Wahrheit näher und ist nicht das übliche Gerede. Im allgemeinen sagen wir: „Du benimmst dich, als ob Du ein Kind wärest". Was heißt „als ob"? Dies ist nur die halbe Wahrheit. Sie *ist* es, und dies ist die schockierende Tatsache, zu der sie wachgerüttelt werden muß. Alles, was diese Tatsache durch ein „als ob" verschleiert und mildert, schmälert die Bedeutung dessen, was der Psychoanalytiker sagt.

Diese Frage hat prinzipielle Bedeutung, denn sie berührt die Frage, in welcher Art ich zu jemandem spreche, den ich analysiere. Ich möchte zu diesem komplexen Problem einige generelle Bemerkungen machen. Natürlich ist es weitaus gewagter, zu einem 20jährigen Menschen zu sagen: „Sie *sind* ein Kind von drei Jahren", denn dies so zu formulieren, klingt wie eine große Beleidigung. In Wirklichkeit aber weiß der Patient, daß dies so ist, und es kommt alles darauf an, wie man es ihm nahebringt. Man kann es ihm mit einem kritisierenden Unterton sagen; dann kann es eine vernichtende Wirkung haben. Hat der Patient einmal realisiert, daß es dem Therapeuten nicht darum geht, ihn zu kritisieren, sondern ihm zu helfen, dann kann die gleiche Äußerung auf Grund ihrer schockierenden Wirkung äußerst hilfreich sein, denn der andere hat dies schon seit geraumer Zeit gewußt, ohne daß er sich dessen ganz bewußt gewesen wäre; er ist sehr erleichtert, daß der Analytiker dies auch so sieht und es als eine Gegebenheit ansieht. Christiane hütete dieses Gefühl, noch immer ein Kind zu sein, als eines ihrer schlimmsten Geheimnisse, auch wenn sie es nicht mit diesen Worten ausdrückte.

Es geht nicht nur darum, dem Patienten nahezubringen, daß sich sein Gefühl, ein Kind von drei Jahren zu sein, zugleich auf die Erfahrung der Gegenwart überträgt, wo das Überleben in Wirklichkeit nicht von den Eltern abhängt. Dies ist zwar eine ganz vernünftige Erklärung, doch ich würde es anders sagen, weil ich die Wirklichkeit, die dieser Mensch fühlt, so nah wie möglich ansprechen will. Auf diesen tieferen Ebenen von Angst aber, denen diese Menschen ausgesetzt sind, gibt es kein „Als ob" mehr. Ein „Als ob" hinzuzufügen, würde bereits eine vernünftige Kategorie einbringen. Christiane weiß und fühlt, daß sie ein Kind ist und sie *ängstigt* sich davor und traut sich nicht, dessen gewahr zu werden.

Berichterstatter: Zu dieser Zeit hatte sie einen weiteren Traum, den sie sich aufschrieb und einbrachte:

Traum 2: „Es war einige Tage vor meiner Hochzeit, und mehrere gute Freundinnen waren Gäste des Hauses. Wir beschlossen, im nahegelegenen Bad schwimmen zu gehen, aber es war eine unruhige Zeit. Manche wollten schwimmen, andere wollten lieber beim Haus sitzen. Ich zog mir meinen Badeanzug an, doch wußte ich nicht, welchen Badeanzug ich anhatte. Ein Mädchen bemerkte, daß er altmodisch und auch schon viele Jahre alt sei. Er war gelb, und deckte fast meinen ganze Körper zu. Diese Art von Badeanzug trägt meine Mutter. Ich schaute in meinem Schrank nach meinem Bikini, doch ich konnte ihn nicht finden. Alle waren in Eile, so daß ich ohne Bikini gehen mußte und den alten Badeanzug trug. Das Bad war groß, und alle waren glücklich. Ich stellte mir meine Hochzeit vor und fühlte mich erfrischt.

Plötzlich wechselte das Traumbild, und ich war am Krankenbett von Martha, meiner alten Haushälterin, die mich großgezogen hatte; sie war schwerkrank und lag im Sterben. Sie hatte eine schlimme Krankheit, bei der alle ihre Innereien herauskamen. Es war sehr bestürzend, doch schien es meiner Mutter nichts auszumachen. Sie nahm die ganze Erfahrung nur wie eine Tatsache wahr. Ich geriet total aus der Fassung, als ich merkte, daß sich meine Mutter nicht um Martha kümmerte."

Ich selbst hatte auf Grund dieses Traumes den Eindruck, daß Christiane wahrnehmen konnte, daß ihre Mutter, obwohl sie immer betonte, wie interessiert sie an anderen

Menschen und auch an Christiane selbst sei, in Wirklichkeit überhaupt kein Interesse für sie aufbrachte, sondern nur mit ihren eigenen Angelegenheiten beschäftigt war. Die Patientin selbst hatte auch zu diesem Traum keinerlei Einfälle.

Fromm: Aber dieser Eindruck berücksichtigt nicht den ersten Teil des Traumes. In diesem fühlt Christiane bei allem, daß sie ihre Mutter ist bzw. sie fühlt sich gezwungen, ihre Mutter zu sein. Hierin zeigt sich das Paradoxe: Obwohl sie sich anschickt zu heiraten, das heißt, eine Frau mit eigenen Rechten und mit einem eigenen Leben zu sein, sagt ihr der Traum, symbolisiert in der Kleidung, daß sie wie die Mutter sein muß oder daß sie die Mutter ist; sie muß ihr gehorchen, sie ist gebunden und sie wird sozusagen gezwungen, die Kleidung der Mutter zu tragen. Zu dieser Zeit heiratet sie, und der Traum beschreibt völlig richtig, daß sie einen Mann heiratet, den anzuziehen ihre Mutter sie zwingt. In Wirklichkeit teilt sie sich mit oder drückt sie aus, daß sie nicht als Christiane, sondern als Mutter geheiratet hat: „Ich habe diesen Mann geheiratet, weil mich meine Mutter ihn hat heiraten lassen. Ich habe nicht als freie Frau, aus freien Stükken oder aus einem Gefühl, ich selbst zu sein, geheiratet."

Danach kontrastiert sie dies mit einer kritischen Äußerung gegenüber ihrer Mutter, nämlich daß ihre Mutter gegenüber allem Menschlichen äußert gleichgültig ist. Sie sagt mit jeweils anderen Worten in diesen zwei Teilen des Traumes, auf zwei verschiedenen Ebenen der Symbolisierung: „Ich mußte diesen Mann gegen meine Wünsche heiraten, weil sich meine Mutter nicht im geringsten um ein anderes menschliches Wesen kümmert, auch nicht um mich, und so heiratete ich ihn." Dieser Gedanke kommt in diesen beiden Traumteilen zum Ausdruck.

Ich möchte auf ein wichtiges Problem zu sprechen kommen, das sich in diesem Zusammenhang ergibt. Man kann nämlich auf zwei verschiedene Arten intervenieren. Man kann, um am Beispiel von Christianes Traum zu bleiben, sagen: „Das ist es, was Sie fühlen. Sie fühlen, Ihre Mutter ist so und so." Der Psychoanalytiker kann aber auch sagen: „Das ist es, was Sie fühlen, und Sie haben verdammt Recht!" Der Unterschied ist in der Tat recht groß. Christiane nämlich traut sich nicht zu denken, daß das, was sie fühlt, richtig ist und daß sie das Recht hat, so zu denken. Dies wäre doch Majestätsbeleidigung! Es ist etwas ganz Furchtbares, so etwas bezüglich der Mutter zu fühlen. Nur in ihren Träumen, traut sie sich, dies auszudrücken, in der Realität nicht. Wenn der Psychoanalytiker deshalb sagt: „Dies *ist* so. Ihre Mutter *ist* nahezu ein Monster!", dann ist dies tatsächlich etwas Neues; es ist eine völlig neue Erfahrung, denn jetzt kann sie sich zum ersten Mal zu denken trauen, daß ihr Eindruck, ihre eigenen Gedanken richtig sind – Gedanken, die sie bisher in ihrem Leben nie jemandem zu erzählen gewagt hat, sich selbst eingeschlossen.

Eine andere Frage, die sich im Zusammenhang mit diesem zweiteiligen Traum ergibt, ist die, ob diese zwei so verschiedenen Teile des Traumes in der Analyse notwendig zusammengehören. Aus methodologischen Überlegungen würde ich sagen, daß sie nicht notwendig zusammengehören müssen, aber dies hängt von der Erfahrung dessen ab, der den Traum deutet, und es hängt von der Klarheit des Traumes ab. Auf Grund meiner Erfahrung würde ich dennoch sagen, daß zwei Traumteile aus derselben Nacht meistens eine Einheit bilden und sogar den großen Vorteil zeigen, daß oft der eine einen Teil deutet und der andere den anderen Teil ergänzt. Es ist wirklich erstaunlich, wie ein Mensch, der sonst kaum drei Sätze für eine Novelle oder eine Gedicht zustände brächte, im Schlaf fähig ist, eine Idee in symbolischer Sprache auszuformulieren, und zwar ganz genau, sehr schön und äußerst kunstvoll. Die meisten Menschen sind hierzu in ihren Träumen fähig, auch Christiane – in ihrem Stil. Sie wählt einen Zweiakter, bei dem die beiden Teile sehr schön zueinander passen. Außerdem gebraucht sie die zwei Akte, um den Prozeß der Verfremdung zu verstärken, was vom Standpunkt des Träumers aus der Hauptvorteil des Zweiakters ist: Indem sie diese zwei verschiedenen Teile mit verschiedenen Symbolisierungen träumt, verdeckt sie vor sich selber besser, was nicht sein soll und was ihr nicht bewußt werden darf.

Der zweite Traum von Christiane zeigt etwas geradezu klassisch. An ihm läßt sich das phantastische Phänomen sehen, über das ich je neu erstaunt bin, obwohl ich mich schon seit sehr vielen Jahren mit Träumen beschäftige, nämlich wie ein Mensch alles weiß, ohne sich dessen bewußt gewahr zu sein; wie wir im Schlaf Dinge kennen, obwohl wir sie verkleiden. Der Traum von Christiane zeigt deutlich, daß sie alles weiß, obwohl sie im Wachzustand alles verleugnen würde und nichts von diesem Wissen zugänglich ist. Dies ist denn auch der Grund, warum – überspitzt ausgedrückt – unsere Träume sehr viel wirklicher sind als unsere Gedanken im Wachzustand. Ich drücke dies bewußt so aus, denn ich sage lieber, daß die meisten unserer bewußten Gedanken Lügen und Fiktionen sind, als daß ich sagen würde, die meisten unserer bewußten Gedanken sind ehrenwert und wahr.

Im zweiten Teil des zweiten Traumes kontrastiert Christiane die Figur ihrer Mutter mit der Figur der Martha, die sie großzog. Deshalb glaube ich nicht, daß beide als verschiedene Aspekte von Christiane verstanden werden können. Es geht ihr um ihre Mutter und sie behauptet, daß diese Frau kein bißchen Gefühl hat und führt als Zeugin eine Frau ein, die sie offensichtlich wirklich liebt und die für Christiane sorgt, so daß die Mutter absolut gefühllos ist im Vergleich zu dieser in ihrem Leben einzigartigen Frau. Man könnte sagen, daß der Traum auch sagen will: Wenn ich so krank würde (wie Martha), dann würde sich meine Mutter nicht viel um mich kümmern.

Ich würde es aber als eine Art Überinterpretation ansehen, wenn man in der Beschreibung der Krankheit der Martha, der die Innereien herauskommen, eine Symbolisierung von Gefühlsäußerungen sehen würde, so daß der Traum bedeutete, daß die Mutter glaubte, die eigenen Gefühle zu zeigen, sei tödlich. Diese Deutung ist zwar theoretisch möglich, doch spricht sie gegen meine Erfahrung. Es gibt viele Deutungen, die möglich sind, in der Praxis entwickelt man aber ein bestimmtes Gespür für die hier zutreffende Bedeutung. Meinem Gefühl nach wäre die genannte Deutung eine Konstruktion, denn meines Erachtens – auch wenn dies sehr schwer zu beweisen ist – liegt die Betonung hier auf dem Leiden, auf der Schwere der Krankheit. Dies ist in Wirklichkeit hier ausgedrückt. Daß es in diesem Bild der Innereien gleichzeitig um ihre Gefühlsäußerungen geht, wenn sie von dieser alten Frau spricht, spüre ich nicht so. Theoretisch ist es – wie gesagt – eine sicherlich mögliche Deutung.

Dies führt zu der grundsätzlichen Frage bei der Traumdeutung, wie nah man sich am Material festmachen soll. Der Traum ist hinsichtlich seiner Beschreibung von menschlichen Gefühlsausdrücken so reich, daß ich es vorziehe, mich ganz an das zu halten, was ich unmittelbar und ohne theoretische Konstruktionen sehen kann, und ich alles vernachlässige, was man konstruieren könnte, denn es würde gar nichts hinzufügen. Wir wissen ja bereits, daß sie sich fürchtet.

c) Der weitere Verlauf der Therapie und der dritte Traum

Berichterstatter: Im weiteren Verlauf kam es zu einer Reihe von Veränderungen, kleinen Veränderungen. Erstmals begann Christiane von Aspekten ihres Lebens zu sprechen, die nichts mit ihrer Familie zu tun hatten. Sie machte sich über ihre Arbeitssituation Sorgen. Besonders der Mann, dem sie zuarbeitete, zeigte sehr autoritäre Züge und schränkte sie zunehmend ein, so daß sie sich oft durch diese Situation bedrängt fühlte. Nachdem sie dies zur Sprache gebracht hatte, entschied sie sich, mit ihrem Vorgesetzten zu sprechen und ihn um eine Versetzung und Beförderung zu bitten. Sie fühlte sich zudem unterbezahlt und wollte gerne mehr und Interessanteres tun. Mit einigem Zittern brachte sie dies fertig und bald danach wurde sie in eine andere Abteilung befördert. Sie war nun weg von der Personalabteilung und arbeitete in der Geschäftsführung, wo sie für 40 bis 50 Angestellte verantwortlich war. Als dies zur Frage stand, war sie davon so angetan, daß sie ihre Familie anrief und ihrer Mutter berichtete, worauf diese natürlich nur mit Skepsis reagierte, ob es denn so ratsam sei, einer anderen Art von Beschäftigung nachzugehen. Ihr Vater hingegen sagte: „Das ist ja prima. Du verbesserst Dich von der Position der Angestellten zu der der leitenden Angestellten und dies ist sehr gut für Deine Ausbildung in Geschäftsführung." Mit dieser Äußerung akzeptierte sie die Beförderung und war ganz angetan davon. Sie tat ihre Arbeit wirklich gern. Gleichzeitig gab sie die kurze Beziehung mit Uwe wieder auf, als sie merkte, daß die Beziehung zu nichts führen konnte und sie sich sehr gebunden fühlte, obwohl sie wußte, daß sie sich großer Angst aussetzte. Auch dies erörterten wir. Doch kaum hatte sie die Beziehung zu Uwe aufgegeben, da bändelte sie einige Wochen später mit Peter an, einem leitenden Angestellten im Geschäft ihres Vaters.

In dieser Zeit, allerdings noch bevor sie Peter kennenlernte, begann sie, analytischer zu denken. Sie interessierte sich dafür, Situationen zu erarbeiten, kam selbst zu Einsichten und auf Deutungen und zeigte sich sehr motiviert.

Peter hatte den Kontakt mit ihr während seiner häufigen Flüge von Hamburg nach Frankfurt gepflegt. Nachdem sie mit Uwe gebrochen hatte, willigte sie ein und ließ sich von ihm zum Essen einladen. Sie war ein wenig besorgt, die Einladung anzunehmen, denn sie wußte, wie verletzlich sie war und wie verzweifelt sie jemanden in ihrer Nähe brauchte. Sie fühlte es und hatte Zugang zu ihrer großen Angst, allein zu sein. Über einige Wochen hinweg besuchte sie jede Nacht andere Freunde. Dies langweilte sie schließlich, und sie begann Gitarre zu spielen.

Mit Peter hatte sie eine Liebesbeziehung; sie sahen sich wöchentlich einmal. Im Laufe eines Monats verliebten sie sich regelrecht und bekannten sich auch dazu. Peter ist verheiratet und hat drei Kinder. Er ist einer der vier Vizepräsidenten im Unternehmen ihres Vaters. Er hatte durchaus vor Augen, daß einer der vier Vizepräsidenten auf den Posten ihres Vaters folgen würde, wenn dieser den Vorsitz des großen Unternehmens aufgeben wird. Nach zwei Monaten waren sie sich sehr nahegekommen; Peter flog in jeder Woche einige Male nach Frankfurt. Schließlich wurde die Beziehung so dicht und leidenschaftlich, daß sie spürte, die Familie sollte von ihr Kenntnis bekommen, denn sie würde auf die eine oder andere Weise sowieso darauf kommen.

Christiane fragte Peter, ob ihre Familie etwas von der Liebesbeziehung erfahren sollte. Peter war ihr sehr zugetan und sagte: „Ich glaube nicht, daß wir Deiner Familie alles mitteilen sollten, doch sage ihr, daß wir uns treffen." So machte sie es, und nachdem sie es gesagt hatte, sahen sie sich recht zwanglos und hatten sich ziemlich gern. Die Eltern reagierten sehr aufgebracht: „Bedenk doch, wenn hier etwas passiert – Du machst einen furchtbaren Fehler! Er ist verheiratet und hat eine Familie, er wird eine Zukunft haben und er ist ganz bestimmt nichts für Dich!"

Nach diesem Gespräch mit den Eltern träumte sie folgendes:

Traum 3: Ich befand mich an einem Strand mit weißem Sand. Um mich herum war keine Menschenseele; ich war sehr froh, an einem so ruhigen und sonnigen Ort zu sein. Ich spürte keinerlei Anspannung und war allen Verpflichtungen enthoben, als plötzlich eine Autoritätsperson – es war unklar, ob Mann oder Frau – mir sagte, daß ich noch heute nachmittag eine Veranstaltung zu organisieren hätte. Ich wußte nicht, um was für eine Art von Veranstaltung es gehen sollte, aber ich mußte den Strand verlassen und mich auf den Weg machen. Ich weiß nicht, warum ich zustimmte. Ich traf einige Freunde, zwei Freundinnen aus der Kindheit. Diese sagten: „Sei unbesorgt, Du wirst es schon schaffen, wir werden auch dort sein. Es wird in Ordnung gehen." Ich hatte nicht den Eindruck, daß sie die Angelegenheit ernst genug nahmen. Dann waren wir in einem Gemeindesaal, im Kirchenraum meiner Heimatstadt. Ich sah auf die Bühne des Gemeindesaales.

Dann wechselte die Szene, und ich war zu Hause auf dem Hof. Dort standen eine Menge Gepäckwagen sowie ein Zirkuszelt. Jede Menge Musikinstrumente waren dort gesammelt. Ich dachte, daß ich wie an der Universität ein Theaterstück organisieren sollte. Statt dessen aber sollte ich etwas aufführen, und ich wußte nicht, was. Ich hatte sehr Angst. Eine sagte: „Du mußt hier tanzen", und zwar auf dem roten Karussell. Es gab dort eines mit königsblauen Elefanten und roten Sitzen. Zuerst war ich froh zu tanzen, aber nicht unter solchem Zwang. Ich wollte tanzen, aber nicht bei der Enge des Raumes.

Ich sagte ihr, daß sie hier einen Raum der Freiheit habe, um etwas Eigenes zu tun, doch der Einfluß ihrer Eltern würde sie bestimmen, so daß sie sich ihnen verpflichtet fühle und den Vorschriften der Eltern folge. Sie fühle sich bei der Durchführung nicht frei.

Christiane fürchtete sich noch immer sehr, die Beziehung zu Peter fortzuführen. Sie hatte Angst, daß dies das Ende von allem bedeuten würde. Sie würde sich schuldig fühlen, daß Peter in seiner Karriere nicht mehr weiterkommen würde, daß er vielleicht gefeuert würde, in jedem Fall aber würde sie den ganzen Zorn ihrer Eltern auf sich ziehen. Denn wenn diese ärgerlich würden, gäbe es keine Möglichkeit mehr, sich mit ihnen auseinanderzusetzen. In den Augen ihrer Eltern wäre sie nicht einfach nur böse, sondern eine einzige Enttäuschung. Sie sagt: „Ich muß immer so leben, daß ich meiner Mutter das Leben erträglich, angenehm mache." Wenn immer sie zum Ausdruck bringt, daß sie glücklich ist, scheint ihre Mutter unglücklich zu sein. Was immer sie tut, das sie dem Leben draußen näherbringt, oder wenn sie auch nur davon spricht, versetzt die Mutter in Schrecken und läßt sie erbärmlich aussehen: „Schau, was Du mir antust!"

Fromm: Ich möchte bei der Bedeutung der ganzen Geschichte ein wenig weiter ausholen. Zunächst stellen sich bestimmte Fragen: Was denkt sich Peter dabei? Hat er einen geheimen Plan, daß er sich möglicherweise scheiden lassen wird, diese Frau heiraten und dazu noch Präsident werden will? Dies ist nicht zu weit hergeholt. Es ist vielmehr ein Spiel mit hohen Einsätzen, bei dem er auch hinausfliegen kann. Aber warum sollte Peter sonst riskieren, seinen Job zu verlieren? Und warum sollte Peter sonst so naiv sein und glauben, daß diese Eltern nichts bemerken, wenn ihnen die Tochter sagt, daß er sie häufig sieht? Es gibt da etwas sehr Eigenartiges: die Naivität dieser Eltern. Eben weil sie sich so wenig mit ihrer Tochter wirklich beschäftigen, sind sie so naiv. Wenn die Tochter plötzlich kommt und bekennt, daß sie Peter öfters sieht, dann würde doch jeder, der ein bißchen Verstand hat, sagen: „Offensichtlich haben sie eine Beziehung, sonst würde sie mir nicht davon erzählen. Daß sie ihn oft sieht, das ist eine Deck-Geschichte." Ihre Eltern aber verstehen sie wörtlich und drohen ihr nur, was passieren würde, wenn es so wäre.

Ich möchte an dieser Stelle darauf hinweisen, daß das, was man Naivität oder ein seltsame Art von Ignoranz nennen könnte, meist nichts anderes heißt, als daß sich jemand für einen anderen zu wenig interessiert. Für diese Eltern ist das gesamte Leben ihrer Tochter – was sie tut und welche Beziehungen sie lebt – nicht wirklich wichtig. Deshalb machen sie auch nicht den Versuch, hinzuhören, was ihre Mitteilung wirklich bedeutet, sondern sind mit der langweiligen Deck-Geschichte zufrieden und fragen nicht weiter. Solche Eltern lassen sich leicht täuschen, und die Tatsache, daß sie die Tochter seit 28 Jahren kennen, bedeutet gar nichts. Denn in all diesen Jahren erfuhr die Tochter nie etwas, was sie wirklich hätte spüren lassen, daß sie zu Hause ist. Solche Eltern sind dann völlig überrascht, wenn ihre Kinder plötzlich etwas Unerwartetes tun. Sie sind es so sehr gewohnt, daß ihre Kinder ihren Erwartungen entsprechend leben und sie nie enttäuschen würden, daß sie auch gar nicht mehr mit der Möglichkeit rechnen, daß ihre Kinder lebendige Menschen sind und etwas tun könnten, was diese selbst wollen, und sei es noch so etwas Verrücktes oder Extremes. So nehmen die Eltern gar nichts mehr wahr. – Das gleiche läßt sich oft auch in Ehen beobachten. Ich erinnere mich einer Frau, die dreißig Jahre verheiratet war und überhaupt nicht bemerkte, wie sie ihren Mann zur Raserei trieb.

Wenn man Beispiele von Naivität oder mangelndem Urteilsvermögen beobachtet, sollte man nicht über diesen Mangel an Urteilsvermögen sprechen, sondern sich fragen, ob diese Menschen nicht einfach zu desinteressiert sind, um es besser zu wissen. Es läßt sich mit Sicherheit zeigen, daß die gleichen Menschen, die bezüglich des Lebens ihrer Tochter so naiv sind, überhaupt nicht naiv sind, wenn es um ihre eigenen Angelegenheiten geht. Dieser Vater wäre kein bißchen naiv, wenn es um sein Unternehmen ginge. Käme ein Angestellter aus dem Unternehmen zu ihm mit einer Geschichte, die den Betrieb betrifft, würde er sofort feststellen, daß dies eine Deck-Geschichte ist. Doch wenn seine Tochter kommt, möchte er nicht gestört sein und in keinen Konflikt hineingezogen werden. So glaubt er ihr.

Daß Christiane verzweifelt und voller Angst ist, ist angesichts der Umstände klar. Peter hatte ihr nur mitgeteilt, daß er darüber nachdenke, seine Frau und seine Kinder zu verlassen. Solange er nämlich nur darüber „nachdenkt", ist es nur Gerede. Solange ein Mann nicht sagt: „Wenn Du mich heiratest, werde ich mich sofort scheiden lassen", lohnt es sich nicht einmal hinzuhören. Meistens sind die Frauen in der Position, daß sie so vernarrt sind und den Mann nicht mehr objektiv wahrnehmen können, und so romantisch, daß sie die Wirklichkeit nicht mehr sehen, daß sie der Äußerung des Mannes, darüber nachzudenken, eine ernsthafte Bedeutung beimessen. Es braucht schon einige Lebenserfahrung, um auf gesunde Weise zynisch zu sein. In gesunder Weise zynisch zu sein, möchte ich jedem empfehlen, denn es macht das Leben klarer, bewahrt einen vor vielen Irrtümern und bedeutet, daß man nicht auf all den gutgemeinten Schwindel hereinfällt, mit dem man sich und die anderen betrügt.

Wenn man die Geschichte der beiden hört, daß sie so wahnsinnig verliebt sind, dann beeindruckt mich dies gar nicht. Warum auch? Er ist einsam, sie ist einsam; deshalb lieben sie einander. Welche Bedeutung hat ihre Liebe wirklich? Er hat vermutlich nur sein Geschäft im Kopf; er ist in einem Konflikt und er ist – würde ich sagen – ziemlich dumm. Wie sieht seine Rechnung aus? Dies würde ich gerne wissen, denn dieser Mann setzt hier einiges aufs Spiel. Offensichtlich ist er an ihr nicht wirklich interessiert, denn sonst würde er anders sprechen. Vielleicht spielt er gerne mit einem hohem Risiko.

Christianes Gefühle sind ganz und gar durcheinander. Man müßte ihr sagen: „Es ist nicht verwunderlich, daß Sie durcheinander und ängstlich sind, denn Sie sind in einer unmöglichen Situation. Sie fürchten sich vor Ihren Eltern, und bisher hat dieser Mann Ihnen noch kein Zeichen gegeben, daß er Sie tatsächlich liebt, also wirklich mehr zeigt, als daß er mit Ihnen ins Bett geht und sich momentan von Ihnen angezogen fühlt. Auf welcher Grundlage steht diese Beziehung? Wie ernst gemeint ist sie? Sie sind 28 Jahre alt." Wäre sie erst 17 oder 18 Jahre alt, könnte man sagen, daß sie eben herumprobiert und daß damit nicht viel Schaden angerichtet wird. Aber es ist bereits ein wenig spät und solche Situationen sind in Wirklichkeit so verworren, daß ich sie auch keiner 17- oder 18jährigen empfehlen würde.

Die Situation mit diesem Mann ist undurchsichtig, sie ist unehrlich, von Grund auf unehrlich. Warum begibt sich jemand in eine Situation, die derart unehrlich ist? Es besteht dazu keine Notwendigkeit, und sie hilft niemandem weiter. Sie führt nur zu Enttäuschungen und zu einem Zynismus, der nicht gut ist. Denn ein Zynismus, der nicht mit einem großen Glauben einhergeht, ist pure Entmutigung, ist geradezu selbstdestruktiv. Die Frage ist also, was von all dem weiß das Mädchen – ich sage „Mädchen" statt Frau, denn eigentlich wäre „Kind" hier der treffende Ausdruck. Was sagt sie selbst darüber?

Berichterstatter: Sie sagt, daß sie erstmals in ihrem Leben zum Orgasmus komme. Er behauptet, daß er zum ersten Mal in seinem Leben eine so schöne Beziehung erlebe, so mächtig und gefühlvoll. – Ich sagte ihr, daß sie sich noch immer davor ängstige, sie selbst zu sein. – Sobald sie konnte, nahm sie wieder mit Uwe Kontakt auf. Als es mit ihm nicht klappte, ängstigte sie sich so sehr, daß sie sich schnell wieder bei Peter einhakte. Auf diese Weise kämpft sie noch immer, ohne zu wissen, was sie tut. Sie beschäftigt sich mit den verschiedensten Sicherheitsvorkehrungen, um Kontakt mit solchen Menschen zu haben, die bereit sind, ihr eine derartige Sicherheit zu gewähren, daß sie sich nicht treiben lassen muß oder allein gelassen ist.

Fromm: Man sollte die Tatsache, daß sie mit diesem Mann zum Orgasmus kam, nicht einfach ignorieren. Die Gründe können recht verschieden sein: Vielleicht ist er weniger gehemmt, ein besserer Liebhaber oder hat ein anderes Temperament. Sie ist freier. Eigenartigerweise ist sie dort, wo sie mit dem Feuer spielt, weniger gehemmt, obwohl der Fall von der Elternsituation her so kompliziert ist. Sie kann sich mehr gehen lassen als in Situationen, die in Wirklichkeit weniger schwierig sind. Gerade mit ihrem Ehemann, könnte sie ganz sicher sein; doch er gibt ihr keine Gelegenheit, so daß wir dies vergessen können. Aber mit Uwe könnte sie es spüren. Wir haben es also mit einem Symptom zu tun, das uns zeigt, daß sie in den wesentlichen Fragen noch keinen Fortschritt gemacht hat bzw. wäre es wichtig, dies eigens in Erfahrung zu bringen. Gibt es in der Beziehung zu ihren Eltern irgendeine grundlegende Veränderung?

Berichterstatter: Ja, es gibt eine geringe Veränderung: Sie ist bezüglich ihrer Einschätzung der Eltern und deren Interesse für sie ein wenig skeptischer. Ihr Vater ruft sie ein- bis zweimal in der Woche an. Gewöhnlich hat er in einem der Zweigbetriebe geschäftlich zu tun und ist unterwegs. Wenn er dann auf dem Flughafen in Frankfurt wieder ankommt, ruft er sie an oder er lädt sie alle zwei bis drei Wochen zum Abendessen ein. Sie bemerkt inzwischen seine oberflächliche Art und nimmt wahr, daß sie ihn nicht mehr in einer gottgleichen Art sehen muß. Gegenüber ihrer Mutter beginnt sie ein wenig Feindseligkeit zu fühlen, indem sie die Mutter deutlicher darin wahrnimmt, wie sie ihre eigenen Interessen dem Interesse an der Tochter vorzieht. Es gibt also eine kleine Veränderung in der Sicht der Familie, doch bezüglich ihres Ergriffenseins und ihrer Angst ist alles unverändert. Sie ängstigt sich noch immer ganz furchtbar, daß die Eltern sie aus irgendeinem Grunde einfach im Stich lassen könnten.

Fromm: Dies bedeutet also, daß sie als dreijähriges Kind ohne ein eigenständiges Leben natürlich fürchten muß, daß die einzigen Menschen, die ihr ein wenig Sinn in ihrem Leben geben, wenn sie zu Hause ist, sie im Stich lassen könnten. Sie fühlt Todesängste, daß sie von den Eltern im Stich gelassen werden könnte; dies ist zugleich eine Folge davon, daß sie nicht weiß, wie sie leben, sein und eine Persönlichkeit sein soll. Sie geht ihrem Beruf nach, wobei dieser eine Angelegenheit der Routine ist; danach quält sie sich; sie geht zur Analyse, die für sie ein Ort sein muß, wo sie sich ein wenig zu Hause fühlen kann. Dann schläft sie mit diesem Mann, der ein wenig das Gefühl geben kann, wie in früheren Jahren zu Hause zu sein. Im großen und ganzen geht dieser Frau aber das Gefühl völlig ab, zu *sein*: daß sie eine eigene Person ist, daß sie etwas tun könnte, daß sie leben könnte. Sie strampelt sich durchs Leben.

Man kann dies auf zwei verschiedene Weisen verstehen: Man kann sagen, weil sie so an ihre Eltern gebunden ist, ist sie unfähig, ihr eigenes Leben zu leben; dies ist die übliche psychoanalytische Betrachtungsweise. Aber ich glaube, man kann genausogut oder noch besser auch andersherum argumentieren: Weil sie nichts vom Leben weiß, weil sie nicht fühlt, was sie mit ihrem Leben machen kann, ist sie völlig blind dafür, was das Leben für sie bedeuten könnte. Solange sie keine Vision hat, *muß* sie ängstlich sein. Ich meine hier nicht eine theoretische Vision, sondern ein Gefühl, daß hier Leben ist, daß es ihr eigenes ist und daß sie selbst in diesem Leben etwas tun, etwas zum Ausdruck bringen kann.

Hierbei stoßen wir auf ein großes Problem: Reicht die Psychoanalyse aus? Ist es nicht vielmehr unerläßlich, daß jemand, der sich erforscht, auch lernen muß, wie er leben soll? Man muß eine Vorstellung von dem haben, was man mit seinem Leben anfangen möchte. Diese Frau ist wie eine Wanderin in einer Wüste, die keine Landkarte hat, und die nach jemandem Ausschau hält, der ihr den Weg aus der Wüste herauszeigen kann, weil sie Angst hat, in der Wüste zu verdursten. Dies ist nicht nur eine Metapher, sondern buchstäblich so: Sie braucht eine Landkarte, auf der nicht nur steht, wie abhängig sie in allem ist, sondern sie muß ihr auch zeigen, wohin sie jetzt gehen kann. Was ist dies: das Leben? Wer ist sie? Was könnte sie tun? Und damit meine ich nicht die praktischen Fragen ihres Berufs. Wir haben noch gar nicht nach ihren Interessen gefragt.

Berichterstatter: Sie zeigt ein großes Interesse für Musik. Sie liebt alle Arten von Musik, doch spielt sie selbst kein Instrument. Allerdings äußerte sie in dieser Zeit ihr Interesse daran, sich in der Musik auszudrücken. Da sie schon immer gerne Gitarrenmusik hörte, begann sie, Gitarren-Stunden zu nehmen, und zwar nicht um übliche Gitarrenmusik zu spielen, sondern klassische.

Fromm: Wenn sie sagt, sie habe ein großes Interesse an der Musik – vergessen wir einen Moment die Gitarre –, was bedeutet dies dann wirklich? Worin zeigt sich dies?

Berichterstatter: Es zeigt sich in der Tatsache, daß sie in die Frankfurter Oper geht, wofür sie Karten bekommen kann. Dies tut sie nicht nur aus Statusgründen; vielmehr mag sie Opern sehr. Sie hat auch einige Kenntnisse über Opern, über die Handlungen, die Komponisten. Obwohl ich selbst wenig davon verstehe, hatte ich auf Grund ihrer Bemerkungen doch den Eindruck, daß sie mehr als ein reiner Amateur ist.

Fromm: Ich muß gestehen, daß diese Auskünfte überhaupt keinen Eindruck auf mich machen; die Tatsache, daß jemand „in die Oper" geht, ist als solches noch kein Ausdruck eines großen Interesses an Musik, zumal in Frankfurt, wo der Opernbesuch ausgesprochen eine Statusfrage ist. Dies überzeugt mich noch nicht. Wenn mir jemand sagt, daß er sich für Musik interessiert, ist meine nächste Frage: „Bitte, sagen Sie mir, welches Stück sie am meisten mögen!" Die

Frage liegt auf der Hand, denn nur so kann ich eine Vorstellung bekommen, was die Antwort bedeutet. Wenn zum Beispiel jemand sagt: „Ich höre alles mögliche", dann weiß ich, daß er mit seiner Äußerung ganz dem Klischee entspricht. Abgesehen davon wissen wir ja, wie viele Menschen ins Konzert gehen, um Musik zu hören, oder ins Museum gehen. Sicherlich gibt es darunter auch ein paar wenige, die wirklich daran interessiert sind; doch wir wissen alle, auf welch höchst ehrbare Art jeder heute versucht, die Zeit totzuschlagen, wenn er zu einer bestimmten Bildungsschicht gehört. Man muß dann moderne Kunst ansehen oder auch nicht moderne Kunst und Konzerte besuchen, doch im großen und ganzen ist dies nicht Ausdruck eines wirklichen Interesses dafür, sondern eine Frage der Konvention. Es muß jemand schon sehr viel überzeugender sein; daß er in die Oper geht, besagt an sich noch nichts.

Sie glaubt, daß ihr die Musik wichtig sei, doch ich bin im allgemeinen gegenüber solchen Äußerungen sehr skeptisch. Die Tatsache, daß sie Gitarrenstunden nimmt – was bedeutet dies? In vielen Fällen wird damit ja bloß die Zeit totgeschlagen, so daß auch das Gitarrenstundennehmen nicht unbedingt ein großes Interesse an Musik bedeuten muß. Wie man früher Klavierspielen lernte, so nimmt man heute vielleicht Gitarrenunterricht. Wie ist dies bei ihr?

Berichterstatter: Ich hatte nicht das Gefühl, daß sie wirklich ganz darin aufging. Für mich bedeutet ihr derzeitiges Gitarrenspiel, daß sie den Wunsch hat, und sei es auch nur aus einem oberflächlichen Interesse, ihren emotionalen Reaktionen Ausdruck zu verleihen, vergleichbar der Tatsache, daß sie an einigen Morgen der Woche und am Wochenende neuerdings wieder zum Reiten geht. Natürlich kann es auch die Bedeutung haben, sich nur zu beschäftigen, doch macht es ihr großen Spaß. Zudem ist das Reiten eine Erfahrung im Umgang mit der Natur, und es war praktisch ihre erste Liebe.

Fromm: Sie hatte schon immer am Reiten Freude. Dies ist in der Tat eine gesunde und sehr angenehme Erfahrung, die zeigt, daß sie innerlich noch nicht tot ist. In unserem Zusammenhang bedeutet dies freilich nicht, daß sie an etwas wirklich ernsthaft interessiert ist. Da sie in den Stunden auch nichts über ihre Lektüre berichtet, scheint sie vom Lesen auch nicht sehr angeregt und gefesselt zu werden. Es ist ein bedeutsames allgemeines Phänomen, daß viele Menschen in den Analysestunden letztlich Banalitäten erzählen: was der Freund sagte, was man selbst tat, und dies und jenes, das sich je neu wiederholt; daß sie aber gewöhnlich nicht durch etwas bewegt werden, was außerhalb der letztlich banalen Ebene der relativ bedeutungslosen persönlichen Ereignisse liegt. Im Fall von Christiane läßt sich fragen: Diese Frau war einmal sehr vom Studium der Literatur fasziniert, dann haben die Eltern ihren Einfluß geltend gemacht, und nun scheint sie überhaupt nicht mehr ernsthaft daran interessiert zu sein. So ging anscheinend das verloren, woran sie einmal interessiert war. Sie führt nun ein Leben, das auf bestimmte Weise barbarisch ist, wobei ich unter barbarisch verstehe, daß dieses Leben keine Inhalte kennt, die über einen engen Interessenkreis hinausgehen. Sie kennt nur ihren Beruf und ihre Beziehung zu den Eltern und darüber hinaus nur einige schwache Ausbruchsversuche, die sie in große Schwierigkeiten bringen.

Die Frage ist, was man hier erreichen will und was die Psychoanalyse hier tun kann, wenn sie überhaupt etwas tun kann. Denn solange Christiane derart arm an Erfahrungen ist, die ihr das Leben fruchtbringend und interessant machen, wie soll sie da ein Leben aufbauen, das nicht furchtbar langweilig ist? Wie kann sie aus ihrer Abhängigkeit von den Eltern herauskommen? Diese Fragen sind so wichtig, daß sie in die Analyse eingebracht werden sollten. Ich glaube, diesen Fragen wird ganz allgemein in der Psychoanalyse zu wenig Aufmerksamkeit geschenkt, weil sie als kein oder nur als geringfügiges Problem angesehen werden. In Wirklichkeit ist es ein sehr großes Problem, wenn bei dem kulturellen Reichtum, in dem wir leben, und bei dem Reichtum von Büchern und Erfahrungen im Bereich der Wissenschaften und andernorts, ein Mensch so lebt, als gäbe es dies alles nicht und als sei die Welt völlig leer, als gäbe es nichts Wichtiges und als ob ihn außer ein paar armselige kleine persönliche Ereignisse nichts wirklich interessieren könnte.

d) Der vierte Traum und generelle Überlegungen zum Verlauf der Therapie

Berichterstatter: Der nächste Traum markiert einen Tiefpunkt in der therapeutischen Zusammenarbeit. Er wurde etwa einen Monat später geträumt. Bis dahin geschah folgendes: Christiane erörterte mit Peter die Vertiefung ihrer Beziehung; sie sahen sich jetzt jede Woche dreimal, Peter flog öfter nach Frankfurt als er eigentlich mußte und rechtfertigen konnte. Schließlich beschlossen sie, ihren Eltern von ihrer Beziehung zu berichten. Zu diesem Zeitpunkt begann Peter zu fühlen, daß er Christiane wirklich liebte. Mit Entschiedenheit und nicht nur als Gemeinplatz äußerte er, daß er ernsthaft daran denke, ob sie nicht das Leben gemeinsam verbringen könnten; allerdings wollte er dies nur, wenn dies nicht auf Kosten seiner Karriere ginge. Er spürte, daß ihm dies sehr wichtig war, und er war nicht bereit, seine Karriere aufzugeben, und auch Christiane wollte nicht, daß dies ihretwegen geschehe.

Christiane spürte, daß ihr Vater, der ihr versprochen hatte, in jedem Fall zu ihr zu stehen, vielleicht unter diesen Umständen bereit wäre, die Beziehung zu akzeptieren. Sie arrangierte ein Treffen mit ihren Eltern. Beide Eltern reagierten mit äußerstem Mißfallen, wurden sehr ärgerlich und gaben zu verstehen: „Wie kannst Du uns nur dies antun?"

Fromm: Wenn ich dies kurz dazwischenbemerken darf: Dies

war ein Fehler, den sie sich selbst zuzuschreiben hat. Sie hätte zuerst allein mit ihrem Vater sprechen sollen; in Gegenwart ihrer Mutter war der Kampf bereits verloren.

Berichterstatter: Am nächsten Tag sprach ihr Vater mit Peter, und Peter wurde dabei sehr direkt, wie beide Christiane später berichteten. Peter sagte: „Ich liebe Christiane und ich möchte sie gerne heiraten. Meine Ehe lief nicht sehr gut..." In dieser Weise redete er über seine Ansichten. – Die Eltern besprachen sich und trafen sich tags darauf, an einem Sonntag, mit Peter und Christiane. Sie sagten: „Sehen Sie, wir können hier einfach nicht zustimmen. Es gäbe im Unternehmen einen Riesenskandal, Ihre Zukunft wäre in jeder Hinsicht gefährdet, Sie würden nicht mehr aufsteigen, und wir können uns nicht vorstellen, daß es Ihnen unter den Umständen, unter denen wir hier alle leben, noch angenehm wäre, hier zu bleiben." Beide Eltern sprachen sich einmütig mit Entschiedenheit gegen diese Heirat aus. Der Vater drohte Peter, daß er ihn feuern werde, wenn er nicht folgendem Kompromiß zustimmen würde: Sie sollten ein Jahr lang keinen Kontakt mehr miteinander haben. Wenn sie nach diesem Jahr ohne Kontakt immer noch einander so zugeneigt sein sollten, dann könnten sie mit ihrem Begehren bei der Familie noch einmal vorstellig werden.

Christiane war tief getroffen. In der folgenden Nacht hatte sie den bisher ernstesten Traum, den sie mir am Montag zur Stunde mitbrachte:

Traum 4: Ich war in einem großen Raum, einem Sitzungssaal. Ich sitze zusammen mit etwa 12 anderen Männern und Frauen auf einer Bühne. Jemand leitet die Sitzung wie bei einem Prozeß durch Abstimmung. Wir zwölfe sind ohne nähere Angaben wegen Untreue angeklagt, und unsere Strafe ist der Tod. Dieser soll durch eine von einem Arzt gegebene Injektion herbeigeführt werden. Meine Eltern sind bei der Sitzung anwesend, zusammen mit meiner Tochter Lisa. Henry, eine Art alter Freund, der die Familie kennt und ihr freundlich gesonnen ist, und den ich ab und zu getroffen habe, ist nicht mit im Raum, aber in einer Art Presseraum gleich nebenan. Der Saal ist alt, mit ungehobeltem Holz gestaltet. Er erinnert mich irgendwie an eine Kirche.

Wir gehen zur Hinrichtung. Der Beschluß, daß wir getötet werden sollen, ist endgültig. Ich bin eine der letzten. Zuerst kommen jene dran, die sich als Führer erwiesen haben; es sind zumeist Männer. Dann kommen die Frauen, und zwar in der Reihenfolge, wie sie getötet werden sollen. Ich bin nicht an letzter Stelle, weil auch ich eine gewisse Führungsrolle beansprucht habe. Dennoch rangierte ich ziemlich am Ende. Die Reihenfolge, in der die zwölf hingerichtet werden sollten, wurde auf ein Schaubild aufgetragen. Bei jedem Namen waren Henkelkreuze, also altägyptische Symbole für Leben. Die Henkelkreuze waren auf dem Schaubild oben, das Schaubild wurde dann aber um 45 Grad gedreht, so daß die kleinen Kreise der Henkelkreuze nach oben zeigten. Manche hatten fünf, vier, drei oder zwei Henkelkreuze. Ich hatte nur zwei oder drei, was besagte, daß ich ziemlich am Ende dran kam. Die, die zuerst sterben mußten, hatten es leichter als der Rest, der warten mußte, denn wir mußten zusehen, wie die anderen starben. Neben der Bühne war ein Raum, in dem der Doktor war. Im Raum stand eine große Couch, ähnlich der, auf der man Blut spendet, nur daß sie besser gepolstert war. In manchen Krankenhäusern gibt es eine grüne Bank, auf der man beim Blutspenden liegt, doch war die Bank gepolstert und dunkelgrün. Im ganzen Traum herrschten die Farben grün, braun und grau vor.

Der Tötungsprozeß verlief so, daß man zuerst zwei große Injektionen bekam, zuerst eine, dann nach einer Weile eine zweite und schließlich nochmals nach einer Weile eine dritte, die einen dann tötete. Jeder im Raum war freundlich und nett und zeigte eine oberflächliche Sympathie. Meine Eltern waren nett, aber distanziert. Sie sagten, sie würden für Lisa sorgen. Von Zeit zu Zeit verließ ich den Raum, um meinen Freund Henry zu sehen, doch dieser war kalt, wenig einfühlsam, und sagte immer nur: „Ich habe es Dir ja gesagt, daß dies passieren wird." Er ermahnte mich auf eine distanzierte Art und Weise. Ich verlangte sehr nach seiner Liebe und Nähe, doch er gab sie mir nicht. Nachdem ich die beiden Injektionen bekommen hatte, nahm ich Lisa auf einen letzten Spaziergang mit. Wir gingen einen Bürgersteig in der Nähe meines

Büros in einer dunklen und dreckigen Straße auf und ab. Lisa war ganz in weißer Spitze gekleidet, in einem wunderschön weiß und marine-blauen Kinderwagen. Ich spürte eine ungeheure Angst und Furcht, tiefreichenden Schmerz, aber es war nicht merkwürdig, daß ich nicht schrie. Ich kam zurück und schaute in den Spiegel. Ich war kreideweiß und blaß, totenähnlich. In der Umgebung wurde geweint und geflüstert. Leute standen herum und unterhielten sich. Als ich schließlich wieder dran war und vom Doktor meine dritte Injektion bekam, wachte ich auf.

Bei der Bearbeitung dieses Traumes war sie voller Angst. Sie spürte, daß sie zum Sterben verurteilt ist, wenn sie so von ihrer Familie behandelt wird. Sie half ihr in keiner Weise, vielmehr waren sie mit dem Urteil einverstanden und unternahmen nichts. Sie empfand, daß der Doktor ihr nicht half, sondern ihr Schmerzen zufügte. Sie hatte keine andere Wahl, als mit der Bestrafung einverstanden zu sein. Die Eltern und die Tatsachen hatten sie abgeschrieben. Wir fragten uns , warum sie trotzdem noch immer derart auf den Gehorsam gegenüber den Eltern eingeschworen sei und sich vor ihnen fürchtete.

Fromm: Dieser Traum könnte eine Kurzgeschichte von Kafka sein; er ist äußerst kunstvoll und tief empfunden. Hier sieht sie ihre Situation in einer Tiefe, die nur ein wirklich großer Dichter, ein großer Schriftsteller wie Kafka sie zu Papier bringen könnte. Sie kann sie zwar nicht zu Papier bringen, doch sie ist fähig, ihr ganzes Schicksal mit größter Genauigkeit, mit großer Gefühlsstärke und Schönheit zum Ausdruck zu bringen. Der Traum bedarf kaum weiterer Kommentierungen: Sie empfindet, daß sie in ihrer Situation gänzlich geschlagen ist; sie ist am Ende. Der Traum ist wie eine Reaktion auf die Reaktion ihrer Eltern, und sie fühlt, daß sie jetzt verloren hat. Sie weiß schließlich nicht mehr, wo sie noch Zuflucht nehmen könnte, wobei sie den Analytiker auf eine Ebene bringt mit den Eltern. Sie sagt zwar nicht direkt: „Er hat mir nicht geholfen", doch er steckt mit den Eltern unter einer Decke. Sie hat also den Analytiker nicht als eine gegen die Eltern gerichtete Größe erlebt, sondern stellt den Analytiker als weitere Figur neben die Eltern. Die Frage ist, ob dies durch eine aktivere und direktere Partnerschaft, die gegen die Eltern gerichtet ist, hätte vermieden werden können.

In einer solchen Situation würde ich sehr viel deutlicher machen, wie ich diese Eltern erlebe: die Mutter unmenschlich und den Vater als einen schwachen, untauglichen Mann, wenn es um menschliche Beziehungen geht. Ich würde auch deutlich sagen, wie schockierend ich es finde, von den Eltern so sehr unter Druck gesetzt zu werden, daß sie dies nicht einmal mehr zu spüren vermag.

Jeder echte Wachstumsschritt ist ein revolutionärer Akt, ein Akt persönlicher Revolution. Er bedeutet, daß man sich von den Menschen befreit, die einem das eigene Leben abnehmen wollen. Ob sie dies mit offenen Karten tun oder auf die weiche Tour, in der Entwicklung eines jeden Menschen führt es dazu, daß das Selbstsein zu einem Problem der Befreiung wird, für die man Mut braucht, und die Schmerzen, manchmal auch Leiden bedeutet. Das Kernproblem ist immer, ob ein Mensch den Mut aufbringt oder ob er kapituliert. Die meisten Menschen, die kapitulieren, versuchen diese Tatsache und daß sie das schwierige Problem nicht gemeistert haben, zu verheimlichen. Sie finden auch Mittel und Wege dazu.

Das Problem ist meines Erachtens, daß man Farbe bekennen muß, denn bei dieser Frage gibt es keine Neutralität. Es geht um die wichtige Frage des Werturteils. Freud und mit ihm viele andere würden sagen, daß mein Farbebekennen ein Werturteil über diese Eltern sei. Ich würde gegenfragen: Ist es ein Werturteil, wenn man jemandem die Diagnose mitteilt, daß er Krebs hat? Ist es ein Werturteil, wenn man ihm mitteilt, daß er vermutlich an dieser Krankheit sterben werde? Ist es ein Werturteil, wenn man jemandem sagt, daß er an seiner verrückten Diät sterben werde oder erkranken werde? Natürlich sind dies keine Werturteile, sondern Tatsachenbehauptungen über Ursachen und Wirkungen, die im psychischen Bereich genauso gültig sind wie im physischen, nur daß man sie im physischen Bereich beweisen kann. Auch im psychischen Bereich gibt es Beweise, am Ende des Lebens. Freilich wollen dies die Menschen nicht wissen.

Die Frage lautet: Wie kann der Psychoanalytiker beim revolutionären Prozeß, beim Prozeß der Befreiung eines Menschen behilflich sein? In welcher Weise kann er aktiv helfen, und wie kann er auf den Prozeß einwirken? Meiner Meinung nach geht es hier um eine sehr bedeutende Aufgabe jeder Therapie und auch jeder Erziehung. Ich beziehe hier die Erziehung mit ein, obwohl sie gewöhnlich eine gesellschaftliche Einrichtung ist, die sicher nicht dazu beiträgt, daß Menschen sich selbst befreien und unabhängig werden. Keine gesellschaftlich gestützte Institution verfolgt dieses Ziel. Dies ist auch der Grund, warum die Erziehung im allgemeinen so wenig zur Entwicklung eines Menschen beiträgt. In der Psychoanalyse ist dies ein wenig anders, weil der Analytiker die Freiheit hat, er selbst zu sein und relativ unabhängig zu leben.

Ich erwähne dieses allgemeine Problem hier nur deshalb, weil dieses Mädchen [Christiane] noch immer auf einer Entwicklungsstufe steht, wo sie noch keine andere Welt sieht; sie kann nichts anderes wahrnehmen, als daß sie eine Niederlage erlitten hat. Was ihre Eltern mit der verrückten Bedingung eigentlich wollen, würde mich schon aus reiner Neugier für das, was in ihnen vor sich geht, interessieren. Wie wollen sie es vermeiden, daß die beiden sich sehen, miteinander schlafen? Wollen sie einen Detektiv engagieren? Und in welcher Weise haben die beiden vor, die von den Eltern gesetzte Bedingung zu respektieren? Wie hat Peter auf die Bedingung reagiert?

Berichterstatter: Peter hat sehr unglücklich reagiert. Er hat sie ungefähr noch einen Monat lang heimlich in Frankfurt getroffen, dann gab er auf. Er sagte: „Dies ist das einzige, was wir tun können."

Fromm: Wie reagierte Christiane auf Peters Entscheidung, sie fallenzulasssen, um seine Karriere nicht beenden zu müssen? Er hätte ja auch woanders eine Stellung finden können, und offensichtlich wollte er seine Spitzenstellung nicht aufgeben.

Berichterstatter: Als Peter sich entschied, sich dem Vater von Christiane zu beugen, war Christiane zunächst sehr verletzt. Ich fragte sie, was sie damit meine, wenn sie sage, sie sei verletzt. Sie antwortete, sie sei „aufgebracht". Als ich auch dies nachfragte, bekannte sie, daß sie auf ihn wütend sei. Denn wäre er ein Mann mit mehr Mut, dann hätte er bei seinen sonstigen Fähigkeiten sehr wohl etwas anderes tun können. Ich vermute allerdings, daß sie mehr enttäuscht als wütig war, denn es war keine Wut, wie wenn jemandem übel mitgespielt wurde oder wie wenn jemand sich mißbraucht fühlt. Darüber hinaus hatte sie selbst auch Schuldgefühle.

Fromm: Sie fühlte sich schuldig, weil sie selbst es verpfuscht hatte. Die richtige Strategie wäre gewesen, zuerst den Vater zu gewinnen, der einfühlsam und empfänglich für sie ist, um dann, wenn sie den Vater auf ihre Seite gebracht hatte, zu ihm zu sagen: „Vater, ich brauche Deine Hilfe für Mutter." Der Vater hätte vielleicht sich nicht gewinnen lassen, doch die beiden in der Kälte mit der Frage zu konfrontieren, ließ eigentlich keine andere Reaktion erwarten. Sie hat also nicht ihr Bestes getan, ganz ähnlich wie bei ihrer Bewerbung für ihr Hauptstudium in Literatur. Sie traute sich nicht wirklich, das zu tun, was sie möchte. Statt dessen realisierte sie es in einer wirkungslosen Weise, obwohl sie intelligent genug ist, es besser zu wissen. Sie kennt ihren Vater sehr gut.

Diese Kenntnis ist ihrer Selbstachtung jedoch nicht förderlich.

Peter ist ein Mann, der nur vorgibt, sie sehr zu lieben. Sobald es aber darum geht, daß er einmal Präsident des Unternehmens werden möchte, kommt es wie erwartet: Die Karriere ist ihm noch wichtiger als seine große Liebe. Statistisch gesehen, handeln die meisten Menschen heute so. Für Christiane ist es aber sehr schlimm, dies zu erleben, denn es war für sie die erste Beziehung, bei der sie vermutlich wie noch nie zuvor ernsthaft engagiert und in einen Mann verliebt war. Natürlich versetzt sie diese Erfahrung in diese Stimmung.

Frage: Hätte sie vielleicht nicht eine Chance gehabt, wenn sie von Anfang gewußt hätte, daß diese Beziehung zu nichts führen kann und daß sie deshalb eine Niederlage erleiden werde? Konnte sie vielleicht auch einfach mit einer Situation nicht fertig werden, in der es eine Zukunft gibt?

Fromm: Nein, sie kann es nicht, und dies paßt zu dem Eindruck der Desorientierung, den sie macht. Sie rennt wie ein Huhn in der Gegend herum, ohne zu wissen, was sie tun und woran sie sich orientieren soll. Aus einer solchen Situation heraus ging sie zu den Eltern und sagte ihnen, daß sie einen neuen und besseren Job habe. Sie ruft dann ihre Mutter an. Wie dumm! Aber es ist nicht dumm, denn sie weiß es nicht besser. Die Familie ist der einzige Ort, an dem sie jemand ist, ansonsten gibt es nur Wüste. Um beim Bild zu bleiben: Die Eltern sind sozusagen die einzige Oase. Sie weiß, daß sie vor Durst sterben wird, sobald sie diese Oase verläßt. Sie hat keinen einzigen Menschen, der ihr hilft, sie hat keine Landkarte, keinen Kompaß, nichts hat sie. Und dies stimmt buchstäblich; so fühlt sie es. Dies ist keine poetische Sprache, sondern exakt das, was sie fühlt. Deshalb: Wie könnte es anders sein und wie könnte sie anders handeln, wenn sie fühlt, daß dies ihre Situation ist?

Frage: Wie hätten Sie ihr geholfen, falls dies möglich ist, damit sie zu Kräften gekommen wäre, rebelliert hätte oder zu rebellieren angefangen hätte?

Fromm: Ich hätte sie zur Rebellion angestachelt, und zwar sehr entschieden. Ich hätte es auf alle Fälle probiert. Freilich weiß man nie, was daraus wird, wenn man Menschen zur Rebellion anstachelt. Doch dies wäre das erste gewesen, was ich versucht hätte. Denn ich weiß, solange sie dies nicht tut, kann es ihr niemals gutgehen und wird sie nie ein glückliches Leben haben. Sie befindet sich wie in einem posthypnotischen Zustand, wo sie erfüllen muß, was ihr suggeriert wurde.

Frage: Könnte es sein, daß ihre Beziehung zu Peter von dem unbewußten Wunsch motiviert war, gegen ihre Eltern zu rebellieren?

Fromm: Ja, aber dies sind alles die gleichen erfolglosen Rebellionen, die nur zu neuen Niederlagen führen. Derartige Rebellionen lassen sich im Leben immer wieder beobachten. Menschen wollen rebellieren, doch sie tun dies in einer Weise, daß sie ganz sicher eine Niederlage erleiden. Sie beweisen sich auf raffinierte Weise nur, daß Rebellion eben nutzlos ist. Solche Rebellionen folgen einem einfachen Muster: Ein Sohn macht seinem Vater die größte Szene, schreit ihn an, macht Vorwürfe und spielt verrückt. Am Tag nach der großen Rebellion kehrt er zurück, entschuldigt sich oder muß sich entschuldigen, weil er sich so kindisch verhalten hat. Hätte er seinem Vater in klaren Worten gesagt, was er wirklich denkt, und dies auf den Punkt gebracht, dann hätte er einen Sieg davongetragen. Der Vater wäre dann nämlich in Verlegenheit geraten. So aber ist der Vater wieder in der Position des Überlegenen. Und dies wiederholt sich stets von neuem.

Ich hätte Christiane deshalb schon früher in der Therapie

deutlich gefragt, ob die Beziehung zu Peter nicht einer der erfolglosen Rebellionsversuche sei. Ich hätte über die möglichen Strategien dieses Mannes gesprochen und auch darüber, daß man erwarten kann, daß die Beziehung so endet, wie sie endete, weil für diesen Mann die Karriere – wobei es ihm nicht nur um eine Karriere geht, sondern, um gut zu leben, um eine Spitzenkarriere, um einen Spitzenerfolg – wichtiger ist, als so sehr verliebt zu sein, wie er es immer wollte.

Ich mache alle diese Bemerkungen nur aus dem Grund, um anhand dieses Fallberichts meine eigenen Ansichten zur Therapie mitzuteilen. Wenn ich auf mein eigenes Therapieren zurückblicke, dann bin ich gewöhnlich über die Art, wie ich Menschen vor fünf Jahren analysiert habe, beschämt, weil ich diesen und jenen Fehler gemacht habe. Es ist zudem ein derart komplexer Prozeß, daß man auf Grund von kurzen Notizen natürlich nur einen unvollkommenen Bericht geben kann und viele Dinge notgedrungen zu kurz kommen. Was ich gesagt habe, sind deshalb nicht in erster Linie Reaktionen auf den Fallbericht, sondern Bemerkungen über mein analytisches Denken und über analytische Therapie anhand des Berichts. Ich habe wirklich nicht sehr viel zur Fallgeschichte gesagt, sondern nur das Material benutzt, um bestimmte eigene Vorstellungen auszudrücken. Mehr wollte ich in diesem Rahmen auch nicht tun.

7. Besondere Methoden bei der Therapie der modernen Charakterneurosen

Um das Leiden an sich selbst, das für die moderne Charakterneurose kennzeichnend ist, zu behandeln, sind zusätzliche Methoden nötig, die über das, was die Psychoanalyse bisher tut, hinausgehen. Um diese Methoden geht es im folgenden.

a) Das eigene Handeln ändern

An erster Stelle ist es meiner Meinung nach notwendig, nicht nur sich selbst zu analysieren und seiner selbst gewahr zu werden, sondern *das eigene Handeln zu ändern*. Wird man sich nur seiner selbst gewahr, ohne zugleich Schritte zu realisieren, die sich aus diesem neuen Bewußtsein ergeben, dann bleibt alles Gewahrwerden wirkungslos. Man kann sich analysieren und viele Jahre lang alles wissen, doch es wird wirkungslos bleiben, wenn es keine Früchte bringt und es nicht gleichzeitig von Veränderungen in der eigenen Lebenspraxis begleitet wird. Diese Veränderungen mögen klein sein, aber sie verändern, während der Weg, den einige linke Philosophen weisen, indem sie behaupten, daß der Mensch erst mit der Revolution besser werden wird, nicht vorwärts führt. Marcuse vertritt die Auffassung, daß jeder Versuch, ein besserer Mensch zu werden, vor der Revolution nur reaktionär sei. Dies ist meiner Meinung nach blanker Unsinn, denn wenn die Revolution kommt und niemand hat sich verändert, wird die Revolution nur das ganze Elend wiederholen, das vorher da war. Revolutionen werden dann nämlich von Menschen gemacht, die keine Ahnung davon haben, wie ein besseres Leben sein könnte.

Welche Veränderungen in einem möglich sind, ist eine schwierige Frage. Die Möglichkeiten sind begrenzt, doch sollte man auch nicht übervorsichtig sein. Während der Psychoanalyse sollte man immer im Auge haben, wie sich jemand beleben und wodurch sich jemand zu neuen Gefühlserfahrungen anspornen läßt, und auf das Erleben und insbesondere auf die Widerstände achten, die er zeigt, wenn er den nächsten Schritt macht und in anderer Weise handelt. Ohne diese Veränderungen verbleibt man in einer irgendwie unwirklichen Situation trotz all der subjektiven Erlebnisse, die jemand hat. Welcher Art die Veränderungen sind, hängt ganz von der Situation ab. Die Psychoanalyse birgt aber in sich die große Gefahr, daß alles nur analysiert wird und man glaubt, daß man die entscheidenden Schritte zur Veränderung erst tun wird, wenn die Psychoanalyse beendet ist. Es ist meine Überzeugung, daß man mit den verändernden Schritten schon vorher anfangen muß. Die Frage ist nur, welche Veränderungen mit welcher Intensität und Qualität angegangen werden sollen, und daß die Veränderungen nicht unrealistisch sind und jenseits der momentanen eigenen Möglichkeiten liegen. Dies ist freilich ein ernstzunehmendes und schwieriges Problem.

b) Interesse an der Welt entwickeln

Bei der Behandlung der modernen Charakterneurosen, bei der die Menschen an sich selbst leiden, ist eine weitere Erfordernis, mit dem übermäßigen Interesse an sich selbst aufzuhören. Die Psychoanalyse birgt die große Gefahr in sich, daß Menschen, die eigentlich nur an sich selbst interessiert sind, in der Psychoanalyse ein unendlich weites Feld vorfinden, ihren Narzißmus zu praktizieren. Für sie ist nichts auf der Welt so interessant wie ihre eigenen Probleme. Nehmen wir als Beispiel die Frau aus dem Fallbericht: Wofür interessiert sie sich? In Wirklichkeit für gar nichts, außer für ihr Leiden, ihren Ehemann, ihre Eltern und für ihr Kind. Aber es handelt sich um eine Frau, die studiert hat, die eine Bildung genossen hat, die in einer Zeit lebt, wo ihr der ganze Reichtum menschlicher Kultur offensteht: Musik, Bücher, Kunst, alles. Sie kann die schönsten Bücher lesen, die je auf der Welt geschrieben wurden, sie hat die größte Auswahl an Musik, sie kann spazierengehen, sie kann reisen. Und hier sitzt eine Frau, die an all dem nicht interessiert ist, sondern nur ihr eigenes Problem kennt.

Wer nur seine eigenen Probleme kennt, kann nicht gesund und zu einem wirklich menschlichen Wesen werden. Man kann nicht aufgeschlossen, mit Freude und in Unabhängigkeit leben, wenn man nur an sich selbst und an seinen Problemen interessiert ist. Man muß mit beiden Füßen auf dem Boden der Realität stehen, doch der Boden darf keine Nadel sein, denn auf einer Nadel können nur Engel tanzen, um eine mittelalterliche Spekulation aufzugreifen. Auf ihr läßt sich nicht stehen. Stehen kann man nur auf einem Grund, der breit und reich ist, und wenn man auf die Welt in einer produktiven, interessierten Weise bezogen ist.

Das Wort „Interesse“ ist kein gutes Wort, um diese Art von Bezogenheit zum Ausdruck zu bringen, es sei denn, es wird im lateinischen Wortsinne von *inter-esse* gebraucht. Dann bedeutet es, daß man „bei etwas“ oder „in etwas anderem“ ist. Heute wird das Wort „Interesse“ meist in einem Zusammenhang gebraucht, wo es fast das Gegenteil bedeutet. Wenn jemand sagt: „Ich bin daran interessiert“, dann meint er eigentlich: „Es langweilt mich“. Wenn jemand bezüglich eines Buches oder einer Idee sagt: „Das ist sehr interessant“, dann meint er in Wirklichkeit, daß er es nicht von sich weist und verabscheut, drückt dies aber mit der höflicheren Formel aus. [...]

Sowohl in der Psychoanalyse als auch im Alltag muß die Gefahr abgewendet werden, daß jemand sich nur auf sich und seine Probleme konzentriert und von der Welt um ihn herum abgetrennt bleibt. Es gilt, daß er oder sie auf das, was ihn oder sie umgibt, auf die Menschen, die Ideen, die Natur, in einer teilnehmenden Weise bezogen bleibt. [...] Wie kann jemand sein Leben reicher machen? Das ganze Elend, das viele Menschen heute spüren, hat seinen Grund nicht darin, daß diese Menschen so krank sind, sondern weitgehend darin, daß sie von dem abgetrennt sind, was das Leben interessant und schön macht und was es belebt. Sie sitzen nur da und brüten über ihren Problemen, sorgen sich um ihre Sünden, Fehler, Symptome und Gott weiß was, wo sie doch auch dasitzen könnten und sich des Lebens auf vielerlei Weisen erfreuen könnten. Natürlich kommt jetzt gleich der Einwand: „Ja, aber ich bin viel zu depressiv, um dies zu tun.“ Das stimmt auf der einen Seite, aber es ist nicht die ganze Wahrheit. Sie versuchen es nicht einmal richtig, ihr Leben zu bereichern, weil sie sofort denken, der beste Weg, sich selbst zu heilen, sei der, sich ganz auf die eigenen Probleme zu konzentrieren. Und eben dies ist *nicht* der beste Weg. Es ist der schlechteste Weg.

Sich auf seine eigenen Probleme zu konzentrieren, muß meines Erachtens immer Hand in Hand gehen mit einer zunehmenden Ausdehnung und Intensivierung des eigenen Interesses am Leben. Dieses wachsende Interesse am Leben kann sich auf die Kunst, ja auf alles beziehen, insbesondere aber auch auf Ideen. Ich glaube nicht, daß das Interesse an Ideen nur ein Zeitvertreib ist. In diesem Punkt stimmte ich nie mit Alexander Sutherland Neill und seinem Projekt „Summerhill" überein, weil er meiner Meinung nach zu wenig Wert auf die Bildung des Geistes gelegt hat. Ich denke dabei nicht so sehr an die rein intellektuelle Bildung des Geistes, sondern an seine Bereicherung. Konkret ist zum Beispiel zu fragen: Was liest jemand? Ich empfehle, mit dem Lesen zu beginnen und bedeutende Bücher zu lesen, und sie mit Ernst zu lesen. Ich habe den Eindruck, daß das Lesen des modernen Menschen von der Idee geleitet wird, sich möglichst nicht anzustrengen. Ein Buch sollte leicht zu lesen sein, kurz und unmittelbar vergnüglich sein.

Dies sind natürlich alles Illusionen. Nichts, was wirklich wertvoll ist, kann ohne Anstrengung getan oder gelernt werden und erfordert einiges an Opfer und Disziplin. Die ganze Idee, Musik zu spielen oder etwas anderes in „acht leichten Übungsstunden" zu lernen, hat nur den Zweck, den Leuten das Geld aus der Tasche zu holen. Ansonsten ist es völliger Unsinn, doch ist dies der Geist, der – wenn auch nicht in dieser primitiven Weise – in unserer Bevölkerung vorherrscht. Daran ändert auch die Tatsache nichts, daß so viele Bücher veröffentlicht werden, denn die Zahl der Bücher, die ernsthaft gelesen werden und die wirklich bei einem Menschen Spuren hinterlassen, ist meiner Überzeugung nach heute sehr gering. Die Frage der Lesegewohnheiten und danach, in welcher Weise jemand was liest, ist deshalb eine zentrale Frage.

Wenn es um das Lesen geht, sollte man damit beginnen, sich eigene Überzeugungen zu schaffen, Werte anzueignen und um die Richtung zu wissen, in die man sein eigenes Leben lenken will. Gelingt dies nicht, irrt man nur ziellos herum. Ich habe den Eindruck, daß die Menschen heute kaum noch etwas Überliefertes lesen, weil man glaubt, man müßte selbst auf alles kommen. Dies ist freilich eine ziemlich törichte und ignorante Vorstellung, wie wenn man die Genialität der bedeutendsten Menschen der Geschichte in einer Person vereinen könnte und alles selbst auf einmal entdecken könnte. Dies zeugt nur davon, daß jemand nicht ernst zu nehmen ist und daß er in Wirklichkeit nicht darauf aus ist, etwas Großes, Neues und Aufregendes zu entdekken. Die meisten Menschen haben es noch nie erlebt, wie sehr man durch eine Entdeckung, durch das Erblicken oder das Suchen nach etwas Neuem belebt wird. Wer nicht irgendwann zu einer Vorstellung von seinem Leben gelangt, zu einer Ausrichtung, zu Werten und zu Überzeugungen, die nicht von anderen in ihn hineingegeben wurden, sondern die sich aus seiner eigenen Erfahrung ergeben, jedoch von ihm auch mit Hilfe der aktiven, produktiven und kritischen Lektüre der Werke der großen Führer des menschlichen Geistes in Erfahrung gebracht wurden, der wird meiner Überzeugung nach nie den Punkt erreichen, wo er sich sicher und seiner selbst gewiß fühlt und das Zentrum in sich spürt.

Ich weiß, daß meine Vorschläge heute nicht als sehr modern gelten. Sie werden für dogmatisch oder autoritär gehalten und mit dem Argument zurückgewiesen, daß man auf alles selber kommen müsse. Ich halte es umgekehrt für ungesittet und dumm, wenn man darauf verzichtet, von den Errungenschaften, die die Menschheit hervorgebracht hat, zu lernen. Man vergibt sich diese Möglichkeit im Namen der Unabhängigkeit und um die Autorität zu verschmähen; man hält alles von sich fern, was den menschlichen Geist beeinflußt, ihm Wasser, Nahrung und Sonnenlicht gibt, alles, was er braucht, um sich zu entwickeln. Soweit es ums Essen geht, kann man durchaus Vegetarier sein; wenn man sich aber hinsichtlich der geistigen und spirituellen Nahrung vegetarisch verhält und das meiste des Angebotenen zurückweist, dann trocknet der eigene Geist ziemlich schnell ein.

c) Kritisch denken lernen

Ein dritter Punkt ist die Forderung, *kritisch denken zu lernen*. Das kritische Denken ist die einzige Waffe und Abwehr, die der Mensch gegen die Gefahren im Leben zur Verfügung hat. Wer nicht kritisch denken kann, ist in Wirklichkeit allen Einflüssen, Suggestionen, allen Irrtümern und Lügen ausgesetzt, die verbreitet werden und mit denen er vom ersten Tag an indoktriniert wird. Man vermag nicht frei sein, sich selbst bestimmen und sein Zentrum in sich selbst finden, wenn man nicht kritisch denken und in einem gewissen Sinne auch zynisch sein kann.

Daß kritisches Denken etwas mit Gewahrwerden zu tun hat, läßt sich am besten an Kindern beobachten; diese sind nämlich noch kritikfähiger als Erwachsene. Ein Kind beobachtet zum Beispiel, wie seine Mutter zu einer Besucherin sagt: „Wie schön, Sie zu sehen!" und in diesem Stil weitermacht; dann aber, als der Besuch wieder gegangen ist, hört das Kind, wie seine Mutter zum Vater sagt: „Gott sei Dank, sie ist gegangen!". Das Kind nimmt diesen Widerspruch noch wahr und vielleicht traut es sich noch, wegen des Widerspruchs nachzufragen. Mit der Zeit aber wird sein kritisches Denken Schritt für Schritt unterdrückt, sei es, weil die Mutter etwas daherlügt, sei es, weil die Mutter ärgerlich wird, sei es, weil die Mutter böse wird und sagt: „Das verstehst Du noch nicht!" Auf diese Weise wird das kritische Denken des Kindes langsam erstickt, bis ihm keine kritischen Gedanken mehr kommen.

Kritisch denken zu können, ist eine spezifisch menschliche Fähigkeit. Manipulativ denken, das heißt, so denken zu können, daß man etwas anstellen kann und zu etwas kommt, können auch die Schimpansen bestens. Schimpansen sind tatsächlich Tiere mit einer ausgezeichneten instrumentellen Vernunft. Bei Experimenten haben sie Aufgaben gelöst, die so kompliziert waren, daß viele sie nicht lösen könnten. Die Fähigkeit, kritisch denken zu können, ist hingegen eine natürliche Ausstattung, die nur dem Mensch eigen ist und die zugleich sein einziges Heilmittel ist. Nur mit kritischem Denken vermag der Mensch der Realität gerecht zu werden. Auch hier würde ich von einem biologischen Standpunkt aus sagen: Je näher der Mensch der Realität ist, desto fähiger ist er, sein Leben adäquat zu leben. Und umgekehrt: Je weiter er von der Realität entfernt ist, desto mehr Illusionen hat er und desto weniger ist er fähig, das Leben richtig zu meistern.

Marx sagte in der Einleitung von „Zur Kritik der Hegelschen Rechtsphilosophie", was auch das Motto der Psychoanalyse sein könnte: „Die Forderung, die Illusionen über seinen Zustand aufzugeben, ist die Forderung, einen Zustand aufzugeben, der der Illusion bedarf." (K. Marx, 1971, S. 208) Solange man freilich nicht mit den Illusionen aufräumt, hält man Zustände am Leben, die ungesund sind und die ihr Fortbestehen nur Illusionen verdanken.

Kritisches Denken ist kein Hobby, sondern eine Vermögen. Man kann sich nicht einfach vornehmen: „So, jetzt denke ich wie ein Philosoph kritisch", sobald man aber zu Hause ist und nicht von Berufs wegen kritisch denkt, hört auch das kritische Denken auf. Es ist vielmehr ein Vermögen, eine besondere Art, mit der Welt und mit allem umzugehen.

Kritisch bedeutet ganz bestimmt nicht feindselig, negativistisch oder nihilistisch. Ganz im Gegenteil, kritisches Denken steht im Dienste des Lebens, und zwar hilft es individuell und gesellschaftlich die Hindernisse gegen das Leben auszuräumen, die uns lähmen.

In einer Welt, in der kritisches Denken beeinträchtigt wird, braucht es Mut. Aber man sollte den Mut, der dazu gebraucht wird, auch nicht überschätzen. Ich spreche hier ja vom kritischen Denken, nicht vom kritischen Handeln und kritischen Sprechen. Kritisches Denken ist sogar den Menschen in einer Diktatur möglich. Wer sein Leben nicht riskieren will, wird dort seine Kritik nicht äußern, aber er kann kritisch denken und wird sich um einiges glücklicher und freier fühlen als der, der ein Gefangener seines Gedankengebäudes ist, an das er selbst nicht einmal glaubt. Man könnte Bücher schreiben über den Zusammenhang von kritischem Denken und seelischer Gesundheit, Neurose und Glück. Würden die Philosophen ganz allgemein mehr ad personam sprechen, das heißt, mehr dem gerecht werden, was die Philosophie für das eigene Leben und für das Leben des Angesprochenen bedeutet, dann wäre die Philosophie viel eindeutiger ein Bereich großer persönlicher Bedeutung. Denn ob jemand sich mit Sokrates, Kant oder Spinoza beschäftigt, der entscheidende Punkt ist doch, daß sie kritisches Denken lehren.

d) Sich selbst erkennen und seines Unbewußten gewahr werden

Ich komme nun zu drei weiteren Methoden, die für die Behandlung der modernen Charakterneurosen, bei denen die Menschen an sich selbst leiden, wichtig sind, und die auch wichtige Ergänzungen der bisherigen psychoanalytischen Methoden sind. Eine erste Methode ist, *sich selbst zu erkennen und auch seines Unbewußten gewahr zu werden*. Die Worte selbst – Selbsterkenntnis, Gewahrwerden, Unbewußtes – sagen rein gar nichts, wenn sie in einem ausschließlich intellektuellen Sinn gebraucht werden. Alles ist heute so einfach: Unbewußtes, Bewußtes, sich seiner selbst gewahr werden – alles wurde zum Slogan. Selbst die drekkigste kleine Offerte bedient sich des delphischen „Erkenne dich selbst!" Auf diese Weise werden diese Worte zu bloßen Gedanken, zu theoretischen verstandesmäßigen Begriffen.

Wenn man wirklich über das, was die Worte bezeichnen, nachdenkt oder darüber spricht, dann werden sie lebendig. Den gleichen Vorgang kann man beobachten, wenn man ein Gemälde anschaut. Ich denke hier zum Beispiel an ein Gemälde von Rembrandt, weil ich seine Malerei besonders schätze. Man kann ein und dasselbe Gemälde hundertmal anschauen, und doch sieht man jedes Mal das Gemälde von neuem und etwas Neues in ihm. Das Gemälde bringt einen zum Leben und man bringt das Gemälde für einen selbst zum Leben. Man kann aber am Bild vorbeigehen und bemerken: „Aha, Rembrandt, Der Mann mit dem Helm, gut", und zum nächsten Bild weitergehen. Dann hat man das Gemälde gesehen, und doch hat man es nie gesehen.

Auch bei persönlichen Beziehungen gibt es die beiden Arten von Wahrnehmungen. Wer schaut einen anderen Menschen schon wirklich an? Wer nimmt ihn wirklich wahr? Kaum jemand. Wir begnügen uns alle damit, nur unsere Oberflächen zu sehen und zu zeigen. Darum sind unsere Kontakte so armselig oder gibt es sie eigentlich gar nicht. Die Armut an Kontakt wird verdeckt mit einer Art Kameradie, mit Freundlichkeit und freundlichem Lächeln.

Die nächste Frage lautet: Was heißt es, sich selbst zu erkennen? Man könnte sagen, Selbsterkenntnis bedeute nicht nur, sich dessen gewahr zu werden, was wir tun, sondern sich dessen gewahr zu werden, was uns unbewußt ist und das wir nicht kennen. Es war Freuds Entdeckung, und darin liegt seine große Bedeutung, uns dies vorgeführt und erstmals deutlich gemacht zu haben, daß Selbsterkenntnis weit mehr ist, als all das zu kennen, was wir über uns wissen. Seit Freud heißt Selbsterkenntnis, uns selbst zu kennen, insofern wir uns unserer selbst gewahr werden *und* insofern wir uns unserer selbst nicht gewahr sind. Selbsterkenntnis heißt heute, gleichsam Licht in den größten Teil unseres psychischen Lebens bringen, in jenen nämlich, der abgetrennt von unserem normalen bewußten Denken arbeitet, und der nachts zum Vorschein kommt und auf die Bühne tritt, wenn wir schlafen, bzw. in der Psychose, wenn wir halluzinieren.

Wir können Selbsterkenntnis auch noch auf eine andere Weise umschreiben. Man kann sagen, sich selbst in dieser neuen, dritten Dimension des eigenen unbewußten Lebens zu kennen, bedeutet, frei zu sein und aufzuwachen. Es ist eine Tatsache, daß die meisten von uns halb schlafen, während sie glauben, wach zu sein. In Wirklichkeit sind wir nur so weit wach, als wir unsere lebensnotwendigen Aufgaben erfüllen müssen. Für die Aufgabe, daß wir wir selbst sind und uns auch so erleben, mit der wir das Tierische übersteigen und die mehr verlangt, als das pure Ausführen, die mehr besagt, als eine Fütterungs- und Liebesmaschine zu sein, für diese Aufgabe benötigen wir eine andere Einsicht, als jene, von der wir im halbwachen Zustand genügend haben. Wenn der Name Buddha „der Erwachte" bedeutet, dann symbolisiert dies, was ich zu sagen versuche. Der Mensch, der wirklich seiner selbst gewahr ist und durch die Oberfläche hindurch zu den Wurzeln seiner selbst vorstößt, ist der Erwachte.

Es ist eigenartig, wie halbschlafend die meisten Menschen sind, wenn man einmal ihr Leben genau anschaut. Die meisten Menschen haben keine Ahnung von etwas, sie wissen nicht, was sie tun wollen und welche Konsequenzen ihr Tun hat. Geht es um die Probleme ihrer menschlichen Existenz, sind sie unwissend. Doch wenn es ums Geschäftliche geht, dann kennen sie sich gut aus; da wissen sie, wie man vorwärtskommt, wie man andere Menschen und sich selbst behandeln muß. Geht es ums eigene Leben, dann sind sie nur halbwach oder noch weniger als halbwach.

Ich möchte auf Grund meiner eigenen Erfahrungen etwas von dem Eindruck des Wachseins mitteilen und dazu ermuntern, auf sich selbst und auf andere hin wach zu werden. Dies braucht Zeit, und es gilt zunächst, sich des Zustands des Halbwachseins gerade dort gewahr zu werden, wo man glaubt, hellwach zu sein. Paradoxerweise ist es in Wirklichkeit so, daß wir uns gegenüber wacher sind, wenn wir schlafen, als wenn wir wach sind. Im Zustand des Schlafs oder auch der Verrücktheit – zumindest bei gewissen Stadien von Verrücktheit – sind wir uns unserer selbst als Subjekte, als Gefühlswesen, als Menschen äußerst deutlich gewahr; allerdings bleibt dieses Gewahrsein vom äußeren Leben abgetrennt. Es ist nur vorhanden, solange es dunkel ist oder – um es biologisch auszudrücken – solange der Organismus von der Aufgabe befreit ist, mit der Welt um ihn herum klarzukommen, sich zu verteidigen und auf Nahrungssuche aus zu sein.

Sobald wir aufwachen, fangen wir zu schlafen an. Wir verlieren dann alle Einsichten, alle Wachheit für die subtileren Vorgänge unseres Gefühlslebens, all unser Wissen. Dies alles schläft ein, und dies ist unsere Art zu leben. Wundert es noch, daß die Menschen so wenig aus ihrem Leben machen? Daß die Menschen inmitten der Fülle so unglücklich sind? Daß die Menschen, die alles haben, um aus ihrem Leben das Beste zu machen, sich nur herumquälen, unglücklich, unzufrieden und enttäuscht sind und ihnen am Ende ihres Lebens nur ein bitteres und trauriges Gefühl bleibt, daß sie zwar gelebt haben, aber nie lebendig gewesen sind, daß sie zwar wach waren, aber niemals aufwachten? Es geht darum, sich dieser Einsichten gewahr zu sein.

Um einen Zugang zum Unbewußten zu bekommen, braucht es keine Psychoanalyse. Es setzt allerdings ein bestimmtes Interesse voraus und einen gewissen Mut, wirklich in Erfahrung bringen zu wollen, was in einem selbst ist. Man muß zum Beispiel bei sich die Erfahrung zulassen: „Nun habe ich so viele Jahre geglaubt, diesen Mann zu lieben und war davon überzeugt, daß er ein anständiger Mensch ist, und plötzlich entdecke ich, daß dies alles gar nicht stimmt; ich habe ihn nie geliebt, ich wußte schon immer, daß er kein anständiger Mensch ist."

Seltsamerweise können wir selbst das in Erfahrung bringen, was wir verdrängen. Für diese Art von Wissen, für dieses Gewahrwerden von etwas, was wir verdrängt haben, gibt es kein Wort. Es ist nicht das Vorbewußte im Freudschen Sinne, denn das Vorbewußte ist dem Bewußtsein ganz nahe. Es ist aber auch nicht in dem Sinne etwas Verdrängtes, daß es von unserem bewußten System völlig abgetrennt wäre. Oft ist es zwar sehr gut geschützt durch das, was wir Widerstand nennen, und doch kommt es eigenartigerweise öfters vor, daß jemand nach der Analyse auf eine Äußerung des Analytikers hin, oder auch ohne Analyse, wenn jemand zu einer Einsicht kommt, plötzlich sagt: „Und doch habe ich dies schon die ganze Zeit über gewußt, ich wußte es schon mein ganzes Leben lang. Die Einsicht ist nichts wirklich Neues. Ich wußte es und gleichzeitig wußte ich es nicht."

Es gibt das Phänomen, daß sich jemand einer Sache gewahr wird, die ihm weder bewußt war noch ganz unbewußt, wie es vom Verdrängten im klassischen Sinne angenommen wird. Dieses Phänomen hat durchaus Konsequenzen für die psychoanalytische Technik. Mit Recht spricht man viel vom Widerstand des Patienten, und zwar vom Widerstand als einem Schutz gegen etwas, dessen Bewußtwerden wir fürchten, weshalb der Widerstand sehr groß sein kann. Nicht selten passiert es aber, daß der Analytiker dem Patienten etwas geradeheraus sagt, was er sieht, also etwa: „Dieses sehe ich, obwohl ich es Ihnen nicht beweisen kann, aber dies höre ich heraus", und der Patient dann sagt: „Sie haben völlig recht, ich habe dies nie gesehen, aber ich habe es dennoch gewußt." Das heißt also: Wenn jemand etwas ganz persönlich spürt und dieses Gespür nicht mit phantastischen und hochtheroretischen Begriffen, sondern überzeugt, klar und wahrhaftig genug zum Ausdruck bringt, dann sagt der andere: „Ja, dies bin ich, das stimmt, das ist wahr!"

Ob es zu einem solchen Gewahrwerden kommt, hängt von der Stärke des Widerstands ab. Ist der Widerstand massiv, dann hilft das direkte Ansprechen nichts. Ist der Widerstand aber nicht so massiv und wird die Bastion nur wenig verteidigt, dann kann es sein, daß das Gewahrwerden und das Spüren des Unbewußten unmittelbar erlebt wird. Kann der Psychoanalytiker nicht so direkt feststellen: „Schauen Sie, dies ist es, was ich sehe", dann kann es sehr viel länger brauchen, bis der Widerstand überwunden wird. Es hängt sehr von der Erfahrung des Analytikers ab, zu wissen, wann er das, was er spürt, direkt einbringen kann und wann nicht. Manchmal ist es gleichgültig, weil der Widerstand so groß ist, daß der Patient nur sagen wird: „Das ist mir schon lange klar, was Sie sagen", und damit hat es sich dann. Es gibt auch Fälle, in denen es gefährlich sein kann, das, was der Analytiker spürt, direkt anzusprechen. Denn, obwohl der Patient sagt: „Nein, dies ist ja alles Unsinn!", wird etwas in seinem Unbewußten angesprochen, das nun gerade nicht einfach nur mit „dies ist Unsinn" reagiert, sondern so, daß der Patient am nächsten Tag oder eine Stunde später mit einer schweren Depression reagiert, weil er diese plötzliche Wahrheit nicht verkraftete. Aber auch in diesem Fall gilt: Wenn alles ganz und gar verdrängt wäre, dann hätte er nicht so depressiv reagiert. Etwas in ihm muß es also gehört haben.

Wir sind es viel zu sehr gewöhnt, immer gleich zu denken: Wenn ich mir einer Sache nicht gewahr bin, dann ist sie verdrängt. Also werde ich wohl für ein Jahr zum Psychoanalytiker gehen müssen. Und wenn ich dies nicht tun kann oder will, dann muß es eben verdrängt bleiben. Aber so einfach ist dies nicht. Wenn ich mich wirklich darin übe, für das Unbewußte empfindsam zu sein, dann habe ich die Chance, eines Tages auch ohne die Hilfe eines Psychoanalytikers darauf zu kommen: „Dies ist tatsächlich anders, als ich dachte."

Die für die Wahrnehmung des Unbewußten erforderliche Empfindsamkeit kennen wir zum Beispiel vom Autofahren her: Wer einen Wagen steuert, ist äußerst empfindsam für das Geräusch des Wagens, ohne daß man eigens daran denkt. Man merkt die feinsten Veränderungen des Geräusches, obwohl man an etwas ganz anderes denken kann oder sich völlig auf das, was es zu sehen gibt, konzentriert. Sobald es aber zur kleinsten Veränderung beim Geräuschpegel oder bei der Tonqualität kommt, merkt man dies sofort.

e) Des eigenen Körpers gewahr werden

Eine weitere Methode bei der Behandlung der modernen Charakterneurosen zielt auf *das Bewußtsein des eigenen Körpers*. Manchmal wird es auch körperliche Sensitivität genannt. Ich spreche vom einem Körperbewußtsein, das die meisten Menschen nicht kennen, weil sie ihren Körper nur spüren, wenn sie Schmerzen haben. Und wenn sie keine Schmerzen haben, fühlen die meisten auch ihren Körper nicht. Sich seines eigenen Körpers gewahr zu werden, und zwar nicht nur seines Atmens, sondern seines ganzen Körpers, der eigenen verkrampften Körperhaltung: Dies ist für mich eine wichtige Ergänzung zum Gewahrwerden der eigenen Seele. Ich empfehle es jedem als einen sehr wichtigen

Zusatz zur Analyse der Seele, um die es bei der Psychoanalyse geht.

Ich bin davon überzeugt, daß das Gewahrsein des eigenen Körpers, die Wiedergewinnung der eigenen Körpererfahrung, und ein weiteres Gewahrwerden des Körpers auf Grund einer größeren Harmonie und einer Entkrampfung des Körpers von großer Bedeutung sind. Ich selbst habe jahrelang Elsa Gindlers Methode praktiziert und seit einigen Jahren lerne ich T'ai Chi mit seinen anspruchsvollen und sehr entspannenden Bewegungsübungen, die mir sehr guttun. In besonderen Fällen haben auch bestimmte Formen von Massage, wie Georg Groddeck und Wilhelm Reich sie entwickelt haben, sehr gute Wirkungen.

Wenn jemand es wirklich lernt, sich von innen heraus zu befreien, wird er dies auch an seiner körperlichen Haltung spüren. Den Unterschied zwischen einem Menschen, der verdrängt und innerlich verkrampft ist, und dem gleichen Menschen, der innerlich gelöst ist und einen Gutteil seiner Verdrängungen verloren hat, diesen Unterschied kann man an seiner Körperhaltung und an seinen Gesten ablesen, selbst wenn er sich nicht in irgendwelchen Methoden der Körperwahrnehmung geübt hat. Damit will ich sagen, daß nicht nur der Körper und die Körperwahrnehmung auf Grund der inneren Entspanntheit und Vertrautheit mit sich eine Wirkung zeigen, sondern daß auch umgekehrt gilt: Je freier jemand innerlich wird, desto freier wird auch sein Körper sein.

Man sollte freilich nicht vergessen, daß man mit körperlicher Entspannung allein nicht alles erreichen kann. Ich habe ziemlich viele Menschen kennengelernt, die hinsichtlich ihrer Körperhaltung eine völlige Harmonie erreicht haben, die aber nur wenige ihrer tiefreichenden Probleme gelöst hatten: ihrer Identitätsprobleme, ihrer Probleme des Selbstgefühls, der Näheerfahrungen, des Tiefgangs und der

Realität ihrer Beziehungen zu anderen Menschen. Deshalb würde ich der Erfahrung des eigenen Selbst im psychoanalytischen Sinne eine größere Bedeutung beimessen, die allerdings mit Methoden zur Körpererfahrung und -entspannung, die zu größerer Harmonie führen, wesentlich verbessert werden kann.

Ich kann meinen inneren Seelenzustand ermessen, indem ich meine Körperhaltung beobachte. Meine Haltung ändert sich, je nachdem, wie ich mich fühle. Wenn ich mich weniger wohl fühle, drückt meine Haltung Müdigkeit und Schlappheit aus; wenn ich mich dagegen innerlich gut fühle, ist meine Haltung anders (und ich bin, was die Haltung betrifft, wahrlich kein gutes Beispiel für andere). Der Körper ist überhaupt ein Ausdruck für alles, was in einem selbst vor sich geht. Dies zeigt sich in der Gestik, in der Art des Sitzens, in der Art des Gehens, ja, man kann einen Menschen auch an seinem „Hinterteil“ erkennen. Es gibt viele Menschen, die das Innere eines anderen leichter an seiner Art des Gehens identifizieren können als anhand seines Gesichts, weil die Art der Gehbewegungen kaum absichtlich und bewußt beeinflußt wird und deshalb untrügerisch ist. Das gleiche gilt für die Gestik. Selbstverständlich gibt es hier auch Menschen, die wie ein Schauspieler zu gestikulieren gelernt haben, doch jeder, der ein Gespür dafür hat, merkt bald, was falsch und was gelernt ist.

Auch die Handschrift kann als körperlicher Ausdruck innerer Zustände begriffen werden. Viele Handschriften sind einfach schön; sie sind so schön, so kunstvoll, so eindrucksvoll, daß man sie nicht anders als schön finden kann. Ein guter Graphologe wird einem sehr oft zeigen können, daß eine solche Handschrift durch und durch geplant ist. Der Betreffende hat in dieser Weise zu schreiben gelernt, um den Eindruck zu erwecken, ein künstlerisch sehr begabter, hochentwickelter und wunderbarer Mensch zu sein. Es ist durchaus möglich, daß sich jemand in dieser Weise mitteilt, ohne daß dies unbedingt absichtlich geschieht. Ein guter Graphologe bemerkt auch hier den Unterschied zwischen einer künstlichen Handschrift und einer echten. Auch ohne Graphologe zu sein, kann man manchmal beobachten, daß Menschen, die gewöhnlich in einer Weise schreiben, die sie für schön halten, wenn sie in Eile sind, plötzlich eine völlig andere Handschrift haben als ihre sonst gezeigte Schönschrift.

Jeder körperliche Ausdruck, selbst der feinste, ist ein unmittelbarer Ausdruck unserer Seele. Dr. Rothschild, ein sehr begabter Psychiater und Psychoanalytiker in Jerusalem, konnte auf Grund der Schuhsohle eine Charakteranalyse des betreffenden Trägers machen. Er rekonstruierte intuitiv von der Art, wie die Sohlen abgelaufen waren, auf den Gang der Person und von dort auf ihren Charakter, ohne daß er den Gang dieser Person hätte beobachten müssen. Auch unabhängig von einer solchen Begabung kann man ein Gespür entwickeln für die Bedeutung der Gestik, der Haltung, des Gangs. Von dort aus kann man dann zu einem schwierigeren Problem fortschreiten, nämlich zur Bedeutung des ganzen Körpers, zur Bedeutung des körperlichen „Schlags" eines Menschen. Es ist nämlich nicht nur so, daß körperliche Funktionen unser inneres Leben zum Ausdruck bringen, sondern daß bis zu einem gewissen Grad auch die Art, wie wir gebaut sind, etwas von uns symbolisiert. Abgesehen von den Arbeiten zur Körpertypologie von Kretschmer und des Amerikaners Sheldon, in denen sehr deutlich der Zusammenhang zwischen Körperbau und zum Beispiel manisch-depressiven oder schizoiden Zügen aufgezeigt wird, ist diese Frage allerdings noch wenig erforscht.

f) Sich konzentrieren und meditieren

Eine weitere Methode sind *Konzentrations- und Meditationsübungen*, die man mit großer Disziplin und regelmäßig tun soll. Es ist wichtig, daß man ein Leben, in dem man pausenlos von Tausenden von Eindrücken und Stimuli getroffen wird, immer wieder unterbricht, um die Erfahrung zu machen, mit sich in Ruhe und Stille sein zu können. Die Fähigkeit, konzentriert zu sein, ist heute kaum noch vorhanden. Die Menschen sind immer abgelenkt. Man tut zwei und drei Dinge gleichzeitig; man hört Radio und unterhält sich gleichzeitig mit jemandem. Aber auch die Unterhaltung selbst zeigt oft keine Konzentriertheit.

Was immer man auch tut, die Fähigkeit, konzentriert zu sein, ist in jedem Fall eine Voraussetzung, um etwas zustande zu bringen. Ob man ein guter Zimmermann, ein guter Koch, ein guter Philosoph, ein guter Arzt oder ob man einfach nur ganz lebendig sein will, setzt zweifellos in allererster Linie die Fähigkeit voraus, sich wirklich auf etwas konzentrieren zu können. Dies bedeutet, daß mich nichts gleichzeitig beschäftigt außer dem, worauf ich meine Aufmerksamkeit richte. Alles andere muß so gut wie vergessen sein. Diese Fähigkeit kennzeichnet auch eine wirkliche Unterhaltung, bei der man mit jemand anderem über etwas spricht, was der Rede wert ist. In jedem Augenblick sind beide ganz und gar aufeinander und auf das, was und worüber sie sprechen, konzentriert.

Die Natur hat im Liebesvollzug gleichsam ein Beispiel für das, was Konzentration heißt, gegeben: Der Vollzug der Sexualität ist ohne ein Minimum an Konzentration nicht möglich. Wer während des sexuellen Zusammenkommens an den Aktienmarkt oder an andere Dinge denkt, kann den sexuellen Akt nicht vollziehen, weil der Vorgang von Natur aus ein bestimmtes Maß an Konzentration voraussetzt. Hier hat uns die Natur sozusagen einen Wink gegeben. Die meisten Menschen nehmen ihn aber nicht wahr und sind in ihren Beziehungen unkonzentriert.

Dies läßt sich zum Beispiel mit der amerikanischen Gewohnheit illustrieren, nicht eine oder zwei Personen einzuladen, sondern gleich mindestens vier oder sechs. Man hat nämlich Angst, mit nur zweien zu sehr allein zu sein, man fürchtet sich vor der Nähe und der nötigen Konzentration, die man aufbringen müßte. Sind es dagegen gleich sechs, muß man sich nicht wirklich konzentrieren; man kann über dieses und jenes reden. Es ist wie in einem Zirkus, der drei Arenen hat. Sind es gar 10 Eingeladene, dann ist gar keine Konzentration mehr nötig. Dagegen kann es in einem Gespräch zu zweit, auch wenn gar nicht viel gesprochen wird oder es um etwas sehr Einfaches geht, zu einer wirklichen Kommunikation kommen, wenn dabei nichts anderes wichtig ist als eben das, worüber gesprochen wird. In dem Maße aber, in dem diese Konzentration nicht da ist, ereignet sich in Wirklichkeit auch nichts.

Die einfachste Konzentrationsübung ist die, daß man sich hinsetzt, die Augen schließt und versucht, an gar nichts zu denken und nur das eigene Atmen zu spüren. Den Atem zu spüren, heißt aber nicht, an das Atmen zu denken. Sobald jemand an das Atmen denkt, fühlt er den Vorgang nicht. Ich betone dies eigens, weil es etwas anderes ist, ob ich denke oder ob ich gewahr bin. Es geht nicht darum, daß der Kopf, sondern daß der Körper sich des eigenen Atmens gewahr wird. Wer zu denken anfängt, ist sich seines Atmens nicht mehr gewahr, weil er an das Atmen denkt, statt es zu spüren. Dies gilt im Grunde für alle „Erfahrungen" und für jedes „Erleben". Sobald man zu denken anfängt, hört das Erleben auf.

Das folgende Beispiel kann den Unterschied zwischen Denken und Gewahrsein verdeutlichen: Eine Tänzerin erinnert sich einer Tanzbewegung, aber dies geschieht nicht im Kopf, vielmehr erinnert sich ihr Körper der Bewegung. Ihr Gedächtnis ist in ihrem Körper. Natürlich hat das Gedächtnis auch bei ihr seinen Ort im Gehirn, aber sie denkt nicht daran, was als Nächstes kommt. Sie wäre bei einem komplizierten Tanz auch gänzlich verloren, wenn sie zu denken anfangen würde, was nun folgt. Ihr Körper ist sich der Bewegung gewahr und hat ein ausgezeichnetes Gedächtnis. – Das gleiche Phänomen läßt sich bei der Musik beobachten. Der Musiker denkt auch nicht daran, wie es gemäß der Partitur weitergeht, sondern hört es. Sein Gedächtnis ist da, doch es hat nichts mit dem Denken zu tun. Eigentlich ist es ganz offensichtlich, was das Gewahrsein heißt. Aber wir vergessen oft, was ganz offensichtlich ist.

Wer versucht, einfach nur dazusitzen und an nichts zu denken, wird bald merken, wie schwierig dies ist, weil einem die verschiedensten Dinge in den Kopf kommen. Dies heißt aber nichts anderes, als daß man nicht wirklich konzentriert sein kann. Man wird von vielen Dingen angezogen oder abgelenkt und kann beobachten, was einem einfällt. Dies kann zu einem Stück Selbstanalyse dessen werden, was einem in Wirklichkeit in den Sinn kommt. Man denkt dann zum Beispiel an seine Arbeit oder an das, was man zu tun vorhat. Man wird meistens mehr indirekt als direkt herausfinden, daß einem jene Dinge einfallen, die für einen aus einem bestimmten Grund von Bedeutung sind.

Es ist wichtig, die Dinge, die einem in den Sinn kommen, zu analysieren und mit ihnen umzugehen. Nur durch ein solches Üben kann man lernen, sich zu konzentrieren. Man sitzt und macht zum Beispiel nichts anderes, als die Blumen, die vor einem stehen, anzuschauen – fünf Minuten, zehn Minuten lang, ohne etwas anderes zu tun. Tauchen Gedanken auf, dann läßt man sich dadurch nicht erregen oder entmutigen, so als ob man sich eben doch nicht konzentrieren könne, sondern läßt sie kommen. Wer dies eine Woche lang, vier Wochen lang, vier Jahre lang übt, der wird fähig sein, sich zu konzentrieren.

Für das Erlernen der Konzentrationsübungen möchte ich empfehlend auf ein Buch eines buddhistischen Mönches deutscher Abstammung über buddhistische Meditation hinweisen, das im Deutschen den Titel trägt *Geistestraining durch Achtsamkeit*. Nyanaponika Mahathera, der Autor dieses Buches, lebt seit vielen Jahren in Sri Lanka und verbindet in seinen Übungen Buddhismus und gelehrte deutsche Tradition. Er ist ein äußerst anregender und ganz lebendiger Mensch, bei dem auch nicht im entferntesten eine Spur von Totem gefunden werden kann. Er nennt das, was in der buddhistischen Meditation am wichtigsten ist, „Achtsamkeit", also das, was ich unter „Gewahrsein" und „Gewahrwerden" verstehe. Achtsamkeit bedeutet, daß ich in jedem Augenblick meines eigenen Körpers ganz gewahr bin, einschließlich meiner Körperhaltung und dessen, was in meinem Körper vor sich geht, und daß ich ganz gewahr bin meiner Gedanken, also dessen, was ich denke. Ich bin genau dann ganz konzentriert, wenn ich zu diesem Gewahrsein fähig bin.

g) Den eigenen Narzißmus entdecken

Freuds Entdeckung des Narzißmus gehört zu seinen größten Entdeckungen. Doch hat Freud die Bedeutung seiner Entdeckung dadurch geschmälert, daß er den Narzißmus mit Hilfe seiner Libidotheorie erklärt hat. Derzufolge nimmt Freud einen Zustand des „primären Narzißmus" an, in dem alle Libido noch im Ich und später im Es ist. Dann richtet sich der Narzißmus auf ein Objekt, und sofern der Narzißmus auf das Ich oder das Es zurückgenommen wird, wird von „sekundärem Narzißmus" gesprochen. Diese Vorstellung ist mir – wie die gesamte Libidotheorie – viel zu mechanistisch. Befreit man die Narzißmustheorie wie manche anderen Freudschen Begriffe von der Libidotheorie und versteht man Libido ähnlich wie Jung in einem breiteren Sinne als psychische Energie, dann zeigt sich, daß die Narzißmustheorie eine der wichtigsten Entdeckungen Freuds ist.

Nach meiner Auffassung geht die Libido nicht wie bei Freud zuerst auf ein Objekt und wird dann wieder zurückgenommen, vielmehr ist – um es in einem Satz zu sagen – der narzißtische Mensch der, für den die Wirklichkeit nur das ist, was subjektiv vor sich geht. Nur seine eigenen Gedanken, Gefühle usw. sind wirklich und repräsentieren die Wirklichkeit. Deshalb ist das kleine Kind extrem narzißtisch, denn ursprünglich gibt es für es noch keine Realität außerhalb von ihm. Auch der Psychotiker ist ganz narzißtisch, denn seine Wirklichkeit wird ausschließlich durch seine inneren Erlebnisse konstituiert. Und die meisten Menschen sind mehr oder weniger narzißtisch, das heißt, neigen mehr oder weniger dazu, nur das für wirklich zu halten, was mit uns selbst zu tun hat und nicht das, was sich auf einen anderen Menschen bezieht. Um den Menschen und uns selbst zu verstehen, ist es sehr wichtig, den Narzißmus zu verstehen. Dieser hat noch immer nicht die nötige Aufmerksamkeit bekommen, auch nicht in der orthodoxen Psychoanalyse.

Ich möchte mein Verständnis von Narzißmus zunächst anhand einer Erfahrung verdeutlichen. Jemand schreibt an einem Beitrag für eine Zeitschrift und liest die beiden ersten Seiten seines Entwurfs noch einmal durch. Er findet das, was er geschrieben hat, ganz großartig und toll. Dann zeigt er die beiden Seiten einem Freund. Als dieser das Geschriebene nun gar nicht als den besten Wurf in diesem Jahrhundert betrachtet, ist er tief verletzt. Tags darauf schaut er sich seinen Entwurf noch einmal durch und hat den Eindruck: Das ganze macht wenig Sinn, ist nichtssagend, schlecht dargestellt, unklar. Die Erklärung für diesen Sinneswandel ist ganz einfach. Während des Schreibens wurde eine narzißtische Stimmung erzeugt, in der alles, was mich betrifft – meine Gedanken, meine Gefühle, mein Körper, meine Interessen – real ist, während alles andere, auf das ich mich nicht beziehe, keine Bedeutung hat, farblos, grau und ohne Gewicht ist. Ich urteile mit zwei völlig verschiedenen Maßstäben: Das eine bin ich, gehört zu mir, ist meine Überzeugung, steht sozusagen in großen Buchstaben vor mir, hat Farbe, ist lebendig, kann ich spüren, weil es dadurch wahrer wird, und bedarf keines Beweises; ich bin in mich verliebt, das heißt, in meine Arbeit und in meine Gedanken. Das andere aber ist ganz außerhalb, macht auf mich fast keinen Eindruck, kann ich kaum fühlen.

Das folgende Beispiel kommt gar nicht so selten vor und illustriert auch noch aus anderen Gründen ganz gut den Narzißmus: Ein Mann ist verheiratet, braucht aber außerhalb der Ehe noch andere Liebesbeziehungen. Er erwartet von seiner Frau, daß sie sich freut, wenn er ihr von seinen wunderbaren Eroberungen berichtet. Dem Psychoanalytiker gegenüber sagt er: „Da sehen Sie es ja, sie liebt mich nicht, denn statt daß sie sich über meine Eroberungen freut und sich dafür interessiert, was ich tue und wieviele Frauen sich in mich verlieben, zeigt sie keinerlei Interesse daran und ist ganz unglücklich damit." – Die absurde Argumentation dieses Mannes zeigt, daß er nur fähig ist, sich selbst und das, was mit ihm zu tun hat, wahrzunehmen. Er bemerkt nur, daß er sehr glücklich ist, weil er diese Art von Liebesbeziehungen braucht, doch ist er völlig unfähig, das zu sehen, was die Wirklichkeit seiner Frau ist, nämlich, daß sie natürlich nicht glücklich darüber sein kann. Würde sie dasitzen und hocherfreut seinen Liebesgeschichten zuhören, dann wäre sie neurotisch. Sie würde sich dann nämlich ihrem Mann gegenüber wie eine Mutter verhalten, die den Abenteuern ihres kleinen Jungen zuhört, wenn dieser erzählt, wie oft er etwa beim Fußballspielen gewonnen hat.

Der narzißtische Mensch braucht den anderen Menschen, weil er davon lebt, daß sein Narzißmus gefüttert wird. Er ist ja ein äußerst unsicherer Mensch, weil weder seine Gefühle noch sonst etwas ihre Begründung in der Wirklichkeit haben. Er äußert sich, aber seine Äußerung ist nicht das Ergebnis seines Nachdenkens, seiner Aufmerksamkeit, seines Arbeitens und seines Kontakts mit dem, worum es geht. Vielmehr ist die Tatsache, daß es *seine* Äußerung ist, Grund genug, daß sie wahr ist. Allerdings hat er ein großes Bedürfnis, seine narzißtische Begründung bestätigt zu bekommen. Kann er sich seines Narzißmus nicht versichern, beginnt er, an allem zu zweifeln. Denn wer ist er dann noch?

Wenn der Narzißt den Wahrheitsgehalt seiner Äußerung damit begründet, daß *er* es sagt, dann kann er auch keinen Rückzieher mehr machen und sagen, daß er das nächste Mal eben besser recherchieren werde. Nehmen wir einen sehr intelligenten und immer bewunderten Mann, der bei einer Einladung etwas Dummes sagt, einen offensichtlichen Fehler macht, der bemerkt wird. Auch wenn der Fehler gar nicht so schlimm ist, wird dieser Mann in eine tiefe Depression fallen, weil sein Schutzpanzer durchbrochen wurde. Er hat den Glauben verloren, daß alles, was er tut, großartig ist. Seine ganze Existenz und seine ganze Sicherheit gründen aber nur in seiner subjektiven Überzeugung. Wird er darin enttäuscht und trifft er auf jemanden, der ihn kritisiert, fühlt er sich sofort angegriffen. Sein gesamtes System seines Glaubens an sich selbst und seiner Selbstaufblähung wird durchstoßen, und er wird entweder ganz depressiv oder ganz wütig.

Es gibt keine größere Wut, als wenn bei einem narzißtischen Menschen sein Narzißmus angegriffen wird. Er wird alles vergeben können, jedoch nicht, daß es jemand gewagt hat, ihn in seinem Narzißmus zu kränken. Dies sollte man nie vergessen: Einem Narzißten kann man fast alles antun, wer aber seinen Narzißmus ansticht oder ihn in seinem Narzißmus verletzt, macht ihn rasend, ob der Narzißt nun diese Wut zeigt oder nicht; er wird sich rächen wollen, denn die narzißtische Kränkung kommt einem Anschlag auf sein Leben gleich.

Narzißtische Menschen sind oft sehr attraktiv, weil sie sich ihrer selbst so sicher sind. Von ihnen geht ein Selbstvertrauen aus, das in vielen Ehen zum Problem wird. Eine Frau zum Beispiel verliebt sich in einen solchen narzißtischen Mann; sie bewundert ihn, weil von ihm ein großes Selbstvertrauen ausgeht und er sich seiner selbst so sicher ist, wie kaum jemand sonst. Nur ein Narzißt kann sich seiner selbst wie anderer Dinge so sehr sicher sein. Der Grund aber, warum er sie liebt, ist nur, daß sie ihn mehr bewundert, als dies andere Frauen tun. Meistens gibt es einen Wettbewerb der Verehrerinnen, bei der die Frau das Rennen macht, die ihn am meisten bewundert. Die „liebt" er dann. Nach einigen Monaten entdeckt die Frau auf einmal etwas, worin er unrecht hat und kritisiert ihn. Damit aber untergräbt sie die ganze Situation. Daß sie ihn kritisiert, heißt für ihn, daß sie nicht mehr an ihn glaubt. Sie stellt eine Gefahr dar und wird für ihn zur Bedrohung. Er kann nun auf verschiedene Weisen reagieren. Er wird sich ihr gegenüber so widerlich verhalten, daß sie es nie mehr wagen wird, ihn zu kritisieren, oder er wird sie verlassen. In jedem Fall wird er klagen, daß sie ihn nicht versteht. Vor allem narzißtische Menschen beklagen sich, daß der Partner sie nicht mehr versteht, wenn dieser nicht mehr ganz davon überzeugt ist, daß der andere immer im Recht und ein wunderbarer Mensch ist.

Oft leben narzißtische Menschen in einer Art folie à deux. So sind etwa eine Mutter und ihre Tochter ganz und gar davon überzeugt, daß sie beide im ganzen Land die einzigen sauberen, ordentlichen Menschen seien, die zu kochen verstünden. Jeder wird diese Überzeugung als verrückt abtun, weil deren völlig unkritischer Glaube an ihre Großartigkeit und Unfehlbarkeit eine Manifestation von reinem Narzißmus ist. Wenn allerdings jemand sagt: „Mein Land ist das wunderbarste Land, und wir sind besser als alle anderen", dann wird er als patriotischer, loyaler und guter Bürger angesehen. Niemand behauptet, daß so jemand verrückt sei, denn diese Art von Narzißmus wird von allen geteilt. Alle anderen fühlen gerne auch so, und die Menschen eines anderen Landes fühlen das gleiche auf ihr eigenes Land hin. Stoßen die Menschen beider Länder aufeinander, entwikkelt sich ein furchtbarer Haß, denn jeder will nur seinen kollektiven Narzißmus retten, den er mit seinen Landsleuten in dem wunderbaren Gefühl auslebt, großartig zu sein.

Der kollektive Narzißmus ist der Narzißmus des kleinen Mannes. Der Reiche und Mächtige hat genügend Möglichkeiten, seinen Narzißmus mit seinem Geld, seiner Macht und mit Hilfe jener Aspekte der Realität zu stützen, die ihm das Gefühl von Macht geben. Was hat der Arme – und damit meine ich nicht nur den Armen, sondern überhaupt den Durchschnittsbürger – schon vorzuzeigen? Er ist irgendwo angestellt, hat nichts zu melden, fürchtet seine Konkurrenten, sein ganzes Leben ist eine Hetzjagd. Womit kann er schon beeindrucken? Vielleicht mit seinem kleinen Sohn oder mit seinem Hund? Aber der Sohn wird älter. Und seine Frau hat inzwischen auch gelernt, für sich selber zu sorgen. Sobald er aber am kollektiven Narzißmus teilhaben und sich als Mitglied dieser Nation erleben kann, ist er auch der Größte und großartiger als alle anderen. Er kann auf diese Weise dieser narzißtischen Erfahrung frönen und gleichzeitig sich in Übereinstimmung mit allen Mitgliedern seiner Gruppe wähnen, da der Narzißmus auf die Gruppe ausgeweitet ist. Tatsächlich eint dies auch diese Menschen und stärkt es sie, wenn sie gemeinsam ihren Glauben in ihre außerordentlichen Eigenschaften ausdrücken können. Dieser kollektive Narzißmus steht hinter dem, was man Nationalismus nennt. Er ist zugleich der Nährboden für die meisten Kriege.

Der kollektive Narzißmus spielt auch in vielen Familien eine große Rolle, wo es einen insgeheimen Familiennarzißmus gibt. Man denke nur an all jene Familien, in denen die Mutter aus einer Familie mit einem höheren Sozialprestige kommt. Sie wird immer geltend machen, daß ihre Herkunftsfamilie besser ist als die des Mannes. Es kann auch umgekehrt sein, daß der Vater seine Herkunftsfamilie für wertvoller hält. Das Kind hört dann von frühester Kindheit an, wie großartig die Cohensche oder die Schmidtsche Familie ist und wie wenig schätzenswert die andere Seite. Auch die Schichtzugehörigkeit spielt eine Rolle, denn der Familie haftet zugleich ein enormer Klassen-Narzißmus an. Man heiratet niemanden, der aus einer anderen sozialen Schicht kommt. Dieser Narzißmus erscheint dann in rationalisierter Form in der Überzeugung, daß sich Menschen, die dem gleichen sozialen Hintergrund entstammen, besser verstünden. Natürlich ist das Unsinn, und die Tatsache, daß sich Menschen aus der gleichen Schicht nicht verstehen, ist ein Beweis dafür. Der gleiche soziale Hintergrund bietet vielmehr nur die Gewähr dafür, daß es keine Initiative geben wird, daß es beiden an Lebensfreude mangelt und daß sie doppelt unglücklich werden.

Die Stärke des Narzißmus kann sehr verschieden sein. Es gibt Menschen, die extrem narzißtisch sind und an der Grenze zum Verrückten, zur Psychose stehen. Der Psychotiker ist ganz und gar narzißtisch und hat sich völlig zurückgezogen, weil ihn die Außenwelt derart verletzt hat, daß er aus Angst vor ihr den Kontakt zu ihr nicht wieder aufnimmt. Der Psychotiker ist aber sehr viel empfindlicher gegenüber Menschen als ein nicht-psychotischer narzißtischer Mensch. Der Narzißt ist oft unempfindlich, weil er unfähig ist, das zu sehen, zu erkennen und in Erwägung zu ziehen, was in einem anderen Menschen vor sich geht. Ein Psychotiker hat eben deshalb Wahnvorstellungen, weil er nicht einmal mit seinen Sinnen fähig ist, die Welt so wahrzunehmen, wie sie ist. Er sieht nur das als Wirklichkeit an, was *er* sieht.

Ein sehr narzißtischer Mensch kann sich nur sicher geben, weil er nicht damit befaßt ist, wie sich die Dinge wirklich verhalten. Seine ganze Sicherheit hängt von der Tatsache ab, daß das, was er denkt und die Tatsache, daß er dies denkt, die Gewähr bietet, daß es auch wahr ist. Dies läßt sich am Paranoiden illustrieren: Jemand glaubt, daß ein anderer ihm Feind ist oder ihn nicht ausstehen kann. Das kann durchaus so stimmen. Mit Recht mag er deshalb manchmal Angst haben, der andere könnte ihm Schaden zufügen. Der Paranoide ist fest davon überzeugt, daß der andere plant, ihn zu ermorden. Diese Überzeugung ist für ihn unerschütterlich, denn er hat sein subjektives Gefühlserleben der Feindseligkeit des anderen derart umgewandelt, daß dessen Mordabsicht für ihn eine Tatsache ist. Er ist von der Tatsächlichkeit überzeugt, weil ihm seine subjektiven Gefühle bezüglich der Feindseligkeit des anderen die einzige Tatsache sind, während die Wirklichkeit gar keine Rolle mehr spielt.

Den gleichen Vorgang kann man bei der Wahnbildung beobachten. Jemand hat die Wahnvorstellung, daß seine Mutter eine Löwin geworden ist. Die Verwandlung in einen Löwen ist ein von den Träumen her bekannter Vorgang und im Traum auch etwas ganz Normales. Der Traum ist ja, wie Freud gesagt hat, eine vorübergehende Psychose, in der wir die Wirklichkeit nicht wahrnehmen wie sie ist, in der vielmehr unser subjektives Erleben Wirklichkeit hervorbringt. Wenn ein Mensch aber voll Angst und Zittern sagt: „Meine Mutter ist eine Löwin, sie wird mich auffressen“ und die Löwin wirklich zur Tür hereinkommen sieht und behauptet: „Da kommt die Löwin!“, dann sagen wir, er sei verrückt, geisteskrank. Er hat den Wahn, seine Mutter sei eine Löwin, wenn er in Wirklichkeit nur übermäßig Angst vor ihr hat und diese Angst die einzige Wirklichkeit für ihn ist. Das subjektive Angsterleben ist mit der Wirklichkeit identisch, weil seine Gefühle die Wirklichkeit erzeugen. Und so kann er behaupten, daß seine Mutter eine Löwin sei. Sein gesamter sinnlicher Wahrnehmungsapparat und das, was wir den Wirklichkeitssinn nennen, ist vollständig verschwunden.

Wer den Narzißmus versteht, hat einen der Schlüssel zum Verständnis irrationaler Handlungen anderer Menschen. Auch die eigenen irrationalen Handlungen gründen zum großen Teil auf dem Phänomen des Narzißmus. Die Psychoanalyse von sehr narzißtischen Menschen ist äußerst schwierig, weil sie nur schwer erreichbar sind. Sie reagieren gewöhnlich damit, daß sie dem Psychoanalytiker vorwerfen, er sei schweigsam, feindselig, neidisch, dumm. Sie tun dies alles, um dem Gefühl zu entrinnen, ihre Großartigkeit könnte angetastet werden, denn es ist für sie von vitalem Interesse, sich das Bild ihrer Großartigkeit zu erhalten. Die Psychoanalyse von sehr narzißtischen Menschen kann deshalb nur sehr vorsichtig und langsam vor sich gehen.

Außer den Psychotikern und den extrem narzißtischen Menschen gibt es viele Menschen, deren Narzißmus viel geringer ist. Diese Menschen können durch Selbstbeobachtung, Vergleich und Beobachtung anderer herausfinden, wie es um den eigenen Narzißmus steht. Über Narzißmus theoretisch zu sprechen, ohne den eigenen Narzißmus selbst erlebt zu haben oder ihn bei jemand anderem klar erkannt zu haben, so daß man ihn wirklich wahrnehmen kann, hat kaum einen Sinn; es ist, als ob man über die Rückseite des Mondes sprechen würde.

Der Narzißmus ist das entscheidende Problem menschlicher Entwicklung. Alle Lehren der Menschheit, die der Buddhisten, der jüdischen Propheten, der Christen oder der Humanisten kommen darin überein, daß es ihnen wesentlich um die Überwindung des Narzißmus geht. Dies ist der Beginn aller Liebe und aller Brüderlichkeit. Denn solange Menschen narzißtisch sind, bleiben sie einander entfremdet, zueinander feindselig und unfähig, den anderen zu verstehen. Dabei darf der Narzißmus nicht mit der Selbstliebe verwechselt werden (vgl. E. Fromm, 1947a, GA II, S. 78-91). Sowohl in der scholastischen Philosophie wie in vielen anderen philosophischen Traditionen wird ganz deutlich zwischen dem Narzißmus bzw. dem Egozentrismus einerseits und der Selbstliebe andererseits unterschieden. Selbstliebe ist Liebe, und bei der Liebe macht es wenig Unterschied, wer das Objekt der Liebe ist; jeder ist selbst ein menschliches Wesen und deshalb Objekt der Liebe.

Der Mensch muß eine bejahende, liebende Einstellung zu sich selbst haben. Der egozentrische, narzißtische Mensch liebt sich in Wirklichkeit nicht, weshalb er gierig ist. Ganz allgemein gilt, daß nur der Mensch gierig ist, der unbefriedigt ist. Die Gier ist immer das Ergebnis tiefer Enttäuschung. Der befriedigte Mensch ist nicht gierig. Ob es um die Gier nach Macht, nach Essen oder etwas anderem geht, die Gier ist immer das Ergebnis einer inneren Leere. Deshalb kann man zum Beispiel bei Menschen, die sehr ängstlich oder depressiv sind beobachten, daß sie aus einem Gefühl der Leere zwanghaft und wie besessen zu essen anfangen.

Wer sich wirklich entwickeln will und zu wachsen wünscht, muß vor allem den Versuch machen, seinen Narzißmus zu erkennen. Ein solcher Versuch kann nur langsam und Schritt für Schritt vor sich gehen. Nur so kommt man einen Schritt weiter, und das Wahrnehmen des eigenen Narzißmus wächst. Seinen eigenen Narzißmus wahrzunehmen, ist deshalb so schwierig, weil man zugleich sein eigener Richter ist, das heißt, man glaubt an das, was man denkt. Doch wer korrigiert einen? Wer zeigt einem, wo man falsch liegt? Vom eigenen Standpunkt aus spürt man den Fehler nicht, gibt es keinen Orientierungspunkt.

Das Problem, den eigenen Narzißmus zu erkennen, läßt sich anhand eines übenden Tänzers verdeutlichen. Für den Tänzer stellt sich oft das Problem, daß er selbst nicht weiß, wie gut seine Übung ist. Aus diesem Grund schaut er in den Spiegel. Nur auf Grund seines Gefühls weiß er nicht und hat er kein Maß dafür, ob er eine schöne Bewegung gemacht hat, ob sie zeitlich richtig oder ob sie zu schnell war. Es ist wie bei unserem Gefühl für Geschwindigkeit: Wenn wir keinen Orientierungspunkt haben, wissen wir nicht, wie schnell wir fahren. – Für die Erkenntnis des eigenen Narzißmus kann ein anderer Mensch diesen Orientierungspunkt darstellen, indem man sich ihm mitteilt, und er dann zum Beispiel sagen kann: „Schauen Sie, dies ist blanker Unsinn. Sie sind davon nur überzeugt, weil Sie diese Idee haben oder weil es Ihr Interesse ist." Im allgemeinen konfrontieren einen die anderen Menschen nicht in dieser Weise. Ein Psychoanalytiker kann dies aber tun, vorausgesetzt, er hat genügend Erfahrungen mit seinem eigenen Narzißmus gemacht. Seinen eigenen Narzißmus zu überwinden, ist eine lebenslange Aufgabe. Denjenigen, der seinen Narzißmus völlig überwunden hat, nennen die Christen einen „Heiligen" und die Buddhisten den „Erleuchteten". Meister Eckhart nennt ihn den „gerechten Menschen". Entscheidend ist aber nicht so sehr, wie weit man bei der Überwindung seines eigenen Narzißmus kommt; wichtig ist vielmehr, in welche Richtung man geht und ob jemand auf Grund seines Narzißmus dauernd in eine falsche Richtung getrieben wird.

h) Sich selbst analysieren

Schließlich möchte ich noch als Methode die *Selbstanalyse* erwähnen. Eine Psychoanalyse ist erfolgreich abgeschlossen, wenn jemand anfängt, sich für den Rest seines Lebens jeden Tag selbst zu analysieren. Für mich ist die Selbstanalyse das andauernde aktive Gewahrsein seiner selbst während des ganzen Lebens. Sie dient dem wachsenden Gewahrwerden des eigenen Selbst, der eigenen unbewußten Motivationen, von allem, was in der eigenen Seele bedeutsam ist. Mit der Selbstanalyse kann man sich seiner Ziele, seiner Widersprüche und seiner Unstimmigkeiten gewahr werden. Ich persönlich analysiere mich jeden Morgen für etwa anderthalb Stunden selbst und verbinde die Selbstanalyse mit Konzentrations- und Meditationsübungen. Ich möchte dies nicht mehr missen und betrachte die Selbstanalyse als etwas vom Wichtigsten, was ich tue. Sie zeigt ihre Wirkung allerdings nur dann, wenn sie mit großer Ernsthaftigkeit praktiziert wird und wenn man ihr die Wichtigkeit gibt, die ihr zusteht.

Die Selbstanalyse läßt sich nicht wie ein Hobby – so zwischendurch und wenn man gerade in Stimmung ist – durchführen. Alles, was man nur macht, wenn man eben gerade in Stimmung ist, ist in Wirklichkeit nicht gut. Niemand wird ein guter Pianist, wenn er seine Tonleitern nur dann übt, wenn er gerade in Stimmung ist. Ich vermute, daß man eigentlich nie in Stimmung ist, um Tonleitern zu üben, und die meisten Pianisten werden sie üben, weil sie dies tun müssen und wissen, daß sie Musik von Bach nur spielen können, wenn sie Tonleitern üben. Wenn man das Leben ernst nimmt, dann gibt es darin viele Dinge, die man tun muß, nicht weil sie aus sich heraus lustvoll sind, sondern weil sie aus anderen Gründen notwendig sind.

Der Vergleich mit den Tonleitern bedeutet nicht, daß man die Selbstanalyse und die Konzentrations- und Meditationsübungen wie das Üben von Tonleitern erleben muß, ganz im Gegenteil. Die Selbstanalyse ist in einem tieferen Sinn eine Tätigkeit, die Freude macht; sie ist ein befriedigendes Tätigsein. Allerdings muß man sie erlernen und üben. Und ohne vorausgehende Psychoanalyse ist sie schwerer zu praktizieren, obwohl ich der Meinung bin, daß man sich auch ohne vorausgehende Psychoanalyse selbst analysieren kann, vorausgesetzt, daß man nicht unter großen Schwierigkeiten leidet. Wer zu sehr mit seinen eigenen Schwierigkeiten zu kämpfen hat, dessen Widerstände sind bei der Selbstanalyse zu groß, so daß sie – wenn überhaupt – nur äußerst schwer zu praktizieren ist. Wer sich nämlich selbst analysieren möchte, dessen grundlegende Widerstände müssen weitgehend abgebaut sein. Wenn es Bereiche im Leben eines Menschen gibt, gegen deren Gewahrwerden sich massive Widerstände zeigen, dann ist es unmöglich, sich selbst zu analysieren, weil man sich je neu mit Rationalisierungen dazu überreden wird, daß es doch nicht so ist. Ob Selbstanalyse möglich ist, hängt also im wesentlichen von der Tiefe oder Stärke des Widerstands ab, darüber hinaus dann auch noch von anderen Faktoren. Solche sind zum Beispiel: die Situation, in der man lebt oder die Stärke des Wunsches, wirklich glücklicher leben zu wollen.

Die Selbstanalyse ist auch leichter zu praktizieren, wenn sich die vorausgegangene Psychoanalyse nicht nur mit den Kindheitsproblemen beschäftigt hat, sondern sich auf das gesamte Leben und die mit ihm verbundenen Existenzfragen konzentriert hat. Die Voraussetzungen für das Gelingen der Selbstanalyse sind besser, wenn sich die vorausgegangene Psychoanalyse damit befaßt hat, wo man in seinem Leben steht, welche Konsequenzen sich aus dem, was man tut, ergeben, welche grundlegenden Lebensziele man hat (wobei die wirklichen Lebensziele im allgemeinen unbewußt sind) oder ob man gar keine Ziele in seinem Leben hat. Karen Horneys Buch *Selbstanalyse* ist ganz interessant, doch ist es vermutlich nicht allzu hilfreich, weil sie dabei zu sehr von ihren eigenen psychoanalytischen Erkenntnissen ausgeht.

Selbstanalyse muß einfach sein, und sie kann auch einfach sein. Man sollte sich jeden Tag eine halbe Stunde Zeit nehmen. Man kann dabei spazierengehen und darüber nachsinnen, warum man gestern müde war, obwohl der Schlaf ausreichend war. Dabei kann man entdecken, daß man in Wirklichkeit Angst hatte, so daß man weiterfragen kann, warum man wohl ängstlich war. Oder man kann herausfinden, daß man sich in Wirklichkeit sehr geärgert hat. Oder man geht der Frage nach, warum man gestern an Kopfweh litt. Wer Kopfweh hat, kann sich immer fragen: „Auf wen bin ich ärgerlich?" Und gewöhnlich verschwinden die Kopfschmerzen, wenn man herausfindet, wer oder was einen ärgert. Manchmal, wenn sie organischen Ursprungs sind, verschwinden sie nicht. Migräne zum Beispiel ist bekanntermaßen Ausdruck von verdrängtem Ärger, und zwar eines andauernd verdrängten Ärgers und eines anhaltenden Vorwurfs, gleichzeitig setzt der Kopfschmerz einen selbst unter Druck. Viele psychosomatischen Krankheiten haben diese Funktion.

Bei der Selbstanalyse sollte man sich keine allgemeinen Fragen stellen wie etwa die, was sich alles in der eigenen Kindheit ereignete. Die Dinge fallen einem vielmehr dann ein, wenn man anfängt, sich einfach Fragen zu stellen, mit denen man herauszufinden versucht, was man in Wirklichkeit fühlt. Hat man zum Beispiel jemanden getroffen, dann kann man sich fragen, was man eigentlich dabei gefühlt hat. Bewußt hat man diesen Menschen gern, doch vielleicht gibt es ganz verborgen doch einen leichten Zweifel. Selbstanalyse besagt hier, daß man sich Zeit nimmt, sich entspannt und zu fühlen beginnt. Es geht dabei nicht um ein Nachdenken, sondern um ein Experimentieren mit seinen Gefühlen, um das, was man wirklich fühlt. Es kann sich dabei herausstellen, daß man diesen Menschen überhaupt nicht leiden kann oder daß man sich vor ihm fürchtet. Oder es kann auch sein, daß man ihn nicht verwünschte, sondern freundlich lächelnd ihn mochte, weil man glaubt, daß er noch wichtig für einen sein kann, oder weil man von seinem Titel beeindruckt ist oder weil er der Bruder der Mutter ist oder was auch immer. Ich möchte nicht noch weiter ins Detail gehen, sondern nur noch einmal unterstreichen: Man sollte ganz direkt und einfach zu beginnen versuchen, ohne großartige Projekte mit großen Theorien, indem man sich jeden Tag eine halbe Stunde Zeit nimmt und nur dem nachfühlt und nachspürt, was am Tag zuvor in einem vorgegangen war. Man wird dann langsam eine Menge Dinge entdecken.

Die meisten Menschen werden argumentieren, daß sie keine Zeit für eine solche Selbstanalyse haben. Nun, eine solche Argumentation zeigt nur, daß es ihnen nicht wirklich wichtig damit ist. Dies gilt ganz allgemein: Wer sagt, er habe keine Zeit, der hat damit bereits eine Entscheidung getroffen. Er entschuldigt sich für eine Entscheidung, die besagt, daß es ihm nicht so wichtig ist. Wer Geld verdienen will, sagt nicht: „Ich habe keine Zeit, um meinen Job zu machen", weil er weiß, daß er gefeuert wird und nichts zu essen haben wird. Wer es versucht und praktiziert und Geduld hat, wird spüren, daß sich etwas ereignet; er wird freier und unabhängiger werden, weil er nicht immer gleich sein Herz einem anderen ausschütten muß. Man entwickelt eine bestimmte Fähigkeit, die Dinge bei sich zu halten, in einem selbst, anstatt die ganze Zeit „auslaufen" zu müssen.

Über seine Selbstanalyse ein Tagebuch zu schreiben, bringt etwas Unlebendiges hinein. Es steht mir dann gegenüber. Vielleicht ist es eine Hilfe, wenn man sich täglich noch einmal damit befaßt. Viel wichtiger ist es, seine eigenen Träume zu notieren, um besser sehen zu können, was wirklich vor sich geht. Es sollte Psychoanalytiker geben, die statt zu analysieren bereit sind, sich nur mit den Träumen zu befassen. Man sollte sich seine Träume aufschreiben und dann etwa alle vier Wochen zu einem Psychoanalytiker gehen können, der einem behilflich ist, seine eigenen Träume zu deuten. Diese Funktion als einfacher Traumdeuter könnte der Psychoanalytiker nach zwei oder drei einführenden Sitzungen übernehmen, in denen er einen Gesamteindruck von der psychischen Situation und den Lebensumständen des Träumers bekommt. Ich halte eine solche Hilfe bei der Analyse der eigenen Träume für einen guten Weg, denn auf diese Weise könnte vielen Menschen, die keine intensivere Hilfe benötigen, bei ihrer Selbstentwicklung sehr geholfen werden. Eine solche Lösung hat auch den großen Vorteil, daß der oder die Betreffende nicht vom Analytiker abhängig werden, sondern auf sich selbst gestellt bleiben.

8. Psychoanalytische „Technik" oder die Kunst des Zuhörens

Unter „Technik" versteht man die Anwendung der Regeln einer Kunst auf ihren Gegenstand. Diese Bedeutung von „Technik" hat einen feinen, aber wichtigen Wandel erfahren. Das Technische wurde auf Regeln angewandt, die sich auf das Mechanische beziehen, also auf das, was nicht lebendig ist, während das passende Wort für das, was mit dem Lebendigen zu tun hat, „Kunst" ist. Aus diesem Grunde ist es falsch, von einer psychoanalytischen „Technik" zu sprechen; denn es geht bei ihr nicht um ein lebloses Objekt, sondern um den Menschen.

Wir bewegen uns auf sicherem Boden, wenn wir die Psychoanalyse als einen Prozeß zum Verstehen der menschlichen Seele begreifen, und zwar besonders jenes Teils, der nicht bewußt ist. Sie ist eine *Kunst* wie das Verstehen von Dichtung.

Wie alle Kunst hat sie ihre eigenen *Regeln und Normen*:

- Die Grundregel bei der Ausübung dieser Kunst lautet, daß sich der Psychoanalytiker ganz auf das Zuhören konzentriert.
- Dem Psychoanalytiker darf nichts anderes wichtiger sein. Er muß weitgehend frei von Angst und frei von Gier sein.
- Der Psychoanalytiker muß ein frei arbeitendes Vorstellungsvermögen haben, das konkret genug ist, um in Worten ausgedrückt zu werden.
- Der Psychoanalytiker muß zur Empathie für andere Menschen fähig und stark genug sein, das Erleben des anderen so zu spüren, als ob es sein eigenes wäre.
- Eine solche Empathie setzt die Fähigkeit zu lieben voraus. Einen anderen Menschen zu verstehen, bedeutet, ihn zu lieben, nicht im erotischen Sinne, sondern so, daß er den

anderen erreichen kann und seine Angst überwindet, sich selbst dabei zu verlieren.

- Verstehen und Lieben lassen sich nicht voneinander trennen. Werden sie dennoch voneinander getrennt, kommt es nur zu einem verstandesmäßigen Prozeß, und die Türe zum wirklichen Verstehen bleibt verschlossen.

Das *Ziel* des psychoanalytischen Prozesses ist das Verstehen und Bewußtmachen unbewußter (verdrängter) Affekte und Gedanken sowie das Verstehen von deren Wurzeln und Funktionen.

Die *Grundregel* für den Patienten lautet, daß dieser, soweit es ihm möglich ist, alles mitteilt und daß er es erwähnen soll, wenn er von etwas nicht sprechen kann. Ausdrücklich ist zu betonen, daß es für den Patienten keinerlei moralische Verpflichtung gibt, nicht einmal die, die Wahrheit zu sagen. (Wenn der Patient lügt, sollte der Analytiker dies aber dem Patienten gegenüber bemerken, sonst fehlt es ihm an Kompetenz.)

Der Analytiker soll alle *Fragen*, die ihn betreffen, beantworten, sofern sie öffentlich bekannt sind und der Analysand ein Recht hat, über sie Bescheid zu wissen. Solche Fragen beziehen sich auf sein Alter, seine Ausbildung, seine gesellschaftliche Herkunft. Bei allen anderen Fragen hat der Patient zu begründen, warum er glaubt, ein berechtigtes Interesse zu haben und ob er nicht etwa wegen seines Widerstands die analytische Situation umdrehen will, so daß er den Analytiker analysiert.

Die *therapeutische Beziehung* soll nicht durch eine freundliche Unterhaltung und durch einen Small-talk, sondern durch Direktheit gekennzeichnet sein. Der Psychoanalytiker darf nie lügen. Er darf nie den Versuch machen, zu gefallen oder Eindruck machen zu wollen. Er muß in sich selbst ruhen, das heißt, er muß an sich selbst gearbeitet haben.

Literatur

Akeret, R. U., 1975: „Reminiscences of Supervision with Erich Fromm“, in: *Contemporary Psychoanalysis*, New York (The Academic Press, Inc.) 1975, Band 11, S. 461-463.

Bacciagaluppi, M., 1989: „Erich Fromm's Views on Psychoanalytic ‚Technique'“, in: *Contemporary Psychoanalysis*, New York (The Academic Press, Inc.), Band 25 (Nr. 2, April 1989), S. 226-243; ital.: „Erich Fromm e la ‚tecnica' psicoanalitica“, in: *Psicoterapia e scienze umane*, Milano Band XXIII (Nr. 3, 1989), S. 43-60; deutsch: „Erich Fromms Ansichten zur psychoanalytischen „Technik“, in: *Wissenschaft vom Menschen. Science of Man. Jahrbuch der Internationalen Erich-Fromm-Gesellschaft*, Band 1, Münster (Lit-Verlag) 1990, S. 85-107.

Biancoli, R., 1987: „Erich Fromms therapeutische Annäherung oder die Kunst der Psychotherapie“, in: L. von Werder (Hrsg.), *Der unbekannte Fromm. Biographische Studien* (Forschungen zu Erich Fromm, Band 2), Frankfurt (Haag + Herchen) 1987, S. 101-146.

Chrzanowski, G., 1977: „Erich Fromm“, in: ders., „Das psychoanalytische Werk von Karen Horney, Harry Stack Sullivan und Erich Fromm“, in: *Kindlers „Psychologie des 20. Jahrhunderts“. Tiefenpsychologie*, Band 3: Die Nachfolger Freuds, hrsg. von D. Eicke, Zürich (Kindler Verlag) 1977 / Weinheim (Beltz Verlag) 1982, S. 368-376; engl.: „The Work of Erich Fromm. Summing and Evaluation“, in: *Contemporary Psychoanalysis*, New York (The Academic Press, Inc.) 1981, Band 17, S. 457-467.

Crowley, R. M., 1981: „Tribute on Erich Fromm", in: *Contemporary Psychoanalysis*, New York (The Academic Press, Inc.) 1981, Band 17, S. 441-445.

Elkin, D., 1981: „Erich Fromm", in: *Contemporary Psychoanalysis*, New York (The Academic Press, Inc.) 1981, Band 17, S. 430-434.

Epstein, L., 1975: „Reminiscences of Supervision with Erich Fromm", in: *Contemporary Psychoanalysis*, New York (The Academic Press, Inc.) 1975, Band 11, S. 457-461.

Feiner, A. H., 1975: „Reminiscences of Supervision with Erich Fromm", in: *Contemporary Psychoanalysis*, New York (The Academic Press, Inc.) 1975, Band 11, S. 463f.

Freud, S.: *Gesammelte Werke* (G. W.) [hier zitierte Ausgabe] Bände 1-17, London 1940-1952 (Imago Publishing Co.) und Frankfurt 1960 (S. Fischer Verlag); *The Standard Edition of the Complete Psychological Works of Sigmund Freud* (S. E.), Bände 1-24, London 1953-1974 (The Hogarth Press); *Sigmund Freud. Studienausgabe* (Stud.), Bände 1-10. Ergänzungsband (Erg.), Frankfurt 1969-1975 (S. Fischer Verlag):

- 1900a: *Die Traumdeutung*, G. W. Band 2 und 3; Stud. Band 2; S. E. Band 4 und 5.

- 1919a: „Wege der psychoanalytischen Therapie", G. W. Band 12, S. 181-194; Stud. Ergänzungsband, S. 239--249; S. E. Band 17, S. 157-168.

- 1937c: „Die endliche und die unendliche Analyse", G. W. Band 16, S. 57-99; Stud. Ergänzungsband, S. 351-392; S. E. Band 23, S. 209-253.

Fromm, E.: *Gesamtausgabe* (GA), hrsg. von Rainer Funk,

Stuttgart 1980/81 (Deutsche Verlags-Anstalt); München 1989 (Deutscher Taschenbuch Verlag):

- 1947a: *Psychoanalyse und Ethik. Bausteine zu einer humanistischen Charakterologie* (*Man for Himself*), GA II, S. 1-157,

- 1951a: *Märchen, Mythen, Träume. Eine Einführung in das Verständnis einer vergessenen Sprache* (*The Forgotten Language*), GA IX, S. 169-309.

- 1956a: *Die Kunst des Liebens* (*The Art of Loving*), GA IX, S. 437-518.

- 1960a: *Psychoanalyse und Zen-Buddhismus* (*Psychoanalysis and Zen Buddhism*), GA VI, S. 301-358.

- 1964a: *Die Seele des Menschen. Ihre Fähigkeit zum Guten und zum Bösen* (*The Heart of Man. Its Genius for Good and Evil*), GA II, S. 159-268.

- 1966f: and Richard I. Evans: *Dialogue with Erich Fromm*, New York (Harper and Row) 1966.

- 1966k: „Der Ödipuskomplex. Bemerkungen zum ‚Fall des kleinen Hans'" („El complejo de Edipo: Comentarios al ‚Analisis de la fobia de un niño de cinco años'"), GA VIII, S. 143-151.

- 1970a: *Analytische Sozialpsychologie und Gesellschaftstheorie* (*The Crisis of Psychoanalysis, Essays on Freud, Marx and Social Psychology*), Frankfurt (Suhrkamp) 1970.

- 1970c: „Die Krise der Psychoanalyse" („The Crisis of Psychoanalysis"), GA VIII, S. 47-70.

- 1973a: *Anatomie der menschlichen Destruktivität* (*The Anatomy of Human Destructiveness*), GA VII.

- 1979a: *Sigmund Freuds Psychoanalyse – Größe und Grenzen* (*Greatness and Limitations of Freud's Thought*), GA VIII, S. 259-362.

- 1989a: *Vom Haben zum Sein. Wege und Irrwege der Selbsterfahrung* (Schriften aus dem Nachlaß, hrsg. von Rainer Funk, Band 1), Weinheim und Basel (Beltz Verlag) 1989.

- 1990a: *Die Entdeckung des gesellschaftlichen Unbewußten. Zur Neubestimmung der Psychoanalyse* (Schriften aus dem Nachlaß, hrsg. von Rainer Funk, Band 3), Weinheim und Basel (Beltz Verlag) 1990.

- 1990w [1964] „Le cause del mutamento del paziente nel trattamento analitico", in: *Psicoterapia e scienze umane*, Milano Vol. XXIV (No. 3, 1990), S. 82-102; die engl. Originalfassung dieses Vortrags von 1964 erscheint 1991 in *Contemporary Psychoanalysis*.

Gourevitch, A., 1981: „Tribute on Erich Fromm", in: *Contemporary Psychoanalysis*, New York (The Academic Press, Inc.) 1981, Band 17, S. 435f.

Horney, K., 1942: *Self-Analysis*, New York 1942 (W. W. Norton and Co.); deutsch: *Selbstanalyse*, Kindler Taschenbuch „Geist und Psyche" 02119.

Horney Eckardt, M., 1975: „L'Chayim. Review of Bernhard Landis and Edward S. Tauber (Eds.), In the Name of Life. Essays in Honor of Erich Fromm", in: *Contemporary Psychoanalysis*, New York (The Academic Press, Inc.) 1975, Band 11, S. 465-470.

- 1982: „The Theme of Hope in Erich Fromm's Writing", in: *Contemporary Psychoanalysis*, New York (The Academic Press, Inc.) 1982, Band 18, S. 141-152.

- 1983: „The Core Theme of Erich Fromm's Writings and Its Implications for Therapy", in: *Journal of The American Academy of Psychoanalysis*, New York (John Wiley & Sons, Inc.) 1983, Band 11, S. 391-399.

Jung, C. J., 1963: *Erinnerungen, Träume, Betrachtungen*, hrsg. von Aniela Jaffé, Zürich (Rascher Verlag) 1963; engl.: *Memories, Dreams, Reflections*, hrsg. von Aniela Jaffé, New York (Pantheon Books) 1963.

Kretschmer, E., 1921: *Körperbau und Charakter*, Berlin (Springer Verlag) 1921.

Kwawer, J. S., 1975: „A Case Seminar with Erich Fromm", in: *Contemporary Psychoanalysis*, New York (The Academic Press, Inc.), Band 11 (1975), S. 453-455.

Landis, B., 1975: „Fromm's Theory of Biophilia – Necrophilia. Its Implications for Psychoanalytic Practice", in: *Contemporary Psychoanalysis*, New York (The Academic Press, Inc.), Band 11 (1975), S. 418-434; deutsch: „Erich Fromms Theorie der Biophilie – Nekrophilie. Ihre Auswirkungen auf die psychoanalytische Praxis", in: A. Reif (Hrsg.), *Erich Fromm, Materialien zu seinem Werk*, Wien (Europaverlag) 1978, S. 88-108.

- 1981: „Fromm's Approach to Psychoanalytic Technique", in: *Contemporary Psychoanalysis*, New York (The Academic Press, Inc.) 1981, Band 17, S. 537-551.

- 1981a: „Erich Fromm", in: *The William Alanson White Institute Newsletter*, New York, Band 15 (Nr. 1, Winter 1981), S. 2-4.

Luban-Plozza, B., und Egle, U., 1982: „Einige Hinweise auf die psychotherapeutische Einstellung und den Interventionsstil von Erich Fromm", in: *Patientenbezogene Medizin*, Stuttgart/New York, Band 5 (1982), S. 81-94.

Marx, K., 1971: *Die Frühschriften*, hrsg. von Siegfried Landshut (= Kröners Taschenausgabe 209), Stuttgart (Kröner Verlag) 1971.

Nietzsche, F., 1889: „Sprüche und Pfeile", in: *Götzendämmerung*.

Norell, M., 1975: „Reminiscences of Supervision with Erich Fromm", in: *Contemporary Psychoanalysis*, New York (The Academic Press, Inc.), Band 11 (1975), S. 456f.

- 1981: „‚Wholly Awake and Fully Alive'", in: *Contemporary Psychoanalysis*, New York (The Academic Press, Inc.) 1981, Band 17), S. 451-456.

Nyanaponika Mahathera, 1970: *Geistestraining durch Achtsamkeit*, Konstanz 1970 (Verlag Christiani); die engl. Originalausgabe, deren Inhalt jedoch nicht mit der deutschen Ausgabe identisch ist, trägt den Titel: *The Heart of Buddhist Meditation*, New York (Samuel Weiser) 1973. (Weitere Informationen über Veröffentlichungen von Nyanaponika durch den Verlag Christiani, Hermann-Hesse-Weg 2, D-7750 Konstanz.)

Reich, W., 1933: *Charakteranalyse. Technik und Grundlagen*, Wien (Verlag für Sexualpolitik) 1933.

Schecter, D. E., 1971: „Of Human Bonds and Bondage", in: B. Landis and E.S. Tauber (Eds.), *In the Name of Life. Essays in Honor of Erich Fromm*, New York (Holt, Rinehart and Winston) 1971, S. 84-99.

- 1981: „Tribute on Erich Fromm", in: *Contemporary Psycho-*

analysis, New York (The Academic Press, Inc.) 1981, Band 17), S. 445-447.

- 1981a: „Contributions of Erich Fromm", in: *Contemporary Psychoanalysis,* New York (The Academic Press, Inc.) 1981, Band 17, S. 468-480.

- 1981b: „On Fromm", in: *The William Alanson White Institute Newsletter,* Band 15 (Nr. 1, Winter 1981), S. 10.

Sheldon, W. H., 1942: *The Varieties of Temperament,* New York/London (Harper and Brothers) 1942.

Silva Garcia, J., 1984: „Notes on Psychoanalysis and the Selection of Candidates for Training." Paper presented to the IV. Conferencia Cientifica de la Federación Internacionales de Sociedades Psicoanalíticas, Madrid 1984, 18 S. (Manuskript im Fromm-Archiv in Tübingen).

- 1990: „Träume und Übertragung", in: *Wissenschaft vom Menschen. Science of Man. Jahrbuch der Internationalen Erich-Fromm-Gesellschaft,* Band 1, Münster (Lit-Verlag) 1990, S. 143-157.

Skinner, B. F., 1971: *Beyond Freedom and Dignity,* New York (Knopf) 1971; deutsch: Jenseits von Freiheit und Würde, Reinbek bei Hamburg (Rowohlt) 1973.

Spiegel, R., 1981: „Tribute on Erich Fromm", in: *Contemporary Psychoanalysis,* New York (The Academic Press, Inc.) 1981, Band 17, S. 436-441.

- 1983: *Erich Fromm. Humanistic Psychoanalyst 1900-1980. Presentation to the 40th anniversary of the William Alanson White Institute,* New York 1983, 5 S. (Manuskript im Fromm-Archiv in Tübingen).

Tauber, E. S., 1959: „The Role of Immediate Experience for Dynamic Psychiatry. The Sense of Immediacy in Fromm's Conceptions", in: *Handbook of Psychiatry*, New York 1959, S. 1811-1815.

- 1979: „Erich Fromm: Clinical and Social Philosopher", in: *Contemporary Psychoanalysis*, New York (The Academic Press, Inc.) 1979, Band 15, S. 201-213.

- 1980: *Erich Fromm – The Man. Presentation in Honor of Erich Fromm at the William Alanson White Institute*, New York 18.6.1980, 3 S. (Manuskript im Fromm-Archiv in Tübingen).

- 1981: „Symbiosis, Narcissism, Necrophilia – Disordered Affect in the Obsessional Character", in: *Journal of the American Academy of Psychoanalysis*, New York 1981, Band 9, S. 33-49.

- 1981a: „Tribute on Erich Fromm", in: *Contemporary Psychoanalysis*, New York (The Academic Press, Inc.) 1981, Band 17), S. 448f.

- 1988: „Exploring the Therapeutic Use of Countertransference Data", in: *Essential Papers On Countertransference*, ed. by B. Wolstein, New York (New York University Press) 1988, S. 111-119.

Tauber, E. S., and Landis, B., 1971: „On Erich Fromm", in: B.Landis and E.S. Tauber (Eds.), *In the Name of Life. Essays in Honor of Erich Fromm*, New York (Holt, Rinehart and Winston) 1971, S. 1-11.

Whitehead, A. N., 1967: *The Function of Reason*, Boston (Beacon Press) 1967.

Witenberg, E. G., 1981: „Tribute on Erich Fromm", in: *Con-*

temporary Psychoanalysis, New York (The Academic Press, Inc.) 1981, Band 17, S. 449f.

Wolstein, B., 1981: „A Historical Note on Erich Fromm: 1955", in: *Contemporary Psychoanalysis,* New York (The Academic Press, Inc.) 1981, Band 17, S. 481-485.

Personen- und Sachregister

Erich Fromm

SCHRIFTEN AUS DEM NACHLASS

In einer achtbändigen Edition bei Beltz

Band 1
Vom Haben zum Sein
3. Auflage 1990

Band 2
Das jüdische Gesetz
Herbst 1989

Band 3
Die Entdeckung des gesellschaftlichen Unbewußten
Frühjahr 1990

Band 4
Ethik und Politik
Herbst 1990

Band 5
Von der Kunst des Zuhörens
Frühjahr 1991

Band 6
Die Pathologie der Normalität
Herbst 1991

Band 7
Vorlesungen zur Psychoanalyse
Frühjahr 1992

Band 8
Humanismus als reale Utopie
Herbst 1992

BELTZ